加密货币的法律规制

主　编◎胡云腾
副主编◎周振杰　赖早兴

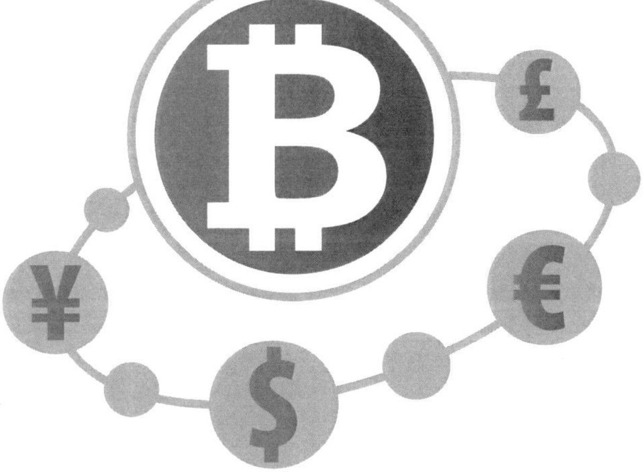

法律出版社
LAW PRESS · CHINA
北京

图书在版编目(CIP)数据

加密货币的法律规制 / 胡云腾主编 ; 周振杰, 赖早兴副主编. -- 北京 : 法律出版社, 2024
ISBN 978-7-5197-8725-7

Ⅰ. ①加… Ⅱ. ①胡… ②周… ③赖… Ⅲ. ①数字货币—货币法—研究 Ⅳ. ①D912.285.04

中国国家版本馆CIP数据核字(2024)第017195号

加密货币的法律规制
JIAMI HUOBI DE FALÜ GUIZHI

胡云腾 主 编
周振杰 赖早兴 副主编

策划编辑 朱 峰
责任编辑 朱 峰 金 姗
装帧设计 鲍龙卉

出版发行 法律出版社
编辑统筹 辞书·融出版编辑部
责任校对 张翼羽
责任印制 吕亚莉
经　　销 新华书店

开本 710毫米×1000毫米 1/16
印张 14.75 **字数** 179千
版本 2024年2月第1版
印次 2024年2月第1次印刷
印刷 北京建宏印刷有限公司

地址:北京市丰台区莲花池西里7号(100073)
网址:www.lawpress.com.cn
投稿邮箱:info@lawpress.com.cn
举报盗版邮箱:jbwq@lawpress.com.cn
销售电话:010-83938349
客服电话:010-83938350
咨询电话:010-63939796

书号:ISBN 978-7-5197-8725-7
定价:68.00元
凡购买本社图书,如有印装错误,我社负责退换。电话:010-83938349

序 言

随着人类社会发展的信息化、科技化，虚拟财产已经成为经济社会生活中不可或缺的组成部分。对虚拟财产的法律规制，尤其是刑法规制，成为法学法律界及业界的热门话题。值得注意的是，虚拟财产不是固定不变的概念，而是一个不断更新换代的数字形态。从前，虚拟财产是指网络游戏玩家在游戏中的账号以及积累的游戏币、装备、宠物等电子信息，后来又扩展到微信公众号、抖音号等网络账号，网上店铺，手机号码，以及在云端或设备中存储的数据等。人们一般称之为第一代虚拟财产。对于这类虚拟财产的保护，在民事上主要涉及侵权救济、继承、离婚财产分割等问题，对此，2021年1月1日起施行的《民法典》已经作出相关规定；〔1〕在刑事上，主要争议问题是虚拟财产的法律性质问题。对此，刑法理论界与实务界颇有分歧，尚未达成共识。〔2〕随着区块链等新型技术的

---

〔1〕《民法典》第127条规定："法律对数据、网络虚拟财产的保护有规定的，依照其规定。"由此可见，民事法律已经确认了虚拟财产的法律地位，但仍需要通过其他配套法律、司法解释、案例和学说进一步丰富和完善。

〔2〕例如，虚拟财产到底是刑法上保护的"财物"还是"数据"？这又涉及侵犯虚拟财产是成立财产犯罪还是数据犯罪的问题。赞同作为财物予以保护的代表性观点，参见陈兴良：《虚拟财产的刑法属性及其保护路径》，载《中国法学》2017年第2期；张明楷：《非法获取虚拟财产的行为性质》，载《法学》2015年第3期。赞同作为数据予以保护的代表性观点，参见欧阳本祺：《论虚拟财产的刑法保护》，载《政治与法律》2019年第9期；徐凌波：《虚拟财产犯罪的教义学展开》，载《法学家》2017年第4期。在刑事实践方面，最高人民法院研究室于2014年在《关于利用计算机窃取他人游戏币非法销售获利如何定性问题的研究意见》中明确虚拟财产本质上是电子数据，但该司法意见的权威性和合理性并未得到理论界的充分认可，各地法院也存在不同判决。

发展，比特币（Bitcoin）、以太币（Ether）等加密货币，以及数字藏品（非同质化代币，简称NFT）开始大量涌现，人们称之为第二代虚拟财产。第二代虚拟财产与密码学和分布式记账技术紧密相关，通常被称为加密货币（cryptocurrency）。

由于加密货币以区块链技术为支撑，具有匿名性、不可篡改性、跨境跨平台流转的方便性等特征，因此其引起的法律问题远比第一代虚拟财产复杂，甚至在某种程度上可以说给法律适用造成了“降维打击”。自2009年1月比特币出现至今，加密货币加起来已有近万种，随之出现的“挖矿”、交易所、金融衍生品等相关业态十分丰富。根据区块链市场分析公司TripleA估计，截至2022年，全球加密货币持有者超过3.2亿，其中中国有近2000万。[1]加密货币的蓬勃发展为金融科技（Fintech）创新提供了前所未有的机遇，但其野蛮生长也给金融安全和社会稳定带来了巨大挑战。国内涉及加密货币的民事纠纷、刑事案件层出不穷，出现了不少司法案例。[2]为全面了解加密货币的发展状况及其对我国金融安全的影响，我们共同编写了本书。

本书主要从国家安全这一视角切入，在厘清加密货币的定义、分类和属性的基础上，系统分析了加密货币的法律规制与各种安全风险，并就加密货币的法治化监管提出了具有可操作性的建议，基本观点是取其利去其弊，维护我国金融健康发展，实现在保障国家安全的前提下推进国家金融科技创新。

在全面依法治国的背景下，加密货币必须在法治的框架内才能健康、

〔1〕 参见初晓链：《全球加密货币持有者超3.2亿，中国用户持有率1.33%》，载搜狐网，https://new.qq.com/rain/a/20220829A0B8U600。

〔2〕 参见赖早兴：《加密资产刑事案件：样态、种类、问题及解决——基于551份刑事判决的分析》，载《经贸法律评论》2022年第4期。

持续发展，加密货币的法治化问题已经成为当前数字法治建设中的重要问题，党中央对这个问题高度重视。2021年3月发布的《中华人民共和国国民经济和社会发展第十四个五年规划和2035年远景目标纲要》明确指出，“积极参与数据安全、数字货币、数字税等国际规则和数字技术标准制定”“稳妥推进数字货币研发”。目前，加密货币领域的法治供给不足，突出表现为加密货币的法律规范缺位，加密货币执法司法的专业化水平需要进一步提高，加密货币的司法机制有待于进一步完善。加密货币行业飞速发展所产生的日益增长的法治需求与当前法治供给不足的基本矛盾，制约了加密货币的良性健康发展。法治供给不足的重要原因之一，就是对加密货币法律规制的研究滞后所导致的理论供给不足。本书希望为构建科学完善的加密货币法治监管与保障体系，引导加密数字货币的有序发展，促进金融创新与金融安全的最优平衡提供理论支撑和智力支持，做一些尝试和努力。

本书由我担任主编，由北京师范大学刑事法律科学研究院周振杰教授、湘潭大学法学院赖早兴教授担任副主编，参与本书撰稿还有（以姓氏笔画为序）：

许士友 （井冈山大学政法学院讲师 法学博士）

余秋莉 （安徽师范大学法学院讲师 法学博士）

张万红 （北京师范大学法学院硕士研究生）

张　萌 （中国人民大学法学院博士研究生）

周海洋 （最高人民法院中国应用法学研究所副研究员 法学博士）

周维明 （最高人民法院中国应用法学研究所副研究员 法学博士）

赵　霞 （中国政法大学法律硕士学院副教授 法学博士）

翟　辉 （中国人民大学法学院博士研究生）

需要指出的是，各部分撰稿人提交的稿件都是独立的学术文章，不免存在重复之处。为了全书的统一，在编辑与统稿过程中，我们进行了相应的删减、合并与调整。如果本书能够发挥一点抛砖引玉的作用，引起学界和业界对加密货币法治化问题的重视，促进各界共襄数字法治建设盛举，我们将不胜感激与荣幸。

胡云腾

2023年6月

目　录

第一章

加密货币的基本问题

胡云腾*　周维明**

2009年1月3日，中本聪[1]从比特币创世区块中挖出的第一枚比特币开启了网络时代的加密货币经济，也标志着私人货币社会实验的开端。[2]短短十几年间，加密货币经济迅猛发展，但由于加密货币去中心化、点对点交易等自身特点所形成的风险，其对法定货币、金融秩序、国家宏观金融政策、实体经济以至社会伦理道德等必然产生冲击和影响，世界各国和地区根据自身情况采取了不同的对待加密货币的态度和策略。

---

* 胡云腾，最高人民法院大法官、咨询委员会委员，兼任中国法学会案例法学研究会会长。

** 周维明，最高人民法院中国应用法学研究所副研究员。

〔1〕 中本聪（Satoshi Nakamoto），自称日裔美国人。一般认为此人是比特币协议及其相关软件Bitcoin-Qt的创造者，但其真实身份外界所知并不详细。2008年，中本聪发表论文《比特币：一种点对点式的电子现金系统》，描述了一种被他称为“比特币”的电子货币及其算法。2009年，他制作了首个比特币软件，并正式启动了比特币金融系统。2010年，他逐渐淡出并将项目移交给比特币社区的其他成员。

〔2〕 参见吴云、薛宏蛟、朱玮等：《虚拟货币洗钱问题研究：固有风险、类型分析与监管应对》，载《金融监管研究》2021年第10期。

一、概念辨析

从技术角度而言，加密货币是一种基于密码学设计和区块链技术产生，被社会公众个体自愿接受，能够以点对点交易方式支付、转移、存储的数据货币形式，就如金融行动特别工作组（Financial Action Task Force，FATF）[1]对加密货币的定义所言："一种能够以数字形式交易，具有交易媒介和计价单位及价值存储功能，但在任何法域都不具有法定货币地位的数字形式的价值。"[2]从规范的角度而言，在理论上，加密货币包括广义和狭义二种，广义的加密货币是指以数字化形式存储和传输以实现通信和支付功能的网上等价物；狭义的加密货币是指网络服务提供商发行的用于购买发行主体或签约服务商提供的虚拟商品和服务的网络加密货币。[3]以上关于加密货币的概念虽表述和侧重点不同，但在本质上并无太大差异。概括起来，加密货币就是由私人发行，基于网络技术（区块链）产生，被社会公众自愿接受，具有支付、转移、存储功能的电子物质。

在研究文献中，关于加密货币的内涵与外延的认识并不统一，就如有的观点所言："国内外相关领域文献对诸如比特币等加密资产的描述用词较为混乱，加密货币、加密资产、数字货币、数字资产、虚拟货币等概念常混为一谈。严谨而言，在不同背景下上述概念的含义各不相同。"[4]因此，有必要对相关概念进行辨析。

---

〔1〕 金融行动特别工作组是专门致力于反洗钱的国际组织，于1989年7月根据西方七国集团的经济宣言建立。

〔2〕 周永林：《揭密加密数字货币》，载《金融市场研究》2018年第4期。

〔3〕 参见兰立宏、庄海燕：《论虚拟货币反洗钱和反恐怖融资监管的策略》，载《南方金融》2019年第7期。

〔4〕 张焞：《从加密资产视角探寻中国资本流出的应对策略》，载《武汉大学学报（哲学社会科学版）》2021年第1期。

（一）加密货币与加密资产

加密货币与加密资产是最容易混淆的概念。有的观点认为："加密资产市场已形成各具特点的多样化的虚拟币种，如内嵌智能合约的以太币（ETH）、具有交收网络的瑞波币（XRP/Ripple）等。2018年，世界上已有超过2000多种加密资产，较上年增长45%，其中影响力较大的有20余种加密货币，截至2019年4月9日，市值最大的前三种加密货币（比特币、以太币、XRP）共计1266亿美元。"〔1〕很明显，虽然此文作者明确指出"加密资产主要指代币"，但其在潜意识里是把"加密资产"和"加密货币"同等看待的，并没有进行实质性区分。

虽然"主流加密资产都具备与比特币相同或相似的几个特征：一是无法被追踪的匿名特性，且不体现账户持有者的隐私；二是通过使用分布式计账或类似的技术系统进行支付，具有跨地域性；三是交易不可逆且具有很强的可分特性，适合小微型交易需求，以比特币为例——每个单位都可被分到八位小数点单位；四是一旦正常交易则具备较强的公开透明性，去中心化特征明显"，〔2〕但并非所有的加密资产都与比特币的上述特征吻合。例如，有的观点明确指出，虚拟货币、数字货币和加密货币虽然都被称为"货币"，且比特币、莱特币（Litecoin）等均以"币"自称，但加密资产并不具有货币属性，而是一种风险极高的投资资产，建议将上述"货币"统一称作加密资产，具体来说，即"基于密码学和分布式账簿等技术的私人金融资产，主要价值在于其底层技术"。〔3〕金融稳定委员会（Financial Stability Board，FSB）在界定"加密资产"（crypto asset）时进一步认为，加密资产是

---

〔1〕 皮六一、薛中文：《加密资产交易监管安排及国际实践》，载《证券市场导报》2019年第7期。

〔2〕 张焞：《从加密资产视角探寻中国资本流出的应对策略》，载《武汉大学学报（哲学社会科学版）》2021年第1期。

〔3〕 傅晓骏、王瑞：《加密资产概念、现状及各国（地区）监管实践》，载《金融会计》2018年第5期。

主要依靠加密技术和分布式账本技术或类似技术作为其感知价值或固有价值的一种私人资产，不仅包含加密货币，还包含其他数字通证，如证券型通证、资产支持通证和效用型通证。[1]如此而言，加密资产应该是加密货币的上位概念。

（二）加密货币与数字资产

"数字资产"的概念最早出现于出版、音像等领域，而后随着互联网技术的发展，"数字"对经济社会的影响越来越大，大数据成为信息时代的"石油"，"数字资产"的范畴随之扩大，"泛指一切以二进制形式存在的信息"。[2]就此而言，"数字资产"起码包括两种类型：一是数据资产，即海量数据本身成为新时代的一种经济资源，具有资产的属性，其价值取决于企业通过这些数据能够获得的经济效益。这种意义上的数字资产，与"虚拟资产"和"无形资产"等概念有一定交叉。二是数字化的资产，即将物理世界的实物资产转化为数字形式，其目的是改善实物资产的价值交换过程，使交易更加便利化，其存在依赖于物理世界的既有资产。这种意义上的数字资产涵盖了"虚拟资产""数字货币""加密货币"等概念的部分内涵。质言之，加密货币是数字资产的下位概念。

（三）加密货币与无形资产

根据我国《企业会计准则第6号——无形资产》第3条的规定，无形资产"是指企业拥有或者控制的没有实物形态的可辨认非货币性资产"。该类资产须满足下列条件之一：（1）能够从企业中分离或者划分出来，并能单独或者与相关合同、资产或负债一起，用于出售、转移、授予许可、租赁

---

〔1〕 参见宋爽、刘朋辉、陈晓：《金融安全视角下的欧盟数字资产监管策略》，载《欧洲研究》2020年第2期。

〔2〕 刘鹏林：《数字资产：资产数字化还是数字资产化》，载《中国信用卡》2021年8月刊。

或者交换;(2)源自合同性权利或其他法定权利,无论这些权利是否可以从企业或其他权利和义务中转移或者分离。在财会管理实践中,一般把专利权、非专利技术、商标权、著作权、土地使用权、特许权等作为无形资产对待。可见,无形资产概念强调的是其没有物质形态,而加密货币强调的是其加密属性,二者既有联系又有区别。另言之,不能仅仅基于加密货币的"无形"特征就将其归入无形资产科目,而应根据加密货币所承载或表彰的权利义务予以确定。

二、性质辨析

(一)分歧观点

因为科技开发者、投资者、监管层和央行家看待加密货币的角度不同,所以对于加密货币的属性各方很难达成共识。〔1〕例如,加密货币能否成为民法上的物权的客体?加密货币到底是货币、无形资产、请求权,或者仅仅是表彰持有人权利的电磁记录?司法机关对此态度各异,学界亦无定论。〔2〕

货币说认为,比特币、以太币、瑞波币这三种市值最大的加密货币都是支付型代币,泰达币(USDT)这一稳定币是交易量最大、价格相对稳定的数字货币,在履行交易媒介、价值尺度、价值贮藏等货币职能方面发挥重要作用,因此加密货币是一种货币。〔3〕在国际机构的研究中,最早使用的相关概念就是虚拟货币(virtual currency),此后又出现了加密货币

---

〔1〕 参见周艾琳、后歆桐:《世纪大辩论:数字资产是泡沫or未来货币》,载《中国中小企业》2018年第3期。

〔2〕 参见李敏:《数字货币的属性界定:法律和会计交叉研究的视角》,载《法学评论》2021年第2期。

〔3〕 参见柯达:《论区块链数字货币的非法集资刑法规制》,载《东北大学学报(社会科学版)》2020年第6期。

(crypto currency)和数字货币(digital currency)的概念。[1]在2018年以前,FATF和许多国家的法律对比特币等产品的称谓均为"virtual currency"(虚拟货币),日本于2017年4月1日颁布的《日本支付服务法案》中使用的名称也是"虚拟通貨"。因为本身加密货币"含有'货币'字样,又可用于全球转账支付(如把人民币兑换成比特币,通过比特币网络转账到美国后再将比特币兑换为美元),因而被一些人看成是一种新的货币或未来货币"[2]。

权利说认为,无论是通过"挖矿"方式原始取得比特币,还是通过交易方式继受取得比特币,比特币背后无疑都蕴含着公众财产利益。[3]因此,以比特币为代表的加密货币在民法上属于非物非债的财产性权利。也有学者综合法律与会计视角,认为加密货币本身是记载于电脑上的电磁记录,但是其所表现的权益内容属于债权。具体而言,在法定货币的情形下,加密货币是对国家的债权;对于锚定法币或其他资产的稳定币而言,其是向发行人换回对应价值法币或资产的请求权;对于去中心化发行的加密货币,可将其理解为基于代码协议所发生的合同行为关系,权利人行使权利的对象理论上为担当区块链网络中记账负责人的各交易验证节点。[4]

商品说认为,中国人民银行、工业和信息化部等五部委2013年12月5日发布的《关于防范比特币风险的通知》(银发〔2013〕289号)已经将比特币等加密货币界定为"虚拟商品"。在司法实践中,加密货币作为支付工具引发的争议较罕见,争议主要源于其投资引发的纠纷。从法院的处理态度上看,除个别案件判定加密货币不属于合法物品,不受法律保护外,基本上都承认加密货币是"虚拟商品",具有商品属性和经济价值,并予以合

〔1〕 参见宋爽、刘朋辉、陈晓:《金融安全视角下的欧盟数字资产监管策略》,载《欧洲研究》2020年第2期。

〔2〕 周永林:《揭密加密数字货币》,载《金融市场研究》2018年第4期。

〔3〕 参见盛豪杰、行江:《类型化认定:窃取比特币行为的刑法适用》,载《西北民族大学学报(哲学社会科学版)》2021年第2期;"挖矿"指通过专用"矿机"计算生产虚拟货币的过程。

〔4〕 参见李敏:《数字货币的属性界定:法律和会计交叉研究的视角》,载《法学评论》2021年第2期。

同法保护。[1]从国际司法实践看，虽然各国法院司法审判中均不认同加密货币的“货币”属性，但认可其财产价值，将其视为“非货币财产”或“(虚拟)商品”。[2]简而言之，加密货币是一种商品。

财产说认为，美国国税局出于税收考虑将比特币和其他加密货币认定为财产而非货币，并出台了相应规定。加密货币持有人须针对比特币及其他加密数字货币的盈利部分缴纳相应税款；加密数字货币交易带来的长期和短期资本盈利或损失都需进行申报的事实[3]来看，应将加密货币视为财产。

资金说从其功能出发，认为比特币等加密货币凝聚了民众的实物投资与智慧，且能在二级市场与法定货币之间进行普遍交换，并被越来越多的商业机构认可从而成为支付工具，其已成为“货币替代品”，因此加密货币显然属于“资金”。[4]

泡沫说则立足否定论，认为加密货币是一种无价值的泡沫。例如，美联储前主席格林斯潘对加密货币充满迷惑，提出：“它必须有内在价值，你必须真正拓展想象力，推断比特币有什么内在价值。我没能做到，也许别人可以。”[5]诺贝尔奖得主、美国经济学家保罗·克鲁格曼在多篇文章中对比特币成为某种货币深表怀疑，不认为其能成为价值储存手段，因为它没有任何价值支撑；另一位诺贝尔奖得主尤金·法玛认为，“如果没有稳定的价值，那么它可能无法成为一种记账单位。这意味着，某一天它的价值可能变成零”。[6]

---

〔1〕 参见江苏省南京市江宁区人民法院民事判决书，(2017)苏0115民初11833号；山东省济南高新技术产业开发区人民法院民事判决书，(2017)鲁0191民初315号。

〔2〕 参见李敏：《数字货币的属性界定：法律和会计交叉研究的视角》，载《法学评论》2021年第2期。

〔3〕 参见闵晓鸣、张兴权：《国外对加密资产的监管实践及其对中国的启示》，载《金融监管》2018年第12期。

〔4〕 参见邓建鹏：《ICO非法集资问题的法学思考》，载《暨南学报(哲学社会科学版)》2018年第8期。

〔5〕 周永林：《揭密加密数字货币》，载《金融市场研究》2018年第4期。

〔6〕 周永林：《揭密加密数字货币》，载《金融市场研究》2018年第4期。

(二)规范立场

如上所述,《防范比特币风险通知》已经明确指出,比特币不是由货币当局发行,不具有法偿性和强制性等货币属性[1],并不是真正意义上的货币。从性质上看,比特币应当是一种特定的虚拟商品,不具有与货币等同的法律地位,不能且不应作为货币在市场上流通使用。同时,中国人民银行等十部委2021年9月15日发布的《防范和处置虚拟货币交易炒作风险的通知》(银发〔2021〕237号),虽进一步明确加密货币"不具有与加密货币等同的法律地位,具有非货币当局发行、使用加密技术及分布式账户或类似技术、以数字化形式存在等特点,不具有法偿性,不应且不能作为货币在市场上流通使用",但没有再明确加密货币的特定虚拟商品性质。《民法典》第127条规定:"法律对数据、网络虚拟财产的保护有规定的,依照其规定。"从这一规定看,《民法典》认可了网络虚拟财产的存在,但尚未明确网络虚拟财产的范围。

《国际金融行动特别工作组建议》(2018年10月修订)及《金融行动特别工作组建议第15条建议的解释性注释》(2019年2月发布)将加密货币视为虚拟资产的一种,并将其定义为:"能以数字形式交易或转移且可用于支付或投资目的的数字形式的价值。"二十国集团金融稳定委员会将加密货币视为加密资产的一部分,认为加密资产是一种主要依靠密码学和分布式账本或类似技术作为其感知或内在价值一部分的私人资产。中国人民银行也基本认可这一说法,在中国人民银行《中国金融稳定报告(2018)》中提到:"加密资产是一种民间金融资产,主要基于密码学及分布式记账等技术,不由货币当局发行,不具有法偿性、强制性等货币属性,不具有法律地

〔1〕 货币的法偿性,一般是指一国法律规定的在一国内流通,任何个人和企业不得拒绝接受,且有商品物质支撑的特性。

位；加密资产中具有支付功能的部分有时被称为加密货币、虚拟货币或民间数字货币。”〔1〕因此，尽管加密货币存在于网络中，基于网络特定算法而产生，但它是一种客观存在，并且包含有抽象的人类劳动，具有一定的价值和使用价值，被交易双方认可交易时还具有交换价值，在本质上是一种具有一定价值的虚拟商品或者财产。

如上所述，理论上加密货币是否具有货币或者法定货币的性质仍然存在激烈争议。任何一种物品除具有天然的自然属性外，还具有一定的社会属性、政治属性，从而决定了它的法律地位，这种属性主要体现为国家对它的态度和赋予其的职能作用。加密货币也不例外，除上述虚拟商品的自然属性外，其是否具有货币或者法定货币的性质，取决于各国家和地区对其的态度。如本书第七章与第八章所述，当前世界各国和地区对加密货币的态度主要分为三种：第一种是直接定性为货币，如委内瑞拉、马绍尔群岛、萨尔瓦多视加密货币为法定货币，卢森堡、泽西、玻利维亚视加密货币为货币。第二种是明确加密货币不具有某种性质，如哥伦比亚、乌克兰除明确加密货币不属于货币外，还不属于证券。第三种是既强调不具有某种性质，又明确界定其属于某种类型，如奥地利、中国澳门特别行政区既明确加密货币不具有金融工具的性质，同时也明确加密货币属于商品；以色列认为加密货币不属于货币，但属于一种资产和支付方式；丹麦认为加密货币不属于货币但具有金融工具的性质，等等。〔2〕有鉴于此，讨论加密货币是否具有法定货币或者证券的性质，实际上是在讨论加密货币的功能，而这种功能又取决于国家和地区的态度，抛开国家和地区态度单纯谈论加密货币的货币性质，并无多大现实意义。加密货币的本质是由政治、社会

---

〔1〕 兰立宏、庄海燕：《论虚拟货币反洗钱和反恐怖融资监管的策略》，载《南方金融》2019年第7期。

〔2〕 参见漆彤、卓峻帆：《加密货币的法律属性与监管框架——以比较研究为视角》，载《财经法学》2019年第4期。

决定的。

三、主要分类

加密货币的生态十分复杂，其类型高速分化，各种加密货币不仅能耗、数量和币值天差地别，它们的运行逻辑、技术路线、收益机制和附加功能也截然不同，带来的潜在的风险和威胁也大不一样。无论是对加密货币的认知，还是对加密货币的投资，或是对加密货币的风险识别以及监管，都需要对加密货币的类型进行区分和研究。

（一）同质化加密货币与非同质化加密货币

根据每单个加密货币是否具有独一无二性（或者可替换性），可以将加密货币分为同质化与非同质化加密货币。同质化（fungible）就是指可替换性。比特币就是典型的同质化加密货币，每个比特币都可以互换，也可以拆分为零点几个比特币。

非同质化加密货币也就是现在经常说的NFT（Non-Fungible Token）。所谓非同质化，就是不可替换。现实生活中具有实际价值的事物多是不可替代的，如一份合同、房屋产权、艺术作品、出生证明等。非同质化代币应运而生。非同质化代币包含了记录在其智能合约中的识别信息，这些信息使每种代币具有其独特性，因此不能被另一种代币直接取代。

（二）支付型加密代币、证券型代币、实用型代币

根据同质化加密货币的功能属性，可以将其进一步分为支付型、证券型与实用型代币，这也是目前最有影响的分类，被美国、欧盟、新加坡、中国香港特别行政区等主要国家、国际组织和地区广泛采用。

支付型代币指以交易媒介和记账单位为主要功能的加密货币。比较典型的代表就是稳定币（stablecoin）。稳定币是指其代币价格长期保持不

波动的稳定状态的代币。目前，稳定币大多都是美元稳定币，其币价与美元长期保持1：1的稳定关系。稳定币基本具备了一个货币应有的交易媒介、记账单位和价值存储功能，对法币有一定替代作用。

实用型代币是指以接入和使用某种区块链商品与服务或维持该系统参与者的权益激励为主要功能的加密货币。比特币、以太币、文件币（Filecoin）等代币都属于实用型代币。一个典型的区块链系统包含了数据层、网络层、激励层、共识层、合约层和应用层。激励层中加密货币经济模型的设计是该区块链系统的核心之一。如果没有加密货币（代币），激励层的机制将失效，该区块链系统也将崩溃。

证券型代币是指以赋予所有者特定或隐含的投资权益为主要功能的加密货币。例如，2018年美国科罗拉多州的一个度假酒店St.Regis Aspen以其一定比例的股权为基础，根据美国证券交易委员会Reg D 506（c）法规，发行了代币Aspen Coin，对外融资了1800万美金。代币Aspen Coin就是一种证券型代币，本质上是该酒店的股票。证券型代币是美国证监会（Securities and Exchange Commission，SEC）监管加密货币市场的重点。SEC通过豪威测试（Howey Test）[1]来判断特定代币的发行是否构成证券。如果一个代币的发行和销售符合上述条件，就会被认定为证券型代币，应当遵循股票发行的相关法律规定，依法向SEC申请审批或备案，否则就是违法行为。与前两类加密货币不同，证券型代币从一开始就是一种投资工具和投资标的。

---

〔1〕 豪威测试起源于20世纪40年代中期美国最高法院的豪威案（SEC v. WJ Howey Co.）。WJ Howey Co.是一家位于佛罗里达州的公司，该公司出售土地上的柑橘园。然后，公司让买家将土地租回给公司，公司将种植柑橘园、出售柑橘，并将部分收益返还给买家。SEC因WJ Howey Co.未向他们登记该交易而起诉了它。最高法院最终作出了有利于SEC的裁决。根据该测试，如果一个交易涵盖了如下四个要素，则被视为证券交易，受到美国证券法的监管：（1）金钱投资（investment of money）；（2）投资于共同事业（common enterprise）；（3）收益预期（expectation of profit）；（4）收益源于他人的努力（derived from the efforts of others）。

四、典型特征

《关于防范比特币风险的通知》认为，比特币具有无集中发行方、总量有限、适用不受地域限制和匿名性四个主要特点。有学者将比特币的特点总结为非直接基于银行账户、去中心化、匿名性、跨国性、快捷性、非接触性、服务分割性等特点。[1]也有学者将比特币的特征归结为匿名性、去中心化、使用不受地域限制（无国界）等特点。[2]本书认为，加密货币的特点是相对于法定货币或者货币而言，主要具有无实物价值支撑、去中心化、匿名性、跨国性、快捷性、非接触性以及交易成本低等特征。

从外观来看，加密货币可能体现为以数字形式展示的财产账户，与目前我国广泛应用的“移动支付”“网上银行”等电子货币类似，也与“微信支付”“支付宝”等第三方支付平台的呈现外观具有一定相似性。但从底层技术逻辑来看，加密货币与传统货币及电子货币的属性大相径庭。以比特币为例，其鼓励用户通过计算机等硬件发现并将交易记录在新的区块上，并利用区块链技术在全球构建一个可共享的分布式账本，从而产生新的比特币并将其奖励给最早并正确记录该交易的用户。[3]可见，比特币等加密货币完全由计算机软件产生、交易和进行其他操作，具有虚拟性、去中心性、匿名性、数量有限性、种类不确定性和技术依赖性等完全不同于传统货币的特征。

---

〔1〕 参见兰立宏、庄海燕：《论虚拟货币反洗钱和反恐怖融资监管的策略》，载《南方金融》2019年第7期。

〔2〕 参见兰立宏、庄海燕：《论虚拟货币反洗钱和反恐怖融资监管的策略》，载《南方金融》2019年第7期。

〔3〕 参见袁勇、王飞跃：《区块链技术发展现状与展望》，载《自动化学报》2016年第4期。

（一）虚拟性

以比特币为例，其虚拟性首先体现在发明者的不可知性上。虽然标志着比特币创立的文章《比特币：一种点对点式的电子现金系统》由署名为“中本聪”并自称为日裔美国人的主体发布，[1]但其身份一直不得而知。其也在2010年年底逐渐消失于“比特币论坛”并再未出现。有传言称其持有约一百万个比特币，也有传言其不是单独个人，而是由韩国、日本和美国等国的数家企业联合构建的虚拟身份。[2]在信息网络高度发达的时代，比特币的发明者能够实现完全的匿名性，这种有意操作给比特币自身的安全性带来疑问。如果比特币开发的原始技术掌握在不法分子手中，则比特币的持有、交易或其价格波动则可能一直处于不法分子的操控之下，从而产生巨大的风险。

加密货币的虚拟性还体现在其并不存在现实世界中的货币或其他有价值实物的对应上。在当今社会，电子货币必然以等价的纸质货币为基础。例如，只有将相应数量的纸质货币存入银行，“网上银行”中的存款数量才会发生相应变化。对于目前广泛使用的“移动支付”等手段而言，虽然支付过程看似仅表现为支付设备中的数字变化，但实质上却代表着付款人持有资产的减少。因此，电子货币的交易基础仍受到传统货币的保障。与之不同的是，比特币等加密货币在实质上只是计算机代码，其仅存在于计算机存储器中，在现实世界中无法找到任何对应物。这种虚拟性使得其价格只靠供求关系决定，而无法通过其他方式衡量，因此也会带来较大的风险。

---

〔1〕 参见蔡文昊：《虚拟货币犯罪风险成因及防范对策研究》，载《网络安全技术与应用》2022年第2期。

〔2〕 参见唐婷：《中本聪魅影》，载《新经济》2014年第3期。

(二)去中心化

去中心化是指对于加密货币的任何操作都没有国家中央银行或其他第三方机构的参与,从而保证世界各地的加密货币用户在交易和记录交易时的地位是平等的,并且所有用户都可以查看代码或制作软件修改版本。在去中心化的区块链技术下,每个全节点上都有全部数据,任意数量的全节点都可以保证系统的正常运行,并不存在一个或几个地位突出的中心节点。〔1〕这一特点本来是加密货币的设计初衷,加密货币的创立者们试图通过设计出去中心化的货币,实现无需第三方授权和监管的点对点交易,提高交易安全性和效率。

去中心化这一特点也是加密货币与法定货币以及数字人民币等电子法定货币最为本质的区别。法定货币的价值以国家信誉为担保,因此其发行量、流通量需要中央机构根据经济发展情况而不断调整。以"数字人民币"为例,其与纸质人民币的区别只是将货币的载体形式由纸张变更为数字,从而降低了交易成本、便捷了交易方式。虽然其发行和流通的技术应用中必然参考了区块链技术的特点,但其技术路线是以市场需求为导向持续迭代的,〔2〕去中心化也显然不是数字人民币的属性。与之相对,以比特币为代表的加密货币直接运用了去中心化的区块链技术,在发行和流通不受金融银行等第三方机构影响的情况下,其交易过程也无法受到国家等权威主体的有效保护。

(三)匿名性

加密货币的匿名性是衍生于去中心化特征的另一属性,也是加密货币

---

〔1〕 参见邵奇峰等:《区块链技术:架构及进展》,载《计算机学报》2018年第5期。

〔2〕 参见中国人民银行数字人民币研发工作组:《中国数字人民币的研发进展白皮书》,载中国人民银行网2021年7月,http://www.pbc.gov.cn/goutongjiaoliu/113456/113469/4293590/2021071614200022055.pdf。

吸引力的重要来源。虽然加密货币的每一次交易都按照时间顺序被记录在区块上，并逐步形成和延展出区块链形式的分布式账本，但这种记录是假名的。[1]例如，比特币在交易时，当用户提供被称为密钥（private key）或种子（seed）的密码，证明其属于账户所有者后，即可实现比特币账户间的数量转移。并且，加密货币的设计者们还通过多路径转发等方式提高网络层和应用层的匿名性，试图保密其用户的真实身份。可以说，加密货币是目前除现金外最具匿名性的交易方式之一。虽然其交易过程留存了大量公共记录，但交易者的真实信息是极难获知的，这也为不法分子利用加密货币实施犯罪行为提供了可乘之机。

然而，无论采取何种严格的技术措施，加密货币的匿名性都仅仅是相对的。银行中存储的货币交易账本只能由银行相关管理人员等非常有限的主体查看，但由于加密货币的分布式账本是公开的，因此所有人均可以在任何时刻查看先前的交易记录，这在一定程度上降低了其匿名性。例如，某人利用比特币购买货物，只须数次观察其购买时间点的区块变化，便有可能实现对于其哈希值[2]的定位。而在所有用户均可进行观察的可能性的情况下，加密货币的匿名性也受到一定挑战。因此，加密货币一方面宣称其在最大限度内保障用户的隐私，另一方面其账本面向全球所有人公开，这不仅使其难以完全实现匿名性，还增加了对于相关违法犯罪侦查活动的成本和障碍。

---

〔1〕 参见祝烈煌等:《区块链隐私保护研究综述》，载《计算机研究与发展》2017年第10期。

〔2〕 哈希值，即散列值（Hash Value），是指把任意大小的数据进行运算，然后转换成固定长度的字符串产生的数字。因为哈希值和原数据之间存在特殊映射关系，也即，同一个数据产生的哈希值保持不变，所以哈希值的安全性较强，能够更为快捷的识别不同数据是否相等，以及某一数据是否是原始的。同时，哈希值具有不可逆转性，从哈希值无法推算出原始数据，因此其可以提供安全保障，使得数据更具有安全性。

（四）数量有限性

以比特币为例，根据其设计思路，新产生的比特币被奖励给首先且正确将其交易记录于区块上的用户，因此目前其数量正以愈加缓慢的速度增长。按照预先程序设定，每年创造的新比特币数量随着时间的推移自动减半，直到比特币发行完全停止，总共有2100万个比特币存在。[1]虽然比特币的开发和支持者以此为由，主张比特币不会由于数量无限增长而导致"通货膨胀"问题，但其数量的有限性，也间接导致了其无法成为有效的货币。因为货币的发行数量应当与社会的经济发展水平相适应，根据程序设计而进行数量变化的比特币无法满足这一要求。特别是当其全部发行完毕后，其数量不仅不会增长，反而会由于用户忘记密码或死亡等因素，出现一部分比特币永远处于休眠状态的情况，这会导致其数量注定越来越少。这使得全球只有少部分人拥有该种加密货币，其价格也将逐步落后于社会经济发展水平，无法实现作为货币的流通手段和价值尺度功能。

并且，当2100万个比特币全部产生完毕后，为维持区块链的继续运转，其交易情况还是需要不断继续被记录，但由于其数量有限性，记录者此时便无法获得新产生的比特币作为奖励。根据设计思路，在达到这个阶段后，记录者将抽取比特币交易单的一部分"交易税"作为"酬金"。[2]如果全球的比特币用户数量逐渐增长，对于交易进行记录便越加困难，用户需要不断投入更多的成本及时发现新交易情况，这意味着其意图获得的"酬金"也会不断增长。比特币交易者也将支付越来越多额外的比特币作为"酬金"，这种操作方式无疑增加了比特币的流通成本。并且一旦酬金无法高于记录者的成本，便会引发"比特币"用户的退出，最终可能导致整

〔1〕 参见刘谆谆、贲圣林：《数字货币理论与实践研究》，载《西南金融》2022年第3期。

〔2〕 参见杨晓晨、张明：《比特币：运行原理、典型特征与前景展望》，载《金融评论》2014年第1期。

个比特币系统因无法实现区块链的连续延展而崩溃。可见，由于比特币数量的有限性，在当今阶段可能其还能够维持运行状态，但当发行数量由量变引发质变后，便会造成极为严重的后果。其他以该种思路运行的加密货币很大程度上也难以摆脱因流通成本过高而消亡的结果。

（五）种类不确定性

目前，虽然比特币是加密货币发展至今较为先进的产品种类，但与此同时，还存在着较多其他类型的"加密货币"，如以太币、BSC币（BSCToken）、AVAX币（Avalanche）、SOL币（Solana）、新MATIC币（Polygon）等。据统计表明，"去中心化金融"（decentralized finance，DeFi）领域展现出以以太币为主导的"百链齐放"的态势，并呈现出多链并行的常态化趋势。[1]可以设想，如果某类加密货币的发行或流通的合法性得到承认，则会产生越来越多类似的加密货币。这些产品虽然均以区块链为底层逻辑，但代码程序和迭代技术却不完全相同，对这些完全没有实际对应物的虚拟的加密货币进行投资，无疑会导致价格泡沫和产品泛滥，为经济稳定带来较大风险。

并且，加密货币的名称一般采取外文首字母缩写或音译的方式，非专业人士很难快速理解各币种的核心技术手段和特点，这为不法分子打着"新型加密货币"的名号从事犯罪活动埋下了隐患。例如，不法分子通过编造加密货币名称并设计虚假的运行软件吸引公众。对于大多数普通公众而言，其可能仅通过不法分子的夸张宣传便将这些产品误解为是与"电子货币"或"线上支付平台"具有相同属性的产品而使用，或者将其视为具有收藏价值的收藏品而购买。这无疑为诈骗、非法吸收公众存款等犯罪提供了更大的空间。可见，加密货币的种类不确定性使得其具有成为犯罪

〔1〕 参见杭州派盾信安科技有限公司：《数字货币反洗钱暨DeFi行业安全报告》，载Coinholmes，https://coinholmes.com/static/pdf/2021_2.pdf。

工具的较大可能性。

（六）技术依赖性

以比特币为例，其技术依赖性体现在整体系统运行和个人账户安全两个方面。一方面，比特币分布式账本的维系需要专门的硬件设备对交易情况进行记录。起初该项任务可以由个人计算机完成，但随着用户人数的增加，硬件设备需要不断升级才能保证记录速度的及时性，因此现阶段，只有拥有专门硬件设备才有资格参与比特币交易，[1]这对整个地区或国家的科技水平提出了挑战。例如，如果未来有主体掌握了量子计算机等运行速度极快的硬件，便具有了控制整个比特币区块链系统的可能性。

另一方面，个人用户参与比特币交易的凭证是密码。由于比特币账户的匿名性，用户无法通过实名认证而只能通过安全措施来实现账户密码不被他人获取。但就当今技术水平而言，不法分子对于计算机系统漏洞进行黑客攻击并非难事。无论采取多么严密的密码保护措施，都无法完全保证账户的安全性。并且由于匿名性的特征，用户对于账户所有权的主张难度也有所提升，对于不法分子的身份追踪也更为困难。因此，比特币等加密货币目前仅采取密码学的技术路径可能难以保证个人账户安全性，但更高水平的安全措施的发明显然依赖于技术进步。

（七）无边界化

加密货币对网络的依赖和去中心化的特点，可以使其不受主权边界的限制通过互联网在全世界范围内进行交易和转移。“加密货币广泛应用于跨境支付领域，持有者可以与来自世界各国的人建立业务关系”，“加密货币基础设施跨国界，通常依赖于涉及不同角色参与者提供的复杂基础设施来完成交易。这些参与者和基础设施通常位于多个司法管辖区，使得加密

---

〔1〕 参见傅丽玉等：《区块链技术的研究及其发展综述》，载《计算机科学》2022年第S1期。

货币运行体系具有天然的跨国界属性”[1]。

此外，加密货币还具有交易非接触性、快捷性、成本低等特点。

（八）小结

加密货币的上述特征已经蕴含着多种风险。进一步分析可知，由于“加密货币”的获得需要投入大量生产要素，在其数量饱和之后又须通过支付“酬金”的方式才能运行，因此其流通成本过高；再由于加密货币数量有限且最终将呈现“只减不增”的趋势，无法根据经济社会发展水平进行发行流通数量调整，因此其无法进行其他商品的价值衡量；还由于加密货币采取密码学技术维护账户安全，对用户人身及存储设备的依附较强，因此无法较好地体现收藏价值。综上所述，其并不拥有货币所应当具备的流通手段、价值尺度、贮藏手段等职能，因此至少在现阶段不应成为合法的电子货币。可见，我国禁止比特币等加密货币作为货币在市场上流通使用的基本政策是具有必要性和科学性的。

---

〔1〕 吴云、薛宏蛟、朱玮等：《虚拟货币洗钱问题研究：固有风险、类型分析与监管应对》，载《金融监管研究》2021年第10期。

第二章

当前我国对加密货币的全面监管政策

周海洋*

2009年以来，中国人民银行、国家工商总局等监管部门相继颁布了《关于进一步防范和处置加密货币交易炒作风险的通知》(银发〔2021〕237号)、《关于整治加密货币“挖矿”活动的通知》(发改运行〔2021〕1283号)等一系列规范性文件，最高人民法院等司法机关也在《关于办理电信网络诈骗等刑事案件适用法律若干问题的意见(二)》(法发〔2021〕22号)等文件中对如何处理涉加密货币刑事案件给出了解释。从这些规范性文件来看，加密货币刑事政策经历了从“审慎监管”到“严厉禁止”的全面监管的过程。

一、全面监管政策形成的过程

(一)审慎监管阶段：比特币不是法定货币，但允许交易

2009年，比特币在区块链技术、加密技术的支持下诞生伊始便引起各

* 周海洋，最高人民法院中国应用法学研究所副研究员。

方关注。我国央行一直高度关注比特币动向，认为比特币“去中心”“匿名性”“全球性”等特征使其有较高的投机风险、洗钱风险以及被违法犯罪分子或者组织利用的风险，为防范风险，于2013年12月3日与多个部门联合发布《关于防范比特币风险的通知》，该部门规章正式拉开了我国监管比特币等加密货币的序幕。

该文件主要强调了以下两点：一是明确了比特币的性质，即比特币不是货币，而是一种虚拟商品，禁止其作为货币在市场上流通使用；二是禁止各金融机构和支付机构开展与比特币相关的业务。但是与此同时，央行在答记者问时明确指出“比特币交易作为一种互联网上的商品买卖行为，普通民众在自担风险的前提下，拥有参与的自由”〔1〕，即国家并不禁止比特币的合法持有和交易行为。由此可看出，在这一阶段，出于对金融创新的支持与保护，官方对比特币等加密货币持审慎的观察态度。

（二）强化监管阶段：禁止代币融资及相关业务活动行为

随着比特币等各类加密货币不断地涌现与炒作，国内通过代币发行进行融资的活动大量产生，涉嫌非法集资、金融诈骗、传销、赌博、帮助信息网络犯罪活动等违法犯罪活动，严重扰乱了经济金融秩序。此外，央行在研究后认为，99%的首次代币发行（Initial Coin Offering，ICO）项目是虚假的。出于维护国家金融秩序、市场经济秩序的考虑，国家相继出台了一系列行政法规、部门规章、司法解释、行业规范（如表1所示），对此类活动的监管趋于严厉。

---

〔1〕《人民银行相关负责人就比特币相关事宜答记者问》，载中国政府网，http://www.gov.cn/gzdt/2013-12/05/content_2542751.htm。

表1 强化监管阶段国家出台的相关规定

发布时间	文件名称	相关内容及解读
2017年9月4日	《防范代币发行融资风险的公告》	该规定指出，代币发行融资是指融资主体通过代币的违规发售、流通，向投资者筹集比特币、以太币等所谓“虚拟货币”，本质上是一种未经批准非法公开融资的行为。 强调任何组织和个人不得非法从事代币发行融资活动，各类代币发行融资活动应当立即停止，已完成代币发行融资的组织和个人应当做出清退等安排。 禁止代币融资交易平台从事加密货币相关业务活动。同时再次强调各金融机构和非银行支付机构不得开展与代币发行融资交易相关的业务。 提醒社会公众高度警惕代币发行融资与交易的风险隐患。
2018年8月24日	中国银行保险监督管理委员会、中央网络安全和信息化委员会办公室、公安部、中国人民银行、国家市场监督管理总局《关于防范以“虚拟货币”“区块链”名义进行非法集资的风险提示》	该文件提示，一些不法分子打着“金融创新”“区块链”的旗号，通过发行所谓“虚拟货币”“虚拟资产”“数字资产”等方式吸收资金，此类活动以“金融创新”为噱头，实质是“借新还旧”的庞氏骗局，并非真正基于区块链技术，而是炒作区块链概念，行非法集资、传销、诈骗之实。
2019年3月22日	中国人民银行《关于进一步加强支付结算管理防范电信网络新型违法犯罪有关事项的通知》（银发〔2019〕85号）	该规定第4条第13项中强调，收单机构不得直接或变相为代币发行融资及虚拟货币交易平台提供支付结算服务。
2020年10月16日	最高人民法院、最高人民检察院、公安部《关于印发〈办理跨境赌博犯罪案件若干问题的意见〉的通知》（公通字〔2020〕14号）	其中第5条指出，对于将资金直接或者间接兑换为虚拟货币并用其作为筹码投注的，赌资数额按照购买该虚拟货币所需资金数额或者实际支付资金数额认定。
2020年10月23日	中国人民银行《关于〈中华人民共和国中国人民银行法（修订草案征求意见稿）〉公开征求意见的通知》	第22条规定，任何单位和个人不得制作、发售代币票券和数字代币，以代替人民币在市场上流通。 第65条规定了制作、发售代币的行政责任和刑事责任。

续表

发布时间	文件名称	相关内容及解读
2020年10月28日	中国银行保险监督管理委员会《关于防范金融直播营销有关风险的提示》（2020年第5号）	该文件提示金融直播中以投资虚拟货币、外汇、网络理财为名进行的诈骗的风险。
2021年1月26日	《防范和处置非法集资条例》（中华人民共和国国务院令第737号）	第19条规定，以从事虚拟货币业务名义吸收资金，涉嫌非法集资的，处置非法集资牵头部门应当及时组织有关行业主管部门、监管部门以及国务院金融管理部门分支机构、派出机构进行调查认定。
2021年5月18日	中国互联网金融协会、中国银行业协会、中国支付清算协会《关于防范虚拟货币交易炒作风险的公告》	在国家不断提高虚拟货币监管强度的同时，比特币等虚拟货币交易炒作势头仍然居高不下，该文件再一次提示：（1）虚拟货币是一种特定的虚拟商品，不是货币，不应且不能作为货币在市场上流通；（2）禁止有关机构开展与虚拟货币相关的业务；（3）消费者应当提高防范意识；（4）加强对会员单位的自律管理。
2021年6月9日	中国支付清算协会《关于加强行业信息共享有效防范支付风险的提示》	该文件提示，目前已经出现利用虚拟货币、区块链技术逃避资金溯源，使用虚拟货币作为赌博跑分媒介或以虚拟货币进行充值交易的情况，需要加强行业信息共享，防范支付风险。
2021年6月17日	最高人民法院、最高人民检察院、公安部《关于办理电信网络诈骗等刑事案件适用法律若干问题的意见（二）》（法发〔2021〕22号）	第10条规定，虚拟货币经销商，在公安机关调查案件过程中，被明确告知其交易对象涉嫌电信网络诈骗犯罪，仍与其继续交易，构成帮助信息网络犯罪活动罪的，以该罪定罪处罚。 第11条规定，明知是电信网络诈骗犯罪所得及其产生的收益，以明显异于市场的价格，通过虚拟货币转换财物、套现的，构成掩饰、隐瞒犯罪所得、犯罪所得收益罪的，以该罪定罪处罚。

上述一系列规范性文件对加密货币及相关业务活动的监管范围扩展到代币发行融资行为；监管强度也进一步升级，从最初的审慎监管到强化监管。为了从源头切断加密货币炒作资金链条，2021年6月21日，央行约谈银行和支付机构之后6家金融机构发布禁止使用该机构服务用于虚拟货

币交易声明。[1]据此可以认为，国家对加密货币及相关业务活动的监管趋势将会越来越严。

（三）严厉禁止阶段：加密货币相关业务活动属非法金融活动

在国家不断提高对加密货币及相关业务活动监管强度的背景下，比特币等加密货币交易炒作势头仍然居高不下，甚至有所反弹，与其相关的赌博、非法集资、诈骗、传销、洗钱等违法犯罪活动严重危害人民群众的财产安全和国家的金融秩序。同时，为了有效防范“挖矿”活动所带来的能源风险隐患，实现我国碳达峰、碳中和的目标，国家对“挖矿”活动的监管也提出了进一步的要求。（见表2）

表2　严厉禁止阶段国家出台的相关规定

发布时间	文件名称	相关内容及解读
2021年9月3日	《关于整治虚拟货币“挖矿”活动的通知》（发改运行〔2021〕1283号）	该文件强调，加强虚拟货币“挖矿”活动上下游全产业链监管，严禁新增虚拟货币“挖矿”项目，加快存量项目有序退出。 该文件发布后，内蒙古自治区、四川省、浙江省、贵州省、海南省等地纷纷发布文件响应政策导向。
2021年9月15日	《防范和处置虚拟货币交易炒作风险的通知》（银发〔2021〕237号）	该规定：（1）再次重申虚拟货币的属性，各金融机构和非银行支付机构不得为虚拟货币相关业务提供服务；（2）明确虚拟货币相关业务活动属于非法金融活动，同时强调境外虚拟货币交易所通过互联网向我国境内居民提供服务同样属于非法金融活动，构成犯罪的，依法追究刑事责任；严厉打击虚拟货币相关非法金融活动、犯罪活动；（3）提示参与虚拟货币投资交易活动存在法律风险；（4）要求有关部门建立健全应对虚拟货币炒作风险的工作机制；（5）各部门、单位加强虚拟货币炒作风险监测预警；（6）要求构建多维度、多层次的风险防范和处置体系；（7）要求各部门加强组织实施。

〔1〕 参见金观平：《斩断虚拟货币炒作资金链条》，载人民网，http://finance.people.com.cn/n1/2021/0623/c1004-32137884.html。

续表

发布时间	文件名称	相关内容及解读
2021年12月30日	国家发展改革委《关于修改产业结构调整指导目录（2019年本）的决定》（中华人民共和国国家发展和改革委员会令第49号）	在淘汰类“一、落后生产工艺装备（十八）其他”中增加第7项，内容为“虚拟货币‘挖矿’活动”。
2022年1月12日	国家能源局《关于印发〈2022年能源监管工作要点〉的通知》（国能发监管〔2022〕4号）	第3条第9项中规定，加大能源行政执法力度，严肃查处向虚拟货币“挖矿”项目违法供电行为，持续开展专项整治，保持高压态势。
2022年2月18日	中国银行保险监督管理委员会《关于防范以“元宇宙”名义进行非法集资的风险提示》	第4点提到，目前有的不法分子号称所发虚拟币为未来“元宇宙通行货币”，诱导公众购买投资，进行非法谋利行为。
2022年2月23日	最高人民法院《关于审理非法集资刑事案件具体应用法律若干问题的解释》（2022修正）（法释〔2022〕5号）	第2条第8项规定，以虚拟币等交易方式非法吸收资金的，以非法吸收公众存款罪定罪处罚。 该司法解释是第一个明确将“加密货币相关业务活动”列为犯罪行为的司法解释。非法集资犯罪量刑标准也在随后发布的《最高人民检察院、公安部关于公安机关管辖的刑事案件立案追诉标准的规定（二）》中加以补充完善。
2022年3月17日	国家能源局《关于印发〈2022年能源工作指导意见〉的通知》（国能发规划〔2022〕31号）	第7条中规定，严肃查处向虚拟货币“挖矿”项目违法供电行为。
2022年4月6日	最高人民检察院、公安部《关于印发〈最高人民检察院、公安部关于公安机关管辖的刑事案件立案追诉标准的规定（二）〉的通知（2022修订）》（公通字〔2022〕12号）	该规定将“货币”独立规定于附则第79条，原规定于第19条“伪造货币案（刑法第一百七十条）”项下。
2022年4月13日	中国互联网金融协会、中国银行业协会、中国证券业协会《关于防范NFT相关金融风险的倡议》	该行业规定在第2条第4项，呼吁会员单位不以比特币、以太币、泰达币等虚拟货币作为NFT发行交易的计价和结算工具。

从上述规范性文件可以看出，2021年下半年起，国家对加密货币及相关业务活动的监管升级为“严厉禁止”，一切与加密货币相关的业务活动都被定性为“非法金融活动”，不管是境内还是境外活动。监管范围也进一步扩大，从最初的“交易”“投资”行为扩展到加密货币的“生产”即“挖矿”活动。《加密货币交易炒作风险的通知》中将加密货币犯罪总结为三种类型：一是加密货币相关业务活动所涉嫌的非法经营、金融诈骗等；二是利用加密货币实施的洗钱、赌博等；三是以加密货币为噱头的非法集资、传销等。不排除公安部等部门在将来对加密货币进行专项治理的可能性。与此同时，央行在答记者问时指出，国家后续监管政策态度将是一个“持续高压监管，严厉打击加密货币相关非法金融活动和违法犯罪活动”〔1〕的态度。有学者认为，中国在未来将全面退出加密货币领域，与之相关的一切活动将被全面取缔或者关闭。〔2〕

二、全面监管政策形成的原因

由于加密货币优缺点并存且都十分突出，各国和地区对其的态度也大不相同，总体上分为禁止、限制和允许三种。禁止，即明确加密货币为非法，按照非法物品予以处置，更不允许合法交易；限制，主要是禁止加密货币在境内的交易，禁止以加密货币兑换法定货币、禁止金融机构提供相关交易服务等；允许，即明确加密货币为合法，但允许的程度又各有不同，有的认可加密货币的法定货币地位，有的不认可但允许加密货币的交易。那么，中国为什么严格禁止加密货币的交易？究其原因，可以归结为如下五个方面。

---

〔1〕《人民银行有关负责人就〈关于进一步防范和处置虚拟货币交易炒作风险的通知〉答记者问》，载国家外汇管理局网，https://www.safe.gov.cn/safe/2021/0924/19917.html。

〔2〕参见万静：《多部门联合围剿虚拟货币“挖矿”行为》，载新华网，http://www.news.cn/fortune/2021-11/23/c_1128089671.htm。

（一）扰乱金融秩序，引发市场混乱

金融秩序稳定是一个国家金融安全的前提，而金融安全又是经济安全的核心，是一个国家繁荣发展的重要保障。各个国家和地区为保障金融秩序稳定，都建立有一套以央行为发行主体、以法定货币为流通交易媒介的商品市场流通机制，以促进经济发展并调控市场风险。加密货币的出现，无疑对法定货币体系形成挑战，有使国家金融秩序和市场机制陷入无序和混乱状态的危险。其一，加密货币容易引发通货膨胀。如上所述，加密货币是一种并无商品物质支撑的特殊虚拟商品，如允许用于购买现实生活中的实物商品，作为支付工具在市场上流通，必然占据一定的实物商品流通量，导致法定货币购买的实物商品量减少，在法定货币总量不减少的情况下，实物商品的价格必然上升，造成法定货币贬值，形成通货膨胀。其二，加密货币容易引发市场混乱。加密货币由私人发行，无回兑机制，国家很难对加密货币的发行主体、发行量、交易流通方式等进行有效监管，如果允许其在市场正常流通，等于在国家权威金融体系外存在第二货币系统，必然对国家法定货币体系和正常市场流通形成冲击，引发市场混乱。“如果加密货币被广泛接受，将会对真实货币产生替代效应，从而减少交易中的现金使用，在这样的情况下，相应的部门将无法对货币进行调控”。[1]这也是美国、日本、加拿大、英国、俄罗斯等主要经济体对加密货币持拒绝或者谨慎态度的原因。

（二）持有者的合法权益难以得到有效维护

由于对加密货币的监管难度大，其基本处于一种自由无序状态，持有

---

〔1〕 梧通浅聊：《虚拟货币的本质是什么，为什么国家禁止还有那么多人炒币？》，载搜狐网2022年4月13日，https://www.sohu.com/a/537657147_121062334。

者的合法权益难以得到有效保障：一是加密货币的安全主要受网络安全技术水平、防卫手段等影响，一旦安全技术和防卫手段出现问题，加密货币就可能被盗、丢失，给持有者造成损失。另外，在购买货物的过程中，持有者可能因为操作不当或者信息不对称等使自身资产受到损害。二是加密货币的价值由政治决定，由于其出现和发展时间较短，其运作规律及可能对经济社会的影响，各国和地区并未完全把握，加密货币政策和监管力度的不确定使得加密货币的价格受政策影响很大，忽高忽低已司空见惯。"加密货币之所以现在有价值，主要是想靠它发财的人越来越多，使得加密货币的市场越来越大。一旦加密货币不再受人追捧，又没有相应的部门为其背书，那么加密货币将会直接崩塌"〔1〕。

（三）容易被利用于洗钱、恐怖融资以及赌博等违法犯罪活动

加密货币的"匿名性可以隐蔽交易主体身份，点对点交易可以规避监管，非面对面交易增加监测难度，交易无国界导致其容易游离于各国监管之外，交易方式多样便于隐秘资金链条"，〔2〕进而成为犯罪分子实施洗钱、恐怖融资或者赌博等违法犯罪活动的重要工具。洗钱是掩饰、隐瞒违法犯罪所得及其收益来源和性质的一种违法犯罪行为，目的是将"脏钱""洗白"。"加密货币体系的去中心化，导致缺少一个集中的实体，无法运行现有的反洗钱合规程序，履行客户尽职调查、交易监测和报告可疑交易等义务，也无法接受和处理像司法调查、资产冻结这样的法律请求"，"在没有加密货币服务商或者金融机构参与的情况下，若加密货币点对点交易被广泛使用，并用作支付或者投资手段，则不受反洗钱和反恐怖融资监管的交

---

〔1〕 参见吴云、薛宏蛟、朱玮等：《虚拟货币洗钱问题研究：固有风险、类型分析与监管应对》，载《金融监管研究》2021年第10期。

〔2〕 参见吴云、薛宏蛟、朱玮等：《虚拟货币洗钱问题研究：固有风险、类型分析与监管应对》，载《金融监管研究》2021年第10期。

易数量和价值可能会大大增加”。[1]

经归纳，在我国，犯罪分子利用加密货币实施洗钱犯罪的行为方式主要为：将违法犯罪所得及其收益，汇集到他人或者租用的账户内，切断犯罪分子与赃款的联系，这是对赃款的第一次洗白；将汇集在他人或者租用账户内的赃款通过加密货币交易平台购买加密货币，即将赃款转换为加密货币，这是对赃款的第二次洗白；将加密货币兑换为法定货币或其他可以合法使用的货币、财物（国内或者国外均可），然后将货币转移至指定银行账户或者将财物归属于自己或者指定人名下。[2]一些网络游戏平台以加密货币代替法定货币进行赌博，加密货币充当了赌场中的筹码，获取后再兑换成法定货币或者现金。有数据显示，参与利用加密货币为筹码的赌博性质的游戏的人数已远超百万，这种“聚赌性质”活动的盛行毒化了社会风气，严重影响青少年的健康成长和人们的正常生活，扰乱社会秩序。[3]利用加密货币给恐怖主义融资，其路径与洗钱基本相似，即将财物转换为加密货币提供给恐怖分子，再由恐怖分子在监管“洼地”将加密货币兑换为可以正常流通使用的货币或者其他财物。

（四）“挖矿”活动严重消耗资源，破坏生态文明

在以比特币为代表的加密货币体系内，“挖矿”就是生产加密货币的过程。具体来讲就是，将一段时间内加密货币系统中发生的交易进行确认，并记录在区块链上形成新区块的过程，这种确认并记录的过程也称为记账。“挖矿”的人叫作矿工，矿工就是记账员，区块链就是账本，比特币

〔1〕 吴云、薛宏蛟、朱玮等：《虚拟货币洗钱问题研究：固有风险、类型分析与监管应对》，载《金融监管研究》2021年第10期。

〔2〕 参见上海市浦东新区人民法院刑事判决书，（2019）沪0115刑初4419号；四川省天全县人民法院刑事判决书，（2020）川1825刑初71号。

〔3〕 参见理财小精灵：《虚拟货币可以随时买卖吗　缺点是什么？》，载股城网2022年1月21日，https://mip.gucheng.com/finance/202201/4149447.shtml。

系统的记账权利是去中心化的，每个矿工都有记账权利，成功抢到记账权的矿工会获得系统新生的比特币奖励，实际上，生产加密货币的过程就是因为取得记账权而获得加密货币奖励的过程。

“挖矿”需要特定的电脑设备，这种设备的功率较大，需要消耗大量的电力，对资源的利用和生态文明都会产生严重影响。根据最新的剑桥大学数据统计，光是比特币的“挖矿”耗电，每年的耗电量达到133.68太瓦时，1太瓦时等于10亿度电量。已经超过了瑞典、阿根廷、荷兰、阿联酋等国家一年的耗电量，如果把比特币“挖矿”耗电与世界各国用电对比排序，其耗电量将位列全球耗电量最大的前30国之一。[1]在我国对“挖矿”活动没有干预和禁止的时期，我国承担了65%的全世界“挖矿”能源消耗。有专家预测，在没有任何干预的情况下，中国境内比特币区块链的能源消耗预计在2024年达到峰值，约296.59太瓦时，约等于消耗3000亿度电，约产生1.3050亿吨碳排放。如此庞大的碳排放，明显与我国“十四五”规划中提出的“2035年碳排放达峰后稳中有降、2060年前实现碳中和”的目标相背离。特斯拉创始人马斯克曾言：“特斯拉已暂停接受使用比特币购买车辆。我们对于比特币开采和交易中化石燃料迅速增加感到担忧，尤其是煤炭的使用，因为煤炭的温室气体排放量是所有燃料中最严重的。”[2]此外，“挖矿”对电脑显卡或者硬盘的损害也是显而易见的，由于“挖矿”需要设备长时间的超负荷运转，必然使设备温度升高，长期高温是损害显卡最主要的原因。据测算，“挖矿”状态下使用半年的显卡相当于正常状态下使用了五年。

---

〔1〕 参见《数字惊人！挖矿究竟有多耗电？》，载搜狐网2021年5月30日，https://www.sohu.com/a/469461263_162758。

〔2〕 白泽研究院：《数据观察：比特币消耗的能源超过非洲大部分国家的总和》，载PAnews2021年7月29日，https://web.panewslab.com/zh/articledetails/N1373080.html。

（五）助长社会追求财富的投机行为和心理

社会财富的获取最终依赖于生产，而加密货币作为一种无实物价值支撑的特定虚拟商品，不会给社会带来任何的实用价值，但其发行者和炒作者却可以利用加密货币通过各种方式获取巨额社会财富，特别是发行者利用先占优势不劳而获，这大大助长和刺激了社会追求财富的投机心理和投机行为，对人们正常的财富观和价值观造成巨大冲击。有人对比特币的交易进行过统计，比特币自诞生以来价格已上涨了2059.4万倍，最高涨到52，600美元／枚，最高总市值超过1万亿美元。但约95%的比特币被2%的账户控制，也就是说，绝大部分比特币财富掌握在个别人或者机构手中，比特币的创设者中本聪理论上已是世界最富有的人之一，拥有近600亿美元的财富。〔1〕这种天方夜谭似的造富方式，导致“加密货币不但吸纳了数万亿的热钱，还造就了一大批黑客，一大批刀尖上舔血的炒币者，一大批梦想靠挖币暴富的‘矿工’，还有不计其数的实体企业卷入其中。当人类的思想被加密货币植入，不劳而获将成为人类经济发展的主流，随之而来的不只是勒索，还会有奴役、掠夺与杀戮。加密货币将使人类进入一个畸形发展的轨道，善良、真理将被吞噬；邪恶、暴力将蔓延”〔2〕。

三、全面监管的具体措施及其实施

随着对加密货币性质认识的不断加深，我国严控加密货币发展及严防其渗入现实经济社会生活的措施不断加码，先后发布《关于防范比特币风险的通知》《防范代币发行融资风险的公告》《关于整治虚拟货币“挖矿”

〔1〕 参见火以：《理论上中本聪已经是世界首富了，比特币的套路到底有多深？》，载百家号2021年2月18日，https://baijiahao.baidu.com/s?id=1692041970402394018。

〔2〕 笔际：《又一个虚拟货币出世，互联网群魔乱舞何时休？》，载网易网2021年6月1日，https://www.163.com/dy/article/GB9MS76D05529DVH.html。

活动的通知》《防范和处置虚拟货币交易炒作风险的通知》等规范性文件，体现了严禁加密货币交易的态度，基本织密了防控加密货币交易的制度网。这些文件的主要内容和措施包括：

（一）不再明确加密货币的特定虚拟商品属性

如前所述，2013年的《关于防范比特币风险的通知》明确了加密货币的特定虚拟商品性质，而2021年的《防范和处置虚拟货币交易炒作风险的通知》没有再提及这一定性，实际上否定了加密货币的特定虚拟商品属性，为严格禁止加密货币交易提供前提条件。

（二）金融机构、非银行支付机构及加密货币交易平台均不得从事加密货币业务活动

1.禁止与严格管理并存

国家对加密货币业务活动（主要是交易活动）的态度是由限制到禁止层层加码、逐步严密的：《防范比特币风险通知》关于限制加密货币（主要为比特币）业务的内容包括三个方面：一是要求各金融机构和支付机构不得开展与比特币相关的业务。各金融机构和支付机构不得以比特币为产品或服务定价，不得买卖或作为中央对手买卖比特币，不得承保与比特币相关的保险业务或将比特币纳入保险责任范围，不得直接或间接为客户提供其他与比特币相关的服务，包括：为客户提供比特币登记、交易、清算、结算等服务；接受比特币或以比特币作为支付结算工具；开展比特币与人民币及外币的兑换服务；开展比特币的储存、托管、抵押等业务；发行与比特币相关的金融产品；将比特币作为信托、基金等投资的投资标的等。二是加强对比特币互联网站（交易平台）的管理。对提供比特币登记、交易等服务的互联网站，应当依据《电信条例》等的规定在电信管理机构备案。电信管理机构根据相关管理部门的认定和处罚意见，依法对违法比特币互联网站予以关闭。三是严防利用加密货币洗钱的风险。中国人民银行各

分支机构要认真研判使用加密货币洗钱的风险，制定针对性防范措施，并应当将提供比特币登记、交易等服务的机构纳入反洗钱监管，督促其加强反洗钱监测。提供比特币登记、交易等服务的互联网站应切实履行反洗钱义务，对用户身份进行识别，要求用户实名注册。各金融机构、支付机构、互联网站发现与比特币及其他虚拟商品相关的可疑交易，应当立即向有关机构报告，并配合开展调查活动，对于发现使用比特币进行诈骗、赌博、洗钱等犯罪活动线索的，应及时向公安机关报案。

2.禁止任何机构和个人从事加密货币交易活动

《防范代币发行融资风险的公告》除重申各金融机构和非银行支付机构不得开展与代币发行融资交易相关的业务外（此点与《关于防范比特币风险的通知》要求各金融机构和支付机构不得开展与比特币相关的业务的精神一致，内容几无变化），还特别要求任何组织和个人不得非法从事代币发行融资活动并加强对代币融资交易平台的管理。《防范代币发行融资风险的公告》第2条中规定，本公告发布之日起，各类代币发行融资活动应当立即停止。已完成代币发行融资的组织和个人应当做出清退等安排，合理保护投资者权益，妥善处置风险。《防范代币发行融资风险的公告》的一个重要内容，是在《关于防范比特币风险的通知》要求对提供比特币登记、交易等服务的互联网站依法备案的基础上，明确规定加密货币交易平台不得再从事加密货币业务活动，即对互联网站交易平台从事加密货币业务活动由严格管理、有限允许到全面禁止。其第3条规定，自公告发布之日起，任何所谓的代币融资交易平台不得从事法定货币与代币、“虚拟货币”相互之间的兑换业务，不得买卖或作为中央对手方买卖代币或“虚拟货币”，不得为代币或“虚拟货币”提供定价、信息中介等服务。

3.加密货币业务活动为违法犯罪活动

《防范和处置虚拟货币交易炒作风险的通知》除继续重申金融机构和非银行支付机构不得为虚拟货币相关业务活动提供服务外，特别明确虚拟货币业务活动为违法行为，构成犯罪的，依法追究刑事责任。其中还规定，加密货币相关业务活动属于非法金融活动。开展法定货币与加密货币兑换业务、加密货币之间的兑换业务、作为中央对手买卖虚拟货币、为虚拟货币交易提供信息中介和定价服务、代币发行融资以及虚拟货币衍生品交易等虚拟货币相关业务活动涉嫌非法发售代币票券、擅自公开发行证券、非法经营期货业务、非法集资等非法金融活动，一律严格禁止，坚决依法取缔。对于开展相关非法金融活动构成犯罪的，依法追究刑事责任。针对《防范代币发行融资风险的公告》公布后，国内大量加密货币交易机构虽转移国外，但仍然通过互联网为国内客户投资、交易等提供服务的实际情况，《防范和处置虚拟货币交易炒作风险的通知》规定，境外虚拟货币交易所通过互联网向我国境内居民提供服务同样属于非法金融活动。对于相关境外虚拟货币交易所的境内工作人员，以及明知或应知其从事虚拟货币相关业务，仍为其提供营销宣传、支付结算、技术支持等服务的法人、非法人组织和自然人，依法追究有关责任。

为增强管控力度，公告还就构建多维度、多层次的风险防范和处置体系以及加强加密货币交易炒作风险监测预警等提出明确要求，特别强调：互联网企业不得为虚拟货币相关业务提供网络经营场所、商业展示、营销宣传、付费导流等服务，发现违法违规问题线索应及时向有关部门报告，并为相关调查、侦查工作提供技术支持和协助；加强对虚拟货币相关的市场主体登记和广告管理，企业、个体工商户注册名称和经营范围中不得含有“虚拟货币”“虚拟资产”“加密货币”“加密资产”等字样或内容；严厉打击虚拟货币相关非法金融活动以及利用虚拟货币实施的洗钱、赌博、非法经营、传销等犯罪活动；加强行业自律管理等。

（三）参与加密货币投资交易活动须风险自担

由于加密货币没有集中发行方，不具有强制性和法偿性，无政府背书，投资加密货币交易活动要承担巨大的风险，所造成的损失必须自己承担。《防范代币发行融资风险的公告》中规定，代币发行融资与交易存在多重风险，包括虚假资产风险、经营失败风险、投资炒作风险等，投资者须自行承担投资风险。《防范和处置虚拟货币交易炒作风险的通知》规定，参与加密货币投资交易活动存在法律风险，任何法人、非法人组织和自然人投资虚拟货币及相关衍生品，违背公序良俗的，相关民事法律行为无效，由此引发的损失由其自行承担；涉嫌破坏金融秩序、危害金融安全的，由相关部门依法查处。

（四）严禁境内“挖矿”

一段时间以来，炒作加密货币带来的暴利，推动了“挖矿”活动的疯狂无序发展，但“挖矿”严重消耗能源且碳排放量巨大，对国民经济贡献度低，对产业发展、科技进步等带动作用有限，加之加密货币生产、交易环节衍生的风险越来越突出，其对国家金融安全和经济秩序以及社会高质量发展和节能减排带来的不利影响越来越突出，整治加密货币“挖矿”活动已势在必行。2021年9月，国家发展改革委等十一部门联合发布《关于整治虚拟货币“挖矿”活动的通知》，明确了整治“挖矿”活动的指导思想、总体思路、基本原则和主要措施等，是当前指导整治“挖矿”活动的主要规范性文件，其主要措施是在全面梳理排查“挖矿”项目及加强异常用电监测分析的基础上，严禁新增项目投资建设并加快存量项目有序退出。

在梳理排查方面，要求各地对在运、在建及备建“挖矿”项目的所属企业、规模、算力、耗电量、计划投产时间等情况逐一梳理、全面排查，加大甄别力度，确保数据真实全面、不留空白。在严禁新增项目投资建设方面，将“挖矿”活动列为淘汰类产业，在增补列入淘汰类产业前，视同淘汰类产业处理，依照有关规定禁止投资；强化“挖矿”项目能耗双控约束；严禁以数据中心名义开展“挖矿”活动，明确区分“挖矿”与区块链、大数据、云计算等产业界限；加强数据中心类企业信用监管；严禁新增项目报装接电，不得以任何名义向“挖矿”企业供电，在办申请报装项目一律停止办理，严禁以“网前供电”“拉专线”等方式对新建项目供电；严禁对“挖矿”项目提供财税金融支持。在加快存量项目有序退出方面，实行差别电价，执行淘汰类企业电价，加价标准为每千瓦时0.30元，地方可根据实际情况进一步提高加价标准；不允许“挖矿”项目参与电力市场并严查违法违规供电行为；停止对“挖矿”项目提供财税金融服务；按照《产业结构调整指导目录》规定，对存量项目进行有序整改淘汰。

四、小结

加密货币的出现才仅仅十几年，对其的认识和研究还在不断加深中，各国和地区基于对加密货币的认识和自身政治形态及经济模式采取了不同的态度。如第七章与第八章所述，中国、美国、日本、德国、加拿大、英国、俄罗斯等主要经济体都采取了禁止的做法或者谨慎的态度，虽然德国、日本承认加密货币的合法地位，但迄今为止，主要经济体还没有一个承认加密货币具有与本国法定货币同等的法律地位。究其原因，主要是在加密货币领域还没有形成一套较为完善的监管体系，一旦放开对现行经济可能造成的冲击和影响还没有充分的认识。

第三章

加密货币与国家治理

赵　霞*

加密货币的诞生给主权货币带来挑战，同时也因容易为各类犯罪、腐败行为提供便利等而备受争议。但尽管如此，加密货币仍然得到快速发展，以致各国也不得不对加密货币予以高度重视，对加密货币或废止，或严厉监管，也有个别国家接纳加密货币为国家法定货币。无论各国对加密货币持何种态度，一个不争的事实是，加密货币是国家治理不能回避而且必须审慎对待的一个重要问题。

一、加密货币代表科技发展的方向

加密货币的底层技术是区块链技术，而区块链技术的诞生则是现代信息技术发展的结果。区块链本质上是一个去中心化的分布式数据库账本，包含“区块+链”数据结构、分布式存储、加密算法、共识机制、点对点传输

* 赵霞，中国政法大学法律硕士学院副教授、法学博士。

等核心技术，涉及密码学、数学、经济学、网络科学等多种学科。[1]

加密货币从诞生到今天，已经历过数次优化，其目的主要是强化加密货币的货币属性。加密货币的发展大致可分为三个阶段：第一阶段以比特币的早期发展为代表，时间大致为2009年至2014年。在这一阶段加密货币以区块链作为数据结构。以比特币为例，比特币的发行基于工作量证明（Proof of Work，PoW）机制，挖掘新区块的概率等同于该节点的算力占比，这种机制也存在一定的问题，如高确认时间、高交易手续费和低流动性等，这些问题导致比特币无法像货币一样流通。但由于比特币诞生早，总量有限及具有稀缺性，导致比特币居高不下且具有避险资产属性，因此比特币也被称为"数字黄金"。第一阶段的加密货币有一定的保值属性。第二阶段是以以太币为代表的加密货币，诞生于2014年。以太币同样使用了区块链技术，但是与比特币相比，以太币具有平台属性，这使其可以作为应用平台的代币。以太币的挖掘是基于Proof of Stake（PoS）机制。在这种共识算法中，"矿工"持有的股份决定了挖掘新区块的概率，因此以太币的数据处理速度相较于比特币更快。但这类加密货币币值波动仍然很大，且大规模应用也并没有落地。第三阶段是诞生了以泰达币为代表、一大类币值稳定的加密货币。币值相对稳定的加密货币也被称为稳定币，这也是在金融领域应用频率最高的一类加密货币。理想的稳定币应该有九个特点：（1）支付便捷；（2）作为一种价值衡量；（3）可以累积价值；（4）能够承受市场的剧烈波动；（5）较低的维护成本；（6）具备适当的扩展性；（7）保护隐私且去中心化；（8）有足够的灵活性，能适应不断变化的全球和地方法规；（9）为交易和套利交易提供透明度。

以比特币为代表的加密货币的诞生，深刻改变了传统互联网和金融行

---

〔1〕 参见周茂君、潘宁：《赋权与重构：区块链技术对数据孤岛的破解》，载《新闻与传播评论》2018年第5期。

业[1]：第一，比特币解决了电子支付的"双重支付"技术难题。互联网时代电子支付成为必须，然而"双重支付"始终是这一领域的难题。以往，人们通过引入可信第三方来解决。互联网商业几乎完全依赖权威金融机构作为可信第三方去处理电子支付。我们可能不信任交易对手，但是我们信任为我们处理支付的那些金融机构，我们信任他们完全准确无误地作了数字处理。而比特币系统摆脱了第三方信任模式，在没有权威机构和中央服务器的前提下，实现了任意双方直接交易的去中心化系统。第二，比特币成为互联网世界的原生货币。事实上，早在比特币之前，电子货币、数字货币的想法一直都存在，许多人也为此作过尝试，但都因各种原因失败。比特币将几种已经存在的技术非常巧妙且简单地组合在一起，实现了突破性创新，成为纯粹互联网世界生长出来的东西。有趣的是，比特币的这种原生性一方面成为对它的最大诟病——脱离现实世界、缺乏与现实世界的映射关系，比特币长期以来被认为没有价值基础；另一方面，这种原生性却又为它提供了安全保障——正是由于完全存在于互联网世界，你无法像攻击其他资产那样在现实世界攻击比特币。比特币开启了加密货币的先河，基于相似技术的众多加密货币从此发展起来。第三，也是最重要的一点，比特币系统实际上创建了一个崭新的超主权全球金融网络，或者说，它在原先单纯的信息互联网（传统互联网）基础上，叠加了一个金融网络。比特币的出现使得互联网从一个仅能传输信息的信息网络，进化成为一个同时可以传输价值与资产的全球网络，信息互联网正在向价值互联网转型。我们曾目睹了信息、生活方式向互联网的转移，未来我们有可能经历价值向互联网的转移。

而作为加密货币底层技术的区块链技术，因其去中心化、匿名性、可追溯性等特性，则可能给人类社会带来颠覆性的变革，带来一个全新的信

---

〔1〕 参见张培培：《加密货币的乌托邦理想》，载《宁夏社会科学》2020年第5期。

用社会的降临。运用区块链技术，在信息不对称的情况下，无须相互担保信任或第三方（所谓的“中心”）核发信用证书，而是采用基于互联网大数据的加密算法创设的节点普遍通过即成立的节点信任机制。任何机构和个人都可以作为节点参与创设信任机制，而且创设的区块必须在全网公示，任何节点参与人都能看见。节点越多，要求的算力就越强，只有超过51%的节点都通过，才能确立一个新区块成立，即获得认可；使用时，如果想要篡改或造假，也需要掌控超过51%的节点，才可以修改。理论上，当区块链的节点达到足够数量时，这种大众广泛参与的信任创设机制，就可以无须“中心”授权即形成信任、达成合约、确立交易、自动公示、共同监督。区块链技术的这种特性，构造出了一种“去中心化”的信任模式，不仅为陌生者提供去中介化的信用，而且具备网络空间生产的利益分配方式改变之效能。

二、加密货币可能代表未来金融的发展方向

加密货币诞生以来，围绕着加密货币的属性一直争论不休。绝大部分学者认为加密货币尽管名为“货币”，但并不具备货币的法偿性，目前尚无法充当现代意义上的“货币”。但无论加密货币如何定性，在实践中，加密货币通过交易发现了价格，这就为其作为支付媒介提供了基础。因此，加密货币越来越具备金融属性。

目前，世界各国对加密货币的规制路径并不一致。第一种规制路径是严格禁止，以我国为代表国家。第二种规制路径就是有限制地允许其合法存在，但予以严格监管，以美国、新加坡为代表国家。美国虽然允许加密货币交易，但对利用加密货币进行洗钱或者从事恐怖主义活动，则予以严厉监管。例如，美国的加密货币交易所以及经纪商都需要注册MSB（Money Services Business）牌照，以此方便金融犯罪执法网络（Financial

Crimes Enforcement Network，FinCEN）建立起正规的信息渠道；交易所和经纪商都需要收集客户身份信息、核查客户的交易，防止客户从事洗钱和恐怖主义融资等。新加坡一直以来对加密货币相对友好，新加坡金融监管局（Monetary Authority of Singapore，MAS）愿意向符合监管条件的企业发放相关牌照。在中国宣布加密货币业务非法后，新加坡成为加密货币的"避风港"，仅2021年8月就收到支付类加密货币牌照申请170份，一时间新加坡大有加密货币亚太"枢纽"之势。2022年5月，新加坡副总理王瑞杰甚至表示，要将新加坡打造成为"去中心化金融中心"。但随着新加坡国有投资机构在投资加密货币出现亏损以后，新加坡当局逐渐改变了对加密货币的态度。新加坡副总理兼财政部部长黄循财在2022年11月表示，新加坡可能希望成为数字资产行业的"巨人"，但根本不会对加密投机持开放态度。第三种规制路径就是承认加密货币的法定货币地位，萨尔瓦多是目前唯一承认加密货币为法定货币的国家。2021年6月，中美洲国家萨尔瓦多通过法案，正式承认比特币是该国的法定货币。但经过两年多的实践，萨尔瓦多的"实验"似乎并不成功。截至2023年9月，萨尔瓦多已经损失37%的比特币投资价值，相当于4500万美元，[1]因此萨尔瓦多的政策是否具备可持续性还有待进一步观察。

尽管各国对加密货币态度不一，但无不高度重视区块链技术，纷纷把区块链技术提升到了国家竞争的战略层面来发展，究其原因在于区块链技术与金融具有天然的契合性。传统金融行业存在信用难以传递、风控成本高、数据泄露隐患等诸多问题。而区块链技术具备去中心化、可追溯性、不可篡改性等特性，能够较好地解决金融行业信息不对称问题，以增信数据的方式创造信用，建立高效的价值流通机制，实现数字资产在数字世界的流转，进而推动金融产业数字化转型。在金融监管领域，传统金融监管

---

〔1〕 参加何冰、韩超（编译）：《全球首个将比特币作为官方货币的国家，萨尔瓦多比特币"实验"未达预期》，载人民号2023年9月4日，https://rmh.pdnews.cn/Pc/ArtInfoApi/article?id=37625743。

因信息不对称存在监管失灵问题。而借助区块链技术，能够克服金融监管中的信息不对称问题，推动金融监管从静态监管、被动监管、单向监管向协商监管、内嵌监管、自动监管和动态监管转变，从而很好地克服金融监管失灵问题。

三、加密货币可能成为未来的新兴产业

比特币诞生以来，其价格的多次暴涨可以说是全球加密货币热潮的催化剂，随着加密货币支持者的不断创新，一大批加密货币接连诞生，进而逐渐形成了加密货币市场，并且规模仍在不断扩大。2021年5月，全球知名加密数据分析平台CoinGecko的数据显示，全球加密货币总市值约为2.55万亿美元，而根据美联储经济数据库（Federal Reserve Economic Database，FRED）同期公布的数据显示，美元流通量为2.15万亿美元，加密货币的总市值已超越美元货币流通量。而在2020年，全球加密数字货币市值更是一度达到3万亿美元，超过了英国2020年2.71万亿的GDP，跃居为世界第5大经济体量。[1]根据全球引用最多的加密资产价格跟踪网站CoinMarketCap发布的2023年上半年报告，经历过2022年的动荡之后，全球加密货币市值虽然有所下降，但仍然高达1.17万亿美元，而且从2023年年初至同年7月底增长48%。[2]

加密货币的热潮带动了“挖矿”、加密货币交易的活跃。“挖矿”是加密货币产业链的上游环节。在2018年、2019年，随着加密货币价格的上涨，同时也得益于丰水期带来的廉价水电降低了“挖矿”的电费成本，“挖矿”的盈利能力有了显著的提升，资本开始向“挖矿”行业聚集，“挖

---

〔1〕 参见袁园、杨永忠：《走向元宇宙：一种新型数字经济的机理与逻辑》，载《深圳大学学报（人文社会科学版）》2022年第1期。

〔2〕 参见《2023 年上半年加密货币市场报告：性能洞察和主要趋势》，载前途科技网2023年8月1日，https://accesspath.com/tech/5860869/。

矿”行业发展迅速。剑桥大学替代金融中心数据显示，截至2021年4月中旬，由比特币产生的全球电力需求可能达到每年143，000千瓦时，比阿根廷2019年全年发电量还要高4%。[1]这从一个侧面反映了“挖矿”行业的火爆。在中国2021年严厉禁止“挖矿”之前，中国是“挖矿”行业最集中的国家，大约集中了全世界70%的算力。在中国禁止“挖矿”以后，来自美国的“矿工”逐渐接管了比特币的全球“采矿”业务。根据2022年9月白宫发布的一份报告显示，美国拥有全球约1/3的加密货币“挖矿”业务，消耗了全美高达1.7%的电力。

加密货币热潮的另一个表现就是加密货币交易的活跃，加密货币交易平台应运而生，并迅速发展。据不完全统计，自2010年3月全球第一家交易平台比特币市场（Bitcoinmarket）在美国正式上线以来，经过十多年的发展，目前世界范围内大概有近一万家加密货币交易平台。中国第一家加密货币交易平台诞生于2011年，2013年、2014年是我国加密货币交易平台发展的爆发期，火币网、云币网、聚币网等相继创立。但随着国家开始整肃平台，2018年开始国内的大多数平台转移到海外，其中新加坡是一个重要的目的地。新加坡政府对加密货币的政策也足够友好，一度要打造加密货币活动枢纽。另外，美国是加密货币交易的重要中心，加密货币数据网站CoinGecko显示，美国有超40家加密货币交易所。近几年，美国不断加大对加密货币的监管力度，打击加密货币交易所的非法活动。

与加密货币“挖矿”和交易受到严格限制或监管相比，区块链技术产业则因更加受到各国的重视而不断发展壮大。区块链技术凭借其独有的信任建立机制，与云计算、大数据、人工智能等新技术、新应用交叉创新，融合演进成为新一代网络基础设施，从而引领全球新一轮技术变革和产业变革，成为全球技术创新和模式创新的桥梁和纽带。一方面，区块链技术

---

〔1〕 参见时希杰、张琪：《规范比特币挖矿行业发展之建议》，载《中国能源》2021年第6期。

产业本身增长迅速。例如，根据赛迪区块链研究院发布的《2021年中国区块链年度发展白皮书》，我国区块链产业加速发展，产业规模不断攀升，产业规模由2016年的1亿元增加至2021年的65亿元。另一方面，随着区块链技术的进化，区块链技术的应用场景不断拓展，能够直接推动实体经济变革，成为推动实体经济发展的关键因素。在区块链2.0时代，区块链技术主要应用于金融领域，包括跨境支付、资产信任、数字票据、供应链金融等；到了区块链3.0时代，区块链技术的应用场景进一步拓展，版权、医疗、物流、物联网等领域均可以实现区块链的应用。例如，“区块链+版权”可以借助区块链技术中数据不可篡改、信息的透明性和可编程的特点，实现数字版权的价值转移，有效预防盗版。

四、加密货币的底层技术区块链能够成为国家治理的强大工具

党的十八届三中全会提出了“推进国家治理体系和治理能力现代化”这个命题和任务。党的十九届四中全会审议通过的《中共中央关于坚持和完善中国特色社会主义制度、推进国家治理体系和治理能力现代化若干重大问题的决定》提出，必须加强和创新社会治理，完善党委领导、政府负责、民主协商、社会协同、公众参与、法治保障、科技支撑的社会治理体系。2021年3月11日，十三届全国人大四次会议通过的《国民经济和社会发展第十四个五年规划和2035年远景目标纲要（草案）》更进一步提出：“迎接数字时代，激活数据要素潜能，推进网络强国建设，加快建设数字经济、数字社会、数字政府，以数字化转型整体驱动生产方式、生活方式和治理方式变革。”中国式现代化必然是面向未来的现代化，以现代数字科技实现对传统社会治理技术、手段、设备改造升级的“数字治理”将成为社会治理现代化的重要引擎。〔1〕

〔1〕 参见郭晔：《论中国式社会治理现代化》，载《治理研究》2022年第3期。

数据是数字治理的基础。在信息化时代的今天，如何整合利用好数据，是数字治理的主要内容。由于区块链可以实现数据流转全过程追溯，方便共享，能够实现不同主体间的信息对称、协作信任与一致行动，因此区块链天然地适合作为社会治理的科技支撑，必将成为当前社会治理的关键技术，推动数字治理的实现。

区块链技术能够促进政府组织模式更加扁平化运作，提升政府管理效能。通过区块链天然的扁平化组织架构，可以塑造多中心分权管理的治理体系，构建社会中不同主体间高度互信的运行新模式。依托区块链技术，可以重构政府部门的权力运行机制，将信用背书的部分职能从政府具体的人员剥离，将权力归还制度和规则。区块链技术的应用能够增强政府运作透明度，提升政府公信力。区块链技术的共享性，能够及时将数据同步到整个网络，而且通过在每个区块的数据上加盖时间戳，使网络上的所有数据都可以被追溯且不可更改。通过在政府治理中引入区块链技术，把政府运作的各种信息共享到区块中，可以实现政府治理数据的共享，从而能够更好地实现社会公众对政府的监督，督促政府依法行政，促进政府运作的廉洁高效，实现政府社会治理的创新。

区块链技术最核心的价值是引发社会生产关系的变革。社会生产关系是人们在生产资料所有制基础上形成的，并在社会生产过程中发生的生产和分配、交换、消费等关系的总和，其本质是人与人在组织社会生产过程中形成的以利益为主的关系。当今社会化生产建立在分工极其细化的基础上，这种生产关系高度依赖人与人之间的信任关系。而区块链的本质是在去中心化的环境下构建信任关系，因此人与人之间可以更高效、更直接地建立信任关系，从而进一步提高社会生产的效率。区块链技术可以改变不同组织及个体间的利益分配方式。传统的利益分配方式是中心化的，所有的利益分配都由一个中心在负责。即使是号称“共享经济”的互联网平台，如共享单车、共享充电宝等，其利益的分配也都是由这些平台负责进行的“伪共享”。而区块链技术则是真正的共享，基于其去中心化的特性，利益的分配不再需要由一个中心来负责，而是由区块直接分配，从而促进分配的透明、高效和公平，进而提升生产力。

区块链技术还将加快信用社会构建。随着科技进步和经济社会发展，人类社会的信任模式经历了三个阶段：从农耕时代熟人之间的习俗型信任关系（人际信任），到工业时代陌生人之间的契约型信任关系，再到信息时代的匿名陌生人之间的系统型信任关系。农耕时代熟人之间是习俗型信任关系（人际信任），其信用体系的特点是道德约束型，辅之以乡规民约。工业时代陌生人之间是契约型信任关系，其信用体系的特点是制度（法律法规契约）约束型，辅之以“道德约束和第三方信用约束”。数字时代的信任模式是匿名陌生人之间的系统型信任关系，其信用体系的特点是以数字技术驱动的平台自治型信用约束为主，辅之以“制度+道德+数字化信用服务”。[1]利用区块链技术，不同主体可以将组织、个人的信用信息上链，每一条信用信息都可以追溯到各个记录方，同一条信息被某机构更新之后，会被直接同步到整个网络中，使记录的数据更可信。可见，区块链技术的应用可以从根本上实现上文所称的“系统型信任关系”。正如著名的《经济学人》杂志于2015年10月在题为《The Trust Machine》的封面文章中所说的，区块链是“信任的机器”。运用区块链构建新的社会信任机制，能够大大提升社会信任的效率，显著降低社会信任的成本，推动构建与数字时代相适应的社会信用体系和运作机制。

五、小结

在数字化经济快速发展的背景下，加密货币作为新兴金融工具及其底层技术区块链的应用引起了广泛关注。它既代表科技的发展方向，又可

---

〔1〕 参见韩家平：《中国社会信用体系建设的特点与趋势分析》，载《征信》2018年第5期。

能成为未来的新兴产业和国家治理的强大工具。与此同时，加密货币作为数字资产，属于一种虚拟货币，也带来金融、社会、政治等多领域的风险挑战，备受争议。我国作为全球最大的经济体之一，对于加密货币的政策制定和监管措施尤为重要，应在法治化的道路上寻求加密货币的创新潜力和金融风险之间的平衡，致力于推动科技创新和数字经济发展，发挥法治在国家治理体系和治理能力现代化中的重要作用，实现加密货币的中国之治。

第四章

加密货币与国家安全

张　萌*

如上所述，虽然比特币的创设初衷具有一定积极性，但综观其产生至今十余年的发展，可以看出其并未发挥如创立者预想般的巨大正向作用。尤其是，比特币等加密货币的价格具有极大的不稳定性，难以保证其持有者的信心，而且由于其底层技术的新兴性和专业性，导致部分犯罪分子利用其名义从事诈骗等犯罪活动，危害公民财产权益。因此，加密货币受到了包括中国在内的许多国家的监管或禁止。但是，比特币等加密货币对国家安全的严重威胁在客观上仍然存在，不会因为受到禁止就消失。

一、国家安全的内涵与发展

国家安全是当今时代世界各国稳定发展的重要基础，也是各国着力维护的基本目标。保证我国国家安全，是完善和发展中国特色社会主义制

* 张萌，中国人民大学法学院博士研究生。

度、推进国家治理体系和治理能力现代化的有机组成部分。[1]只有国家安全得到切实维护，社会和谐稳定和人民安居乐业才能获得保障。因此，探索与践行国家安全理念具有十分重要的意义。党的十八大以来，以习近平同志为核心的党中央坚持总体国家安全观，不断丰富国家安全的内涵，为中华民族屹立于世界民族之林提供了坚实的后盾保障。

（一）国家安全理念的逐步形成

总体国家安全观是习近平总书记于2014年4月15日中央国家安全委员会第一次会议上首次提出的，其内容可以主要被概括为“以人民安全为宗旨，以政治安全为根本，以经济安全为基础，以军事、文化、社会安全为保障，以促进国际安全为依托”，[2]并可以细化为“政治安全、国土安全、军事安全、经济安全、文化安全、社会安全、科技安全、信息安全、生态安全、资源安全、核安全”十一个具体要素。根据2015年7月1日颁布的《国家安全法》第18条和第32条等条文，“海外利益安全”和“太空、深海和极地安全”也应当被视为我国国家安全的重要组成部分。在2020年2月14日召开的中央全面深化改革委员会第十二次会议上，习近平总书记进一步强调了“生物安全”的重要性，并提出“把生物安全纳入国家安全体系”。[3]至此，上述16种安全共同组成了我国总体国家安全观的理念要素，国家安全理念内容更为充实、含义更为具体。在面临国家安全方面的风险和威胁时，准确定位和应对策略分析也更加及时和准确，为维护我国国家安全提供了坚实的理念基础。

---

〔1〕 参见熊光清、蔡正道：《中国国家治理体系和治理能力现代化的内涵及目的——从现代化进程角度的考察》，载《学习与探索》2022年第8期。

〔2〕 参见《习近平主持召开中央国家安全委员会第一次会议强调 坚持总体国家安全观 走中国特色国家安全道路》，载《人民日报》2014年4月16日，第1版。

〔3〕 参见《习近平主持召开中央全面深化改革委员会第十二次会议强调 完善重大疫情防控体制机制 健全国家公共卫生应急管理体系》，载《人民日报》2020年2月15日，第1版。

(二)国家安全理念的国际发展

我国一直将中华民族的伟大复兴同世界各民族的繁荣进步联系起来,将国家安全与发展同世界和平与稳定联系起来。在规划国家安全发展道路、设计人民安居乐业方案时,我国从未私心自用,而是以大国情怀关切世界各族人民发展、以大国责任维护世界和平与安全。基于当今世界面临的巨大不确定性和不稳定性风险,习近平总书记于2022年4月21日在博鳌亚洲论坛2022年年会开幕式上发表了题为《携手迎接挑战,合作开创未来》的主旨演讲,并首次提出了“全球安全倡议”。习近平总书记强调:“安全是发展的前提,人类是不可分割的安全共同体。”并倡导各国“坚持共同、综合、合作、可持续的安全观,共同维护世界和平和安全”[1]。

“全球安全倡议”为国家安全问题提供了更为广阔的思路,在未来涉及安全问题时,我们既要具有更高的责任感,将他国国家安全纳入关切范围,也要拥有更坚定的自信心,举全球之力通力合作化解国家安全威胁。

二、加密货币对国家安全的挑战

在网络技术迅猛发展的情况下,加密货币的影响不会因为当前严厉禁止的政策立场而消失。“加密货币”对国家安全影响非常广泛,既可能包括“资源安全”“社会安全”“经济安全”“政治安全”等传统国家安全要素,也可能包括“网络安全”“科技安全”“生态安全”等非传统国家安全要素。[2]

---

〔1〕 参见《习近平在博鳌亚洲论坛2022年年会开幕式上发表主旨演讲 提出全球安全倡议 强调人类是休戚与共的命运共同体 各国要坚定信心 同心合力 和衷共济 合作开创未来》,载《人民日报》2022年4月22日,第1版。

〔2〕 参见刘跃进:《非传统的总体国家安全观》,载《国际安全研究》2014年第6期。

（一）资源安全

资源安全是一个国家或地区可以自由、持续、稳定获得必要自然资源的状态或能力。[1]自然资源是人类日常生活不可或缺的物质。例如，水资源和太阳能资源是生命存续的前提、化石燃料是工业机械化大规模发展的基础。因此，几乎人类的一切生产生活活动都离不开资源。然而，大多数资源具有有限性，其与人类社会不断增长的需求相矛盾。如果某种资源数量不足，则会引发生产停滞、社会恐慌等一系列问题，并在经济安全、社会安全等方面产生连锁反应，从而威胁国家安全。因此，资源安全是国家安全的重要组成部分。

从国家安全的角度看，资源包括水资源、能源资源、土地资源、矿产资源等多个方面。[2]而大多数加密货币，尤其是比特币的产生过程，需要消耗大量的能源资源。新比特币发行的主要机制由于具有类似于黄金开采的特点，因此被形象地称为“挖矿”。“矿工”通过消耗计算能力来处理交易、保护网络并使系统中的每个人保持同步。该过程会消耗相当多的电力能源。根据剑桥大学替代金融中心（Cambridge Centre for Alternative Finance，CCAF）于2020年9月发布的第3版《全球加密资产基准研究报告》（Global Cryptoasset Benchmarking Study），包括电力、维修和劳动力费用在内的营运支出（operational expenditures）占加密货币“挖掘”成本的55%，这其中有75%的费用被用于水电费等公共支出（utilities）。也就是说，能源成本超过“加密货币”发行和运行总成本的40%。并且，中国的公共支出已达到55%，远高于美国的31%及欧洲的41%。据估计，比特币区块链每年消耗的能源可能与丹麦、爱尔兰或孟加拉国等中小型国家

〔1〕 参见谷树忠、姚予龙：《国家资源安全及其系统分析》，载《中国人口·资源与环境》2006年第6期。
〔2〕 参见侯娜、池志培：《总体国家安全观研究新探》，中国商务出版社2020年版，第168页。

一样多，[1]其甚至已经抢占了其他设备生产资源，并催生了芯片短缺等风险。[2]

着眼于我国，在没有政策干预的情况下，我国比特币行业的年能耗预计将在2024年达到峰值296.59亿千瓦时。[3]虽然我国已成为世界上最大的能源生产国和消费国，形成了煤炭、电力、石油、天然气、新能源、可再生能源全面发展的能源供给体系，但加密货币这类耗能巨大且附加价值较小的行业无疑给我国能源资源安全带来了较大的威胁。因此，出于推动节能减排的目的，国家发展改革委等部门于2021年9月3日发布了《关于整治虚拟货币“挖矿”活动的通知》，对“挖矿”这类国民经济贡献度低，对产业发展、科技进步等带动作用有限的活动进行了严格限制。

（二）生态安全

生态安全是指维系人类生存和社会经济文化发展的生态环境不受侵扰和破坏，生态整体处于平衡与活力的一种状况，国家生态安全是生态安全的核心内容。[4]在加密货币问题上，生态安全问题主要是由资源安全问题引发的。由于“挖矿”和交易对于能源资源的需求逐步增加，而化石燃料又在能源生产中占比较高，因此化石燃料的消耗会产生大量二氧化碳，从而加剧温室效应，这给包括我国在内的全球生态环境带来了不利影响。

目前，中国特色社会主义进入新时代，我国社会主要矛盾已经转化为人民日益增长的美好生活需要和不平衡不充分的发展之间的矛盾，“美好生活需要”中便包括人民日益增长的优美生态环境需要。根据一家名为

〔1〕 See Küfeoğlu, S. & Özkuran, M. Bitcoin mining: a global review of energy and power demand. *Energy Res*. Soc. Sci. 58, 101273 (2019).

〔2〕 参见封帅等:《新兴技术对国家安全的影响笔谈》，载《信息安全与通信保密》2021年第12期。

〔3〕 See Jiang, S., Li, Y., Lu, Q. et al., Policy assessments for the carbon emission flows and sustainability of Bitcoin blockchain operation in China. *Nature Communications*, 2021,12(1).

〔4〕 参见廖福霖:《生态安全》，载《绿色中国》2018年第4期。

Forex Suggest的金融市场网站公布的数据，比特币是迄今为止造成污染最严重的加密货币，每笔交易会产生大约1060.5磅二氧化碳。据估计，比特币在2022年产生5680万吨二氧化碳，而这需要种植2.841亿棵树才能抵消。而排名第二的以太币估计于2022年产生2200万吨二氧化碳。这无疑对我国实现生态环境保护目标构成了巨大挑战。根据我国碳达峰目标和碳中和愿景，我国二氧化碳排放力争2030年前达到峰值，力争2060年前实现碳中和。[1]加密货币交易与“挖掘”无疑为我国环保事业发展带来巨大负担。为承担环保使命、展现大国形象，我国在此意义上对“挖矿”行为进行严格限制的政策是具有必要性的。

（三）科技安全

科学技术是第一生产力，也是社会进步的核心动力。因此，科技对于国家发展具有至关重要的作用。只有掌握了核心技术，才能掌握竞争发展的主动权。国家安全中的科技安全是指国家科技安全发展、不受制于人的一种发展态势。[2]对于比特币等加密货币而言，其对于我国科技安全的威胁主要体现在两个方面。

一方面是来自加密货币本身的威胁。加密货币的发明并非来自我国，且其发明者一直保持着匿名的状态。虽然可以根据加密货币的运行情况对于其技术原理进行分析，但最为底层和核心的技术内容可能还掌握在其他国家手中，我国应当防范存在于加密货币中蕴含的外来技术的风险。例如，就比特币的算法而言，如果有主体能够控制超过一半数量的计算设备，即可控制整个分布式账本的记账权，实现对于整个比特币区块链的操控。虽然比特币的创建和支持者认为这种事件发生的概率极低，但这并非不可实现。一旦不法分子具有这种绝对支配的算力，比特币等加密货币将会受

---

〔1〕 参见《中央经济工作会议在北京举行》，载《人民日报》2020年12月19日，第1版。

〔2〕 参见范维澄等编著：《国家安全科学导论》，科学出版社2021年版，第458页。

到颠覆性的打击。

另一方面是来自未来新兴技术可能对加密货币产生的威胁。如果说，前述对于加密货币控制权的威胁是一种基于现实技术水平的推断，那么随着科技水平的发展，算力更为强大的计算设备对于破坏加密货币按照原有规则平稳运行的风险概率将会大大提高，量子计算便是其中之一。量子计算是兴起于21世纪初的第二次量子革命的重要内容，现正处于世界各国大力推进发展的阶段。根据理论构想，量子计算机利用体系的叠加态作为基本单元，在处理具有多解集的非线性问题方面，相比于利用体系的本征态作为基本单元的传统计算，具有无法比拟的优势。[1]由于加密货币普遍采用传统计算机难以有效求解的单向困难数学问题的密码学技术，通过由此设计的SHA256、RSA以及椭圆曲线加密等算法实现数字货币的安全发行、交易与验证，但量子计算特有的并行计算能力将会使这些密码学算法的攻击难度减半甚至破解，[2]量子计算设备的持有者将可以窃取任何账户中的加密货币，区块链的安全性将从根本上被破坏。虽然在目前情况下，量子计算对于加密货币的威胁尚未达到迫在眉睫的程度，但鉴于各国对于量子技术的大力支持，量子计算的研发工作正在稳步推进，其对于科技安全的威胁也应当在现阶段就予以高度重视。

（四）网络安全

网络安全指网络系统的硬件、软件及其系统中的数据受到保护，不因偶然的或者恶意的原因而遭受到破坏、更改、泄露，系统连续可靠正常地运行，网络服务不中断。[3]在信息网络高速发展的当今时代，网络安全会

---

〔1〕 参见付震宇等:《量子计算技术发展路线与趋势分析》，载《中国电子科学研究院学报》2021年第8期。

〔2〕 参见李娟娟等:《基于区块链的数字货币发展现状与展望》，载《自动化学报》2021年第4期。

〔3〕 参见万雅静主编:《计算机文化基础（Windows 7+Office 2010）》，机械工业出版社2016年版，第234页。

对经济、政治等社会各方面产生影响，已经成为国家安全的重要组成部分。习近平总书记曾在2018年全国网络安全和信息化工作会议上强调："没有网络安全就没有国家安全，就没有经济社会稳定运行，广大人民群众利益也难以得到保障。"〔1〕以信息网络作为载体的加密货币无疑会对网络安全产生较大影响。

由于比特币等加密货币目前的市场价格较高，因此首先其会引发黑客利用程序漏洞攻击软件系统的网络安全问题。2010年8月，比特币交易领域曾出现了一起著名的价格溢出事件（value overflow incident）。某黑客发现并利用了比特币源代码中的漏洞，并于#74638区块凭空创造出1840亿比特币。虽然该行为在五个小时内便被比特币运行人员发现并修复，但如果未来的系统漏洞难以被如此简单地修复，则会对比特币系统及网络安全带来毁灭性的影响。其次，其还会引发将加密货币作为勒索对象的病毒攻击问题，从而威胁网络安全。这些病毒被称为"比特币勒索"（CTB-Locker）病毒，其中具有代表性的一次案例是爆发于2017年5月的"想哭"（wanna cry）病毒。该病毒通过计算机微软系统的漏洞向计算机发送僵尸邮件，被病毒植入的计算机屏幕上会显示一条消息：计算机系统中的文件已加密，想要解密需要给黑客一定数量的比特币，否则计算机内的文件将会被删除。据估计，此次事件给全球造成了大约80亿美元的损失。〔2〕最后，黑客对于个人账户内加密货币的窃取也会危害个人用户的系统安全，从而对社会整体网络安全造成威胁。可见，比特币等加密货币为网络安全增加了很多无法忽视的风险。

---

〔1〕 张晓松等：《习近平在全国网络安全和信息化工作会议上强调　敏锐抓住信息化发展历史机遇　自主创新推进网络强国建设》，载《人民日报》2018年4月22日，第1版。

〔2〕 参见郭鹏：《从网络勒索病毒事件分析科技领域安全对国家安全的影响及对策》，载《网络安全技术与应用》2022年第8期。

（五）经济安全

经济安全是国家安全的基础。国家经济安全是指国家的经济发展和经济利益不受内部和外部因素的破坏和威胁的状态。[1]在经济安全的所有要素中，金融安全占有重要地位，金融安全是经济平稳健康发展的重要基础。习近平总书记曾指出，金融是现代经济的核心，金融成为资源配置和宏观调控的重要工具，成为推动经济社会发展的重要力量。[2]可见，维护金融安全是保障经济安全的基础，但加密货币的产生和发展无疑对金融安全造成了较大威胁。

首先，去中心化的加密货币威胁了货币主权。我国的法定货币是人民币，国家根据经济运行情况制定货币政策，不断动态调整货币供应量，从而影响利率和总需求进行经济宏观调控。加密货币的发行方并非中央银行，一旦其具有类似货币的功能，则会影响国家对于市场上流通货币量的判断，并且无法对其发行量进行干预，给政策制定带来困扰。其次，加密货币影响了银行等金融机构的中介作用。与西方资本主义国家不同，我国目前的金融体系格局是以间接融资为主、直接融资为辅。而采取点对点交易方式的加密货币排除第三方机构的干涉和参与，这会给金融体系现在的参与者特别是银行的中介作用带来挑战。最后，加密货币可能导致全球性金融危机。由于加密货币的价格极不稳定、波动较大，因此如果其获得广泛应用后价格暴涨或暴跌，则会引发潜在的金融稳定问题，甚至导致系统性风险和金融危机。[3]这也是我国目前对于加密货币采取极为严格监管态度的重要原因之一。

---

〔1〕 参见张小玲:《关于国家经济安全的探究》，载《统计与决策》2002年第5期。

〔2〕 参见《习近平在中共中央政治局第四十次集体学习时强调 金融活经济活金融稳经济稳 做好金融工作维护金融安全》，载《人民日报》2017年4月27日，第1版。

〔3〕 参见于伟等:《数字加密货币的金融风险：特征、机制及其防范》，载《江海学刊》2022年第1期。

（六）社会安全

我国正处于重要战略机遇期，社会安全主要涉及影响社会公共秩序和人民生命财产的安全问题，包括社会治安、生活安全、生产安全、群体性事件、民族宗教冲突等多个方面。[1]在社会矛盾明显增多、社会冲突日趋激烈的情况下，加密货币由于具有匿名性等特点，更容易被不法分子利用，作为犯罪工具从而催生违法犯罪等各种社会问题。

例如，在最高人民法院发布的2021年十大毒品（涉毒）犯罪典型案例中，便有一个案件中的犯罪分子利用比特币进行毒品交易。犯罪分子使用网络联系订单、以比特币形式收取毒资，通过物流寄递毒品，全程无须与交易对象产生线下接触，也无须通过银行等支付系统完成交易。这种新型的交易手段隐蔽性强，为犯罪侦查带来了挑战。又如，加密货币还容易被用于实施洗钱犯罪。在最高人民检察院、中国人民银行于2021年发布的6个惩治洗钱犯罪典型案例中，便有一个案件中的犯罪分子将他人集资诈骗犯罪所得的收益兑换为比特币并向境外转移。由于各个国家和地区对比特币等加密货币采取的监管政策不同，因此比特币可以通过境外加密货币服务商、交易所等机构兑换为法定货币，甚至直接作为法定货币进行使用。加之加密货币不由第三方发行和监管，因此资金流向难以证明，加密货币成为跨境清洗资金的新手段。

除此之外，加密货币的运行还容易引发前述盗窃、敲诈勒索等犯罪活动，还易被利用成为集资诈骗罪的虚假项目。这虽然不是加密货币本身所造成的危害，但由其引发的次生风险仍会给社会安全带来较大威胁。

---

〔1〕 参见郭强：《论新形势下的社会安全》，载《学习与探索》2016年第12期。

（七）政治安全

政治安全是国家在政治方面免于国家内外和政治内外各种因素侵害和威胁的客观状态。[1]以习近平同志为核心的党中央数次强调了政治安全的重要作用。2020年12月，中央政治局第二十六次集体学习对贯彻总体国家安全观作出“十个坚持”的全面概括，其中第五点便是“坚持把政治安全放在首要位置”，可见政治安全作为国家安全根本的重要性。

虽然加密货币对政治领域产生的直接影响可能较小，但不排除其在对经济、社会等领域产生负面影响后，间接影响国家政治安全。例如，如前所述，未来某些组织可能通过投资“挖矿”硬件设备以控制全球“比特币”区块链一半以上的算力，从而阻止或逆转最近的交易。然而，他们未必有能力保留这种权力，因为这需要比世界上所有其他“矿工”进行更多的投资。一旦有算力更强的“矿工”出现，整个“比特币”链条便处于被新的“矿工”控制的风险中。因此，未来世界各国甚至有可能出现类似于军备竞赛的“算力竞赛”，从而对政治安全造成巨大威胁。此外，国家政策也会引起加密货币价格的巨大波动。例如，2022年1月，哈萨克斯坦政府取消液化石油气价格管制，引发了多地抗议和暴乱，这导致了哈萨克斯坦全国断网，并影响了全球至少12%的算力。[2]而通胀居高不下和多国央行加息的政策环境也导致比特币于2022年6月跌破1.8万美元“关口”，并探至两年来最低。[3]足以可见，加密货币的价格在很大程度上受制于各国的政策变化，反之，其巨大的价格变动也会对国家政治安全带来较大

---

〔1〕 参见刘跃进：《政治安全的内容及在国家安全体系中的地位》，载《国际安全研究》2016年第6期。

〔2〕 参见《这个国家断网！比特币全球算力消失12%》，载上观新闻2022年1月9日，https://export.shobserver.com/baijiahao/html/439929.html。

〔3〕 参见《比特币史诗级暴跌！“人在币圈混，三天饿九顿”》，载中国新闻网2022年6月22日，https://www.chinanews.com.cn/cj/2022/06-22/9785494.shtml。

影响。

综上所述，加密货币既会产生资源安全、生态安全、经济安全等原生性问题，也会引发网络安全、科技安全、社会安全和政治安全等次生性问题，其对于国家安全构成的威胁并非无稽之谈，应当引起足够重视并加以严格监管。因此我国颁布的一系列防范加密货币风险的文件出于保障国家安全、社会稳定和个人财产安全的目的，无疑是具有科学性的。2016年4月19日，习近平总书记在网络安全和信息化工作座谈会上指出："我们一定要认识到，古往今来，很多技术都是'双刃剑'，一方面可以造福社会、造福人民，另一方面也可以被一些人用来损害社会公共利益和民众利益。"[1]对于加密货币这种新事物、新技术，也应当理性认识其特点及利弊，以便加强对其监管并制定科学应对策略，以实现防患于未然。

三、小结

十余年来，加密货币在全球引发的关注度有增无减。从用户的视角来看，加密货币可以提供免于第三方干预的点对点支付方式，可以较好地保护交易的匿名性。但是，从大多数国家主体的视角来看，加密货币脱离了中央的监管，具有威胁法定货币地位的风险。二者之间的张力影响着加密货币的需求量，引发了加密货币巨大的价格变动。然而，在当下加密货币在全球仍具有一定市场的情况下，任何国家和个人均不能独善其身，对与其相关的交易活动直接完全禁止是弊大于利的。因此，无论是国家中央还是个人用户，均应当采取措施共同维护加密货币相关产业的平稳运行。在此过程中，个人应当遵纪守法，加强对加密货币的正确认识，明确其无法承担货币的功能，未来无法成为真正的货币，从而将加密货币的需求量调

〔1〕 习近平：《在网络安全和信息化工作座谈会上的讲话》，载《人民日报》2016年4月26日，第2版。

节至合理范围。各国应当通力合作，努力克服加密货币本身存在的弊端、共同探讨科技发展和加密货币监管的有效方式，将加密货币对于国家安全和全球安全的负面影响降至最低。在这一过程中，中国应立足本国现实，在考察其他主要代表性国家与国际组织的监管政策与立法的基础上，顺应技术发展的要求，调整未来的政策，并制定相关立法，形成有效的监管体系。

第五章

涉加密货币刑事案件的现状与问题

赖早兴*

随着以比特币、以太币等为代表的加密货币受到国际领域投资者的热捧，诸多加密货币的市值一度走高。2011年11月8日每单位比特币价格68，564美元，其总市值达到1.27万亿美元；同日每单位以太币也达4570美元，总市值突破5696亿美元。当时全球加密货币的总市值超过3万亿美元。虽然国际市场上加密货币价格波动大，甚至暴涨暴跌[1]，但加密货币仍然受投资者高度关注。因为加密货币的价值高，我国当前采取的又是严厉禁止的态度，所以在社会生活中针对加密货币实施的犯罪行为也日益增多。分析研究司法实践中针对加密货币所实施的犯罪行为及司法判决，有利于了解加密货币所涉刑事法律问题的现状，发现其中的问题，并拿出妥当的解决方案，为未来立法改革与政策调整提供实践依据。为此，本书在中国裁判文

---

* 赖早兴，湘潭大学法学院教授、博士生导师。

〔1〕 因持续受到美国通胀数据及美联储加息信息的冲击，加密货币在2022年6月经历了一次暴跌。截至2022年6月15日，全球加密货币总市值已跌破1万亿美元，约为9805.71亿美元。全球加密货币总市值跌破1万亿美元。参见《全球加密货币总市值跌破1万亿美元》，载每日财经网，http://www.nbd.com.cn/articles/2021-01-11/1594452.html。

书网搜集了涉及加密货币的刑事裁判文书共计551篇，以此为基础对加密货币刑事案件的样态、种类、问题进行分析，并试图提出相应的解决之道。

一、加密货币刑事案件判决中的样态

（一）犯罪发生的时间

从图1可以看出，涉及加密货币的犯罪出现于2012年。〔1〕这是因为加密货币的先驱——比特币的概念最初于2008年11月才被提出，比特币于2009年1月3日正式诞生，开始时比特币并未展现出其价值。比特币第一次交易是2010年5月，佛罗里达程序员Laszlo Hanyecz用1万个比特币购买两个比萨，该比萨是Jercos用25美元购买后送给Laszlo，前者从后者手中换得了1万个比特币。这时比特币在我国仅是一个概念，没有人认为其具有资产价值，自然也不可能存在针对加密货币的犯罪或利用加密货币实施的犯罪。我国第一篇关于比特币的论文发表于2011年，该文认为："今天的比特币应用，更多意义上是一种玩具，而且是少数人（极客）的玩具。"〔2〕这说明即使当时开始关注比特币的人对它也是持一种怀疑甚至是批判的态度。2012年开始有人肯定比特币。如有人认为："在技术层面比特币是十分可靠的，但要进入复杂多变的经济体，它还需要经历一番重新的考量。"〔3〕在此情况下，我国极少出现与比特币相关的刑事判决。与加密货币相关的犯罪爆发式的增长是在2017年，当时比特币的价值已经较为充分地体现出来，2017年12月时比特币每单元的价格达到了18，737.6美元。图1中2017年与加密货币相关的刑事判决为64件。虽然接下来的2018年、2019年和2020年加密货币价格时涨时跌（甚至有时是暴涨暴跌，见图2），但加密货币的高价值

〔1〕 为了体现整年度的数据，此处只统计自有涉及加密货币刑事判决的2012年至2021年共10年间的所有相关刑事判决书。

〔2〕 魏武辉：《比特币的乌托邦》，载《科技创业》2011年第8期。

〔3〕 崔屹东、郑晓彤：《对新型货币比特币的经济学分析》，载《现代经济信息》2012年第16期。

性已经完全呈现出来，加密货币已经不再被人忽视，与此相关的刑事案件也基本呈现增长趋势。

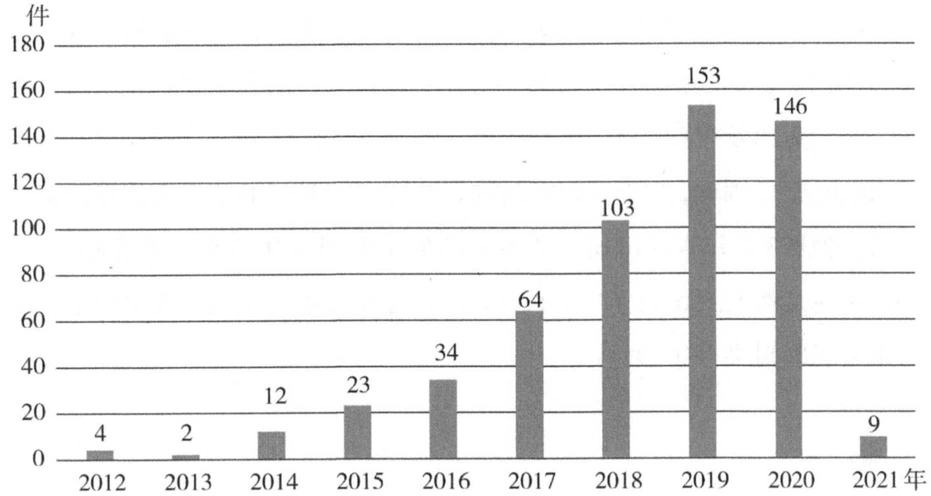

图1　各年度发生加密货币犯罪的案件数量

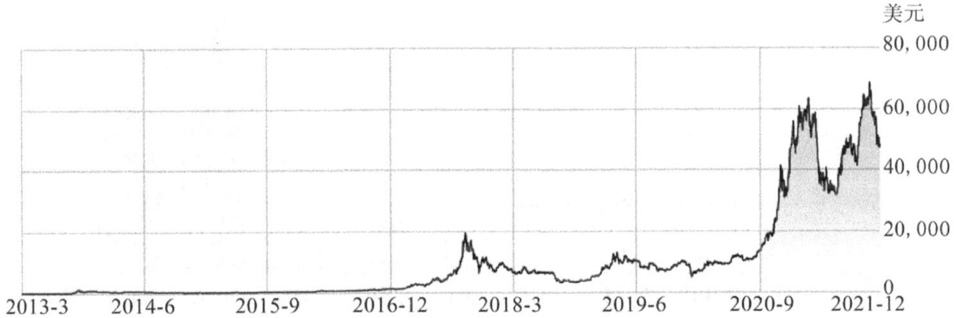

图2　比特币2013年3月到2021年12月9年间的价格趋势

资料来源：比特币资讯网2021年12月16日，https://www.bitcoin86.com/currency/BTC。

对比图1与图2，我们可以清晰地看出加密货币价格增长与涉加密货币刑事案件增长之间总体上成正比。但从图1看，2021年实施的涉及加密货币的犯罪数量极少，其主要原因在于2021年实施的涉及加密货币的犯罪尚在刑事诉讼过程中，相关判决书尚未生效，并未上传至中国裁判文书网，故无法统计到当年的相关刑事判决。

（二）案件审判的时间

如图3所示，从审判时间看，第一份关于加密货币的刑事判决发生在2013年，这与发生在2012年的第一起涉及加密货币的刑事案件相对应。由于犯罪行为的发生到案发，再到刑事立案侦查、审查起诉、刑事审判，有一个“时间差”，因此，关于审判时间的数据与犯罪时间的数据无法形成对应关系。但图3充分体现出加密货币所涉刑事审判自2017年以来逐年增长，2020年更是爆发式增长至274件，2021年1月至12月中国裁判文书网上公布的相关刑事判决也达192件。

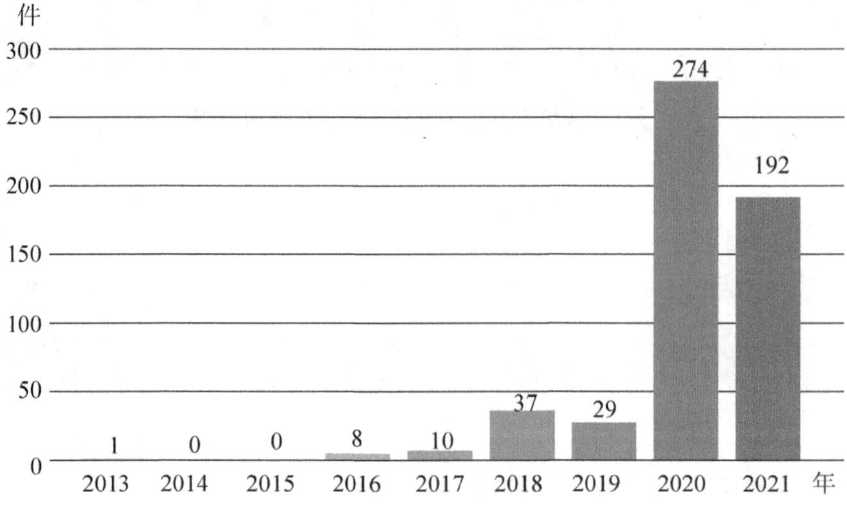

图3　各年度加密货币犯罪案件的判决数量

（三）被告人基本情况

1.被告人的年龄

如图4所示，30周岁以下的被告人约占42%，31～40周岁的被告人约占32%，41～50周岁的被告人约占19%，而51周岁以上的被告人仅占7%。[1]

〔1〕 须指出的是，有的判决书未载明被告人年龄。

因此，与加密货币相关的犯罪明显呈现出年轻化的特点。这与我们的预期一致，因为越是年轻的人越愿意接触、了解和接受新生事物，年纪越大的人对新生事物越谨慎、排斥或拒绝。

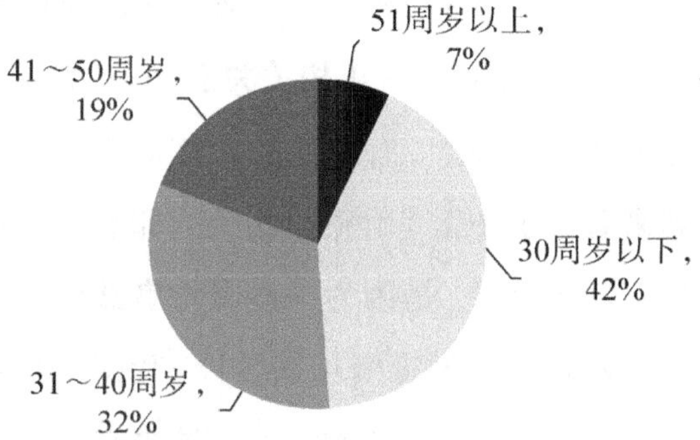

图4　各年龄阶段被告人人数比例

2.被告人的文化程度

如图5所示，在所有被告人中，初中文化程度的被告人最多，占34%；其次是高中文化的被告人，占17%，两者的总和超过所有被告人人数的一半。比特币、以太币等加密货币是最新网络技术发展的成果，人们通常认为高学历的人更可能接触到加密货币。但以加密货币为犯罪对象或犯罪工具的场合，则与通常认知相反。

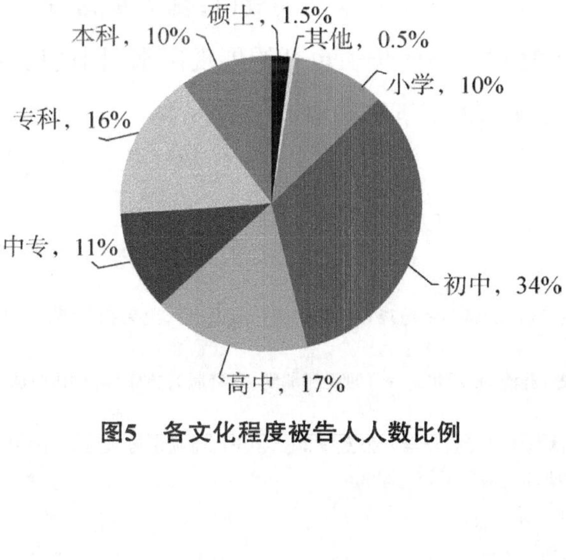

图5　各文化程度被告人人数比例

3.被告人的职业状况

数据统计显示，从被告人职业状况来看无业者所占比例最大，达51%。这符合犯罪学中的基本理论，因为“工作就意味着有规律的作息时间、限制并得到报酬，这会使青年们安下心来，以前无法满足的需要也得到了满足”〔1〕。而且，失业与犯罪之间具有正相关关系，且这种关系通常是非常显著的。〔2〕因此，在犯罪可能性上，有职业的人相对于无职业者的概率就要小。从具体的罪名来看，与加密货币犯罪相关的罪名中走私毒品罪是占比最大的。该罪与加密货币相关，是因为一些吸毒者或贩毒者在向国外购买毒品的过程中使用加密货币支付毒资。据统计，我国2015年在明确登记职业信息的吸毒人员中，无业人员占69.5%〔3〕。这也在一定程度上解释了涉加密货币的刑事案件被告人为无业者数量最多的原因。

（四）涉及加密货币的种类

数据统计显示，加密货币刑事案件中涉及比特币的刑事判决为304份（55%），涉及其他加密货币的案件为247份（45%，其中部分案件既涉及比特币又涉及其他加密货币）。这与加密货币种类不断增加，针对其他加密货币的犯罪从无到有、从少到多相关。2009年时只有比特币一种加密货币，后来其他人竞相设计出其他加密货币；随着加密货币的种类增多，投资者涌入，其他加密货币的价值也开始展现出来，因此比特币的市值占加密货币总市值的比重处于下降趋势。

---

〔1〕［美］迈克尔·戈特弗里德森等：《犯罪的一般理论》，吴宗宪等译，中国人民公安大学出版社2009年版，第131页。

〔2〕参见［美］乔治·B.沃尔德等：《理论犯罪学》（第5版），方鹏译，中国政法大学出版社2005年版，第111～112页。

〔3〕参见中国国家禁毒委员会办公室：《2015年中国毒品形势报告》，载中国禁毒网，http://www.nncc626.com/2016-02/18/c_128731173_2.html。

（五）案件审理地点

如图6所示，全国已经有29个省、自治区和直辖市出现加密货币的刑事判决，除香港、澳门、台湾地区外，只有西藏、青海未见相关刑事判决。已经公布判决的省级行政区中，河南省刑事判决的数量最多，浙江、湖南、广东、安徽四省案件量不相上下。

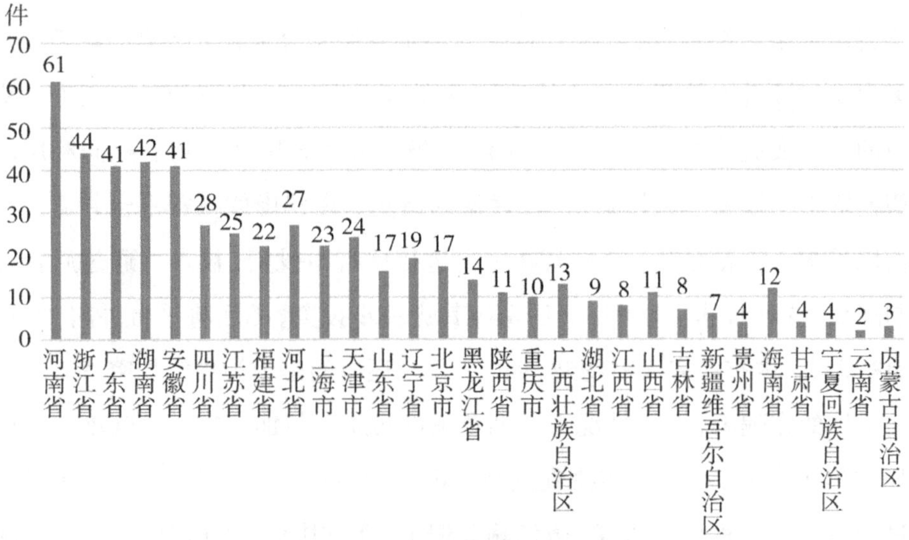

图6　加密货币案件审理地点

二、加密货币刑事案件中犯罪的种类

（一）现有刑事判决展现的犯罪种类

基于现有刑事判决书的统计，加密货币刑事案件主要涉及的罪名及数量为：诈骗犯罪，171件；毒品犯罪，92件；侵害公民个人信息罪，86件；盗窃犯罪，81件；隐瞒、掩饰犯罪所得犯罪，56件；组织传销活动犯罪，30件；非法吸收公众存款犯罪，24件；其他类犯罪，11件。

1.诈骗类犯罪

从上述统计数据看，诈骗罪在涉及加密货币刑事案件中所占比重最大。在诈骗类案件中，有的是以加密货币为对象实施诈骗行为。例如，2020年11月，被告人顾某在明知自己负债100万元，没有资金实力的情况下，通过微信与被害人巴某商定向其购买10个比特币，金额为109.8万元。被害人巴某通过比特币钱包转出10个比特币到顾某的接收地址。顾某即将该10个比特币在火币网App中开仓杠杆交易做空，意图博取利润。但因比特币价格继续上涨，导致其杠杆交易被强制平仓而严重亏损，最后顾某无力支付被害人巴某10个比特币的对价109.8万元。[1]有的是利用加密货币的名义实施诈骗。例如，2020年8月被告人肖某甲及肖某乙共同利用虚假投资平台诈骗他人钱财，二人联系网络卖家搭建虚假投资平台并通过微信取得被害人信任后，诱导其在平台进行比特币投资，被告人通过后台控制涨跌，先使被害人获利，而后诱导其进一步投资，随后将平台关闭，并拉黑被害人，占有被害人财物58，940元。[2]还有的是因为投资加密货币亏本而引发的诈骗案，此类情况下的刑事案件实质上与加密货币关联度小。例如，2019年4月，被告人曾某在网络上购买比特币亏掉了大量资金，于是通过伪造海鲜供货付款协议、微信聊天记录、还款协议、收据等，对与其一起做生意的邱某谎称海鲜生意进货需要的资金越来越多，让邱某转账100多万元，后邱某发现被骗，要求曾某还钱，曾某写了一张43万元的欠条给邱某，并还了2万元给邱某，之后曾某失去联系。[3]该类诈骗案件虽然涉及加密货币，但并非以加密货币为犯罪对象，也非以加密货币为犯罪工具，与加密货币关联度不大。在统计涉及加密货币的诈骗案件中，绝大多数是利用加密货币的名义实施的诈骗，共138件，约占诈骗案的81%，而以加密货

---

〔1〕 参见广东省深圳市福田区人民法院刑事判决书，(2021)粤0304刑初201号。

〔2〕 参见江苏省南京市浦口区人民法院刑事判决书，(2021)苏0111刑初80号。

〔3〕 参见江西省上饶市广信区人民法院刑事判决书，(2020)赣1121刑初332号。

币为对象的诈骗案仅16件，约占诈骗案的9%。还有一部分是与加密货币关联度小的诈骗案，共17件，约占诈骗案的10%。

2.毒品类犯罪

在涉及加密货币的毒品类案件中，一般是将加密货币作为毒资的支付工具。该类案件绝大多数是国内吸毒者或贩毒人员与国外贩卖者取得联系，从国外购买毒品，并用加密货币进行支付。例如，2020年3月，被告人刘某通过国外聊天软件“Telegram”分别与“sijerry”“RayAllen”约定以时价约人民币3000元的比特币向该二人各求购50克毒品大麻，并由对方从境外通过国际物流寄递的方式，不向海关申报，将毒品走私入境。后涉毒包裹被黄岛海关查获，经鉴定，涉案毒品净重91.05克，均检出四氢大麻酚成分。[1]但也有一些案件是国内的犯罪嫌疑人之间以加密货币进行毒品交易支付。例如，2020年7月，郭某使用“Telegram”聊天软件，与买家贾某确定以比特币等价于1400元人民币的价格将毒品大麻贩卖给贾某。郭某通过快递将毒品寄给贾某后被查获。[2]在毒品类犯罪中，大量的走私毒品类犯罪使用加密货币进行支付，是行为人充分利用加密货币去中心化的特征，买方无须经过任何的金融机构即可点对点地将毒资支付给卖方，卖方也可以安全地收到毒资。因此，相较于传统的现金交易或银行系统网络交易，加密货币更便于毒品交易环节的完成和保密。该类案件的发案情形与传统毒品交易不同，传统毒品交易往往是通过现场抓捕、查看交易场所视频监控、对比银行流水单等查获案件、收集证据。但在运用加密货币的情况下，交易环节都是通过网络进行，基本上是在邮寄、快递的查检物品环节发现毒品，通过查实收货人而查获毒品案件，很少有案件在交易环节中被查获。但交易的隐蔽性并不表明加密货币的使用会导致毒品案件无法查实，因为加密货币的使用仍然是留痕的，通过数据记录的追踪，可以查

---

〔1〕 参见广东省深圳市中级人民法院刑事判决书，(2020)粤03刑初430号。

〔2〕 参见浙江省宁波市海曙区人民法院刑事判决书，(2021)浙0203刑初93号。

实交易的加密货币数额及其去处。因此，加密货币便于毒品交易是事实，但绝不是加密货币的“密”使毒品交易密不可查。不过，在走私毒品的情况下，出售毒品的一方在国外，如何建立起加密货币支付与走私毒品的证据联系并非易事。

3.侵犯公民个人信息类犯罪

在侵犯公民个人信息类犯罪中，与加密货币相关的刑事案件发案率最高的是出卖自己或亲友的银行卡信息，帮助他人实施信息网络犯罪活动，共有75件，约占信息类犯罪的87%。这主要体现为在明知他人利用信息网络实施犯罪的情况下出让自己或亲友的银行卡，在他人利用加密货币交易中提供支付结算的帮助以转移赃款。例如，2019年年底以来，被告人李某使用自己的身份证件在平安银行、恒丰银行等多家银行开办银行卡23张，并使用以上银行卡账号在“火币OTC”平台上频繁进行加密货币买入和卖出交易。被告人李某在发现银行卡因涉嫌违法犯罪被公安机关冻结后，仍通过更换银行卡的方式继续在“火币OTC”平台进行加密货币交易。被告人李某涉案银行卡的资金交易记录涉及诈骗案8件，涉案金额264，012元，被告人李某从中获利3.7万元。法院认定被告人李某帮助信息网络犯罪活动罪。[1]

发案率紧随其后的是通过出售他人信息获得加密货币，或利用计算机网络技术非法获取他人信息出售获得加密货币。涉及该类犯罪行为的刑事案件共11件，约占侵犯公民个人信息类犯罪的13%。例如，2018年至2019年间，被告人代某非法登录名为“中文交易市场论坛网站”的“暗网”平台，发布身份证、公民个人信息、企业信息、淫秽资源的交易帖。达成交易后，买家通过平台支付相应交易金额的比特币或人民币，被告人代某获利人民币112，450元。[2]又如，2019年6月，被告人艾某利用计算机网

〔1〕 参见湖北省安陆市人民法院刑事判决书，(2021)鄂0982刑初3号。

〔2〕 参见广东省广州市番禺区人民法院刑事判决书，(2020)粤0113刑初1087号。

络技术，在互联网上非法获取包含公民姓名、电话、身份证号码等内容的个人信息5076条，在“暗网”交易市场上发帖售卖给他人共4400条，获利0.06613比特币。[1]

4.盗窃类犯罪

与加密货币相关的盗窃类刑事案件主要是以下几种情形。

第一，是在“挖矿”的过程中通过私接电线或私自改动电表设备等方式盗电。用于“挖矿”的专用计算机由大量芯片组成，耗电量大。“有数据显示，一家拥有1万台‘矿机’的矿场，今年前4个月……月均耗电量却高达4500万度。”[2]按这个数值计算，一台用于“挖矿”的计算机1个月的耗电量在1000度以上。而“挖矿者”往往不止一台用于“挖矿”的计算机，这就促使部分“挖矿者”铤而走险私接电线绕过电表直接用电或改动电表设备偷电。如果用于“挖矿”的计算机、风扇等设备量多，偷电时间长，所偷电的价值可能极大。例如，被告人陈某购买比特币矿机“挖矿”，由于比特币“挖矿”耗电量大，成本高，2020年3月10日至6月22日间，陈某采用私接电线的方式将电线接到电表前电线上，绕过电表直接接到比特币矿机和风扇上，并从中获利。经认定，陈某盗电88天，盗电量共计20，536千瓦时，盗电金额共计人民币13，250.16元。又如，被告人曹某等人在挖矿中为降低成本，将所租厂房内专用电能表接线盒处A相、C相电流线的绝缘层剥开，用银质金属片短接，使得电表的电流变小，采用该方法进行窃电，2018年12月20日至2019年11月21日期间，曹某等人窃电1，815，984千瓦时，窃电量总价值119.77万元。[3]

第二，是通过秘密的方式窃取他人加密货币钱包中的加密货币，并非法占有或处分。例如，2017年7月，被告人黄某帮助被害人刘某在网上

---

〔1〕 参见重庆市九龙坡区人民法院刑事判决书，(2020)渝0107刑初714号。

〔2〕 参见徐冰：《“挖矿”就是“挖坑”》，载《深圳特区报》2021年11月17日，A08版。

〔3〕 参见汉中市汉台区人民法院刑事判决书，(2020)陕0702刑初150号。

投资比特币，从而掌握了其比特币钱包的账号和密码。2017年12月21日11时许，被告人黄某使用上述账号和密码，从刘某的比特币钱包中盗取0.22个比特币转入自己账户，销赃后获赃款人民币2.4万元。法院判决认定黄某的行为已构成盗窃罪，判处其有期徒刑1年3个月，并处罚金人民币3000元。〔1〕

第三，是秘密窃取加密货币的“挖矿”设备。例如，2017年12月14日晚，被告人张某等人佩戴线帽、口罩、手套，携带砍刀、钳子，驾车至大庆市龙凤区万德福玉米深加工厂北侧，将存放矿机的房门锁剪断，盗窃被害人付某所有的蚂蚁D3达世币矿机22台、以太币矿机3台、豪杰电源22个，价值共计人民币313，168元。〔2〕该类刑事案件并非针对加密货币或利用加密货币所实施的犯罪，而只是针对加密货币的“挖矿”设备实施的犯罪。这类犯罪与司法实践中针对计算机设备实施的盗窃罪没有质的差异。

5.掩饰、隐瞒犯罪所得类犯罪

该类案件主要体现为行为人明知款项或财物是犯罪所得，却将自己或亲友的银行卡、微信账户、支付宝账户等出卖给从事犯罪活动的人，为诈骗等犯罪违法所得的合法化提供非法的资金转移渠道（俗称为“跑分”）。此类案件之所以与加密货币相关，是因为在大量此类案件中行为人会有加密货币的交易，通过加密货币的交易转移非法资金至实施诈骗等犯罪人指定的账户，完成资金的最终合法化和转移。例如，2020年6月至2020年7月，被告人温某等人使用手机通过“火币”“OKEX”“库币”“比特币”软件，多次使用自己和多个他人身份开设的支付宝账号、银行卡为支付结算工具，以购买、出售虚拟币的方式进行“跑分”，共计入账9，314，436.03元，出账9，314，159.13元。法院认定被告人温某构成掩饰、隐瞒犯罪所

〔1〕 参见湖北省武汉市中级人民法院刑事裁定书，（2018）鄂01刑终1001号。

〔2〕 参见黑龙江省大庆市中级人民法院刑事裁定书，（2019）黑06刑终44号。

得罪。[1]

也有一些涉及加密货币挖矿设备的案件，行为人掩饰、隐瞒犯罪所得与加密货币交易没有关联。例如，2017年7月某晚，被告人王某等人到某厂房仓库内，盗窃40台阿瓦隆A6型比特币矿机，被盗的40台矿机被装在朱某驾驶的商务车内运走。被告人刘某明知该矿机是王某等人盗窃所得，仍以每台700元的价格，40台机器共计28,000元的价格向王某收购。[2]

6.组织、领导传销活动类犯罪

组织、领导传销活动通常要求参加者通过交纳费用、购买商品或服务等方式获得资格，然后通过一定层级，以拉人头的方式计酬或返利。组织、领导传销活动犯罪的行为人总是能"与时俱进"，将新生事物用于传销活动中。加密货币的出现自然也会被组织领导传销者所利用。在涉及加密货币的组织、领导传销活动犯罪中，大多是基于社会公众熟知的、国际主流加密货币展开。例如，2018年年初，被告人陈某等人以区块链为概念策划在互联网设立平台开展传销活动，开发、运营维护相关App并建立网站。同时成立社区，通过各种方式进行宣传，招募会员。会员间按照推荐发展的加入顺序组成上下线层级，该平台通过三种主要收益方式进行返利，以发展人员数量及缴费金额作为返利依据。经鉴定：该平台共记录注册会员账号2,693,494个，共收取会员缴纳的比特币等8种数字货币折合人民币超过148亿元。[3]

少数案件中，犯罪人则是以山寨币为名组织、领导传销活动。例如，被告人郭某、林某、程某等人以投资加密货币"宝特币"为名，要求投资者购买宝特币、注册矿机获得会员资格，并按照一定顺序组成层级，以发展人员的数量作为推广返利。其中，林某涉案金额达1162.35万元，程某涉案

---

〔1〕 参见河南省周口市中级人民法院刑事裁定书，(2021)豫16刑终172号。

〔2〕 参见黑龙江省大庆市中级人民法院刑事裁定书，(2019)黑06刑终98号。

〔3〕 参见江苏省东台市人民法院刑事判决书，(2020)苏0981刑初780号。

金额达748.05万元。[1]

7.非法吸收公众存款类犯罪

非法吸收公众存款扰乱了金融秩序、危及金融安全。打击非法吸收公众存款的违法犯罪活动是我国司法机关一项重要的工作。实践中，非法吸收公众存款的形式多样，当加密货币展现其高价值后，加密货币实施就被用于非法吸收公众存款的犯罪行为。多数利用加密货币实施的非法吸收公众存款犯罪与传统非法吸收公众存款犯罪并无质的差异，仅仅是利用了加密货币这个媒介。例如，2017年10月至2018年8月间，被告人寸某等人，未经有关部门依法批准，以投资“英太虚拟股票”“CCL加密货币”“保利资本”项目可得高额回报为由，在伊宁市、深圳市等地，通过召开推介会、手机信息宣传等途径，以口口相传、上线发展下线的投资模式，向吉某、赵某、张某等29名集资参与人吸收资金，共计人民币494万余元。[2]

有的是以承诺高额固定反复的方式投资社会公众熟知的、国际主流加密货币向社会公众募集资金。例如，自2018年开始，被告人路某通过个人微信公开发布比特币投资信息，并承诺高额固定收益，向社会不特定公众非法募集资金。经集资参与人指证及司法会计鉴定，被告人路某至案发共计募集资金人民币600余万元，比特币90余个，未兑付资金300余万元。[3]

8.其他类犯罪

除上述七类较为常见的犯罪外，与加密货币相关的刑事案件还有非法拘禁罪、抢劫罪和赌博罪。这三类犯罪在数量上远远不及前七类犯罪，但基于加密货币的特殊性，我们也应当加以关注。主要包括：

（1）非法拘禁罪。非法拘禁罪是一种常见的侵犯人身权利犯罪。行为人基于不同的原因实施该类犯罪，其中包括为索债而非法剥夺他人人身自

---

〔1〕 参见福建省福州市中级人民法院刑事裁定书，(2018)闽01刑终1144号。

〔2〕 参见新疆维吾尔自治区伊宁市人民法院刑事判决书，(2021)新4002刑初120号。

〔3〕 参见上海市静安区人民法院刑事判决书，(2020)沪0106刑初1343号。

由。在加密货币的投资中，投资者之间可能形成债权债务关系或投资者之间存在经济纠纷，因而出现为索债或解决经济纠纷而非法剥夺他人人身自由。例如，被告人马某参与UKF数字货币期货交易平台并组建团队设立工作室推广上述平台、吸引投资者，马某多次邀请UKF平台的上级团队负责人林某帮其推广、宣讲和分享。由于UKF平台关闭导致被告人马某无法收回投资及收益；2019年10月30日，被告人马某等人非法拘禁林某，并从林某的手机转走其火币网账户中的3笔数字货币，并强迫林某签写了向被告人马某借款和归还人民币42万元的单据。法院认定马某构成非法拘禁罪，判处其有期徒刑1年6个月。〔1〕

（2）抢劫罪。抢劫罪是常见的侵犯财产类犯罪。随着加密货币价格上涨，呈现出极大的财产价值，实践中也出现了以加密货币为对象的抢劫行为。例如，被告人涂某等人共谋抢劫施某，将其接到某茶馆喝茶交谈。后涂某将施某骗到施某停在茶馆路边的车内。在车上，涂某持仿真枪威胁施某交出1000个比特币，但由于施某加密货币钱包中没有比特币，未得逞，涂某等人劫走其华为手机和奔驰车钥匙。经价格认定，华为手机和奔驰车钥匙价值人民币6751元（公诉机关认定1000个比特币按当天汇率折合人民币5269万余元）。法院在审理中认为，被告人涂某为抢劫被害人的比特币，因意志以外的原因未得逞，故系犯罪未遂；又因涂某欲抢劫的比特币数额不明确，故不予认定抢劫数额。最后法院认定被告人涂某犯抢劫罪，判处有期徒刑4年，并处罚金人民币1万元。〔2〕该案是行为人针对加密货币的抢劫案，而且案值极大达5000万余元。但由于被害人加密货币钱包中无比特币，故未遂。本案的判决以“比特币数额不明”不将数额计算在抢劫数额内。其实，比特币的数额是明确的——1000枚，法院可能是认为比特币所值人民币的数额不明确。如果以公诉方认定的数额即5269万元作为抢劫

---

〔1〕参见广东省广州市番禺区人民法院刑事判决书，(2020)粤0113刑初1237号。

〔2〕参见浙江省瑞安市人民法院刑事判决书，(2020)浙0381刑初873号。

的数额，如此大的数额即使是抢劫未遂，在持仿真枪抢劫，又无其他从宽情节的情况下，被告人涂某不可能只判4年有期徒刑。[1]

（3）赌博罪。科技的发展、网络信息技术的进步，新生事物的出现，也为赌博提供了新的空间、平台和方式。网络赌博近年来十分猖獗，2019年公安部共督办各地侦破网络赌博刑事案件就达7200余起，抓获犯罪嫌疑人2.5万名，查扣冻结涉赌资金180多亿元。当游戏币出现后，玩家在游戏中以游戏币为筹码结算输赢而倒卖游戏币的行为被法院判决认定为开设赌场罪或赌博罪。[2]同样，随着加密货币的出现，与加密货币相关联的赌博也出现了。例如，2019年3月至12月，被告人习某作为星币全球和360EX平台的下级代理，在海口设立公司从事加密货币交易。公司通过招聘员工利用星币全球和360EX平台发展客户进行做单指导操作，引导客户购买虚拟币以买涨买跌的方式进行赌博，并从参赌者手中赚取手续费和盈亏金额。被告人利用网络发展参赌用户1268人，涉案赌资人民币854万余元。法院认定被告人习某犯开设赌场罪，对其判处有期徒刑3年3个月，并处罚金人民币9万元[3]。该案中，参与赌博的人并不是直接从事加密货币的交易，而是猜测加密货币市场价格的趋势进而“买涨买跌”。因此，为参与赌博的人提供网络平台的习某构成开设赌场罪。

（二）政策中的顾虑与现实中的判决

自2013年以来，我国金融管理部门发布了一系列规范金融市场的规定，其中部分涉及加密货币的登记、交易、支付等。在这些规定中，管理部

---

〔1〕 司法实践中，也有针对与加密货币相关的财物为对象的抢劫，如抢劫加密货币的“挖矿”设备。例如：2016年6月16日，被告人赵某等人驾驶车到李某的租房处进行盗窃，盗窃过程中被李某发现，便持棍棒对李某进行恐吓。赵某等人抢劫七台比特币矿机、电脑主机及插线板、路由器等物品，总价值约29，621元。参见河北省邯郸市中级人民法院刑事判决书，（2018）冀04刑终523号。

〔2〕 参见张艳：《倒卖虚拟游戏币供他人赌博行为的司法认定》，载《中国检察官》2021年第8期。

〔3〕 参见吉林省抚松县人民法院刑事判决书，（2020）吉0621刑初128号。

门表达了对涉及加密货币刑事犯罪的担忧，希望强化管理以达到规范市场的目的。例如，2013年《关于防范比特币风险的通知》要求各金融机构、支付机构以及提供比特币登记、交易等服务的互联网站及时将工作中发现的使用比特币实施的诈骗、赌博、洗钱等犯罪活动线索向公安机关报案；2017年《防范代币发行融资风险的公告》认为代币发行融资涉嫌非法发售代币票券、非法发行证券以及非法集资、金融诈骗、传销等违法犯罪活动；2021年《防范和处置虚拟货币交易炒作风险的通知》强调依法严厉打击涉及加密货币的非法经营、金融诈骗等犯罪活动和利用加密货币实施的洗钱、赌博等犯罪活动和以加密货币为噱头的非法集资、传销等犯罪活动，还强调追究与加密货币相关业务活动涉嫌的非法发售代币票券、擅自公开发行证券、非法经营期货业务、非法集资等金融犯罪的刑事责任。我们从上述管理文件发布可以看出，参与加密货币的管理部门越来越多，管理者担忧的加密货币涉及的刑事犯罪范围也越来越广，包括诈骗、赌博、洗钱、非法吸收公众存款、集资诈骗、组织传销活动、非法经营、擅自公开发行证券等。

从前述统计看，司法实践中确实出现了诈骗、赌博、非法吸收公众存款、组织传销活动等犯罪行为，还出现了管理者未在相关文件中提及的犯罪行为。但从刑事裁判文件看，洗钱犯罪并未如管理者所担忧的那样大量出现。有个别案件在侦查、起诉阶段均是按洗钱罪处理，但最后法院以掩饰、隐瞒犯罪所得罪追究刑事责任。例如，吴某洗钱案[1]就是如此。该案中，因被告人吴某供述“江湖传说”买卖比特币金额转至其账户取现，公诉机关指控吴某帮助他人洗钱200万余元，一审法院判决认定他构成洗钱罪。但二审法院认为无证据证明本案中的上游犯罪是《刑法》第191条所规定的七类犯罪之一，故二审法院最后以掩饰、隐瞒犯罪所得罪追究被告人的

[1] 参见江西省抚州市中级人民法院刑事判决书，(2021)赣10刑终104号。

刑事责任。因此，从司法实践看，与加密货币相关的刑事案件中，较多出现的是掩饰、隐瞒犯罪所得罪而不是洗钱罪。

中国裁判文书网上公布的现有刑事判决书中尚未出现涉加密货币的非法经营罪判决。从管理部门的文件看，管理者担心出现证券、期货方面的非法经营犯罪。非法经营罪是扰乱市场秩序罪中的多发罪名，在网络环境下，非法经营罪也经常通过网络方式出现。通过网络实施的非法经营证券期货行为，具有物理空间分散、运营环节松散、参与者联系不密切、通过网络分工合作等特征。〔1〕而加密货币又是以数据形态存在，较其他资产更易于通过网络非法经营。因此，如第2章所述，金融管理部门对涉及加密货币的非法经营犯罪极为警觉。但我国管理部门一开始并未禁止互联网提供加密货币登记、交易等业务。例如，《关于防范比特币风险的通知》强调"提供比特币登记、交易等服务的互联网站"履行反洗钱义务。这就意味着互联网站是可以提供比特币登记、交易等服务的。我国为加密货币提供该类服务的服务商也是基于互联网网站提供服务，如火币网、币安网等。直到2021年中国人民银行等十部门发出《防范和处置虚拟货币交易炒作风险的通知》将加密货币相关业务活动规定为非法金融活动，关闭开展加密货币相关业务活动的网站、移动应用程序、小程序等互联网应用。直到此时，为加密货币提供登记、交易等服务提供互联网服务的行为才被禁止。既然为加密货币登记、交易等提供互联网服务一直都未被禁止，就不存在非法经营的问题。这就解释了为什么现有刑事判决中未见非法经营罪判决的原因。自2021年9月15日《防范和处置虚拟货币交易炒作风险的通知》发出后，虽然所有的与加密货币相关的业务活动均为非法化，司法机关亦不能追诉此前为加密货币登记、交易等提供网络服务者的非法经营罪的刑事责任。但既然该通知已经将与加密货币相关业务活动认定为非法，

---

〔1〕 参见逄政、俞琳：《网络非法经营证券期货定性分析与刑事责任》，载《检察日报》2021年3月29日，第3版。

对此后的相关行为，司法机关可以追究提供者非法经营罪的刑事责任。至于加密货币与证券、期货相关犯罪也未出现在现有公布的刑事判决中。

在公布的涉及加密货币的刑事判决中，存在大量的私接电线、绕过电表等盗电的犯罪行为。这是因为在我国加密货币政策相对宽松时加密货币“挖矿”活动遍地开花，一些不法之徒为降低“挖矿”成本而采取盗电措施，大量滋生盗电犯罪。2021年9月《关于整治虚拟货币“挖矿”活动的通知》将加密货币的“挖矿”活动列为淘汰类产业，禁止加密货币“挖矿”投资，要求加快加密货币“挖矿”存量项目有序退出。随后，内蒙古、四川、新疆、云南等地纷纷出台禁止“挖矿”的地方规定。原有的“矿场”基本被关停，新的“挖矿”又得不到批准，因此我国多数地方基本停止了加密货币“挖矿”活动。尚未退出的“挖矿”企业因电力成本过高，也会自行逐渐退出“挖矿”。在这种背景下，原来大量出现的“挖矿”过程中的盗电而生发的盗窃罪也就没有存在的可能性了。

三、小结

在我国现行政策下，加密货币交易是非法的，但持有并不违法，因此加密货币客观存在。在司法实践中，浙江、江苏、上海等多地人民法院已经通过生效判决确认加密货币的财产属性。2022年5月上海市高级人民法院在一份民事判决中认为加密货币具有经济价值，符合财产属性，强调对其进行保护。针对加密货币实施的犯罪和以加密货币为犯罪工具（或以加密货币为幌子）实施的各类犯罪，司法实践中出现了大量相关刑事判决，在惩罚犯罪行为的同时，保护了加密货币持有者的权益，维护了经济秩序和社会秩序。这些判决部分印证了加密货币政策制定者的担心，但也有一些偏离。

第六章

涉加密货币刑事案件问题的原因与应对

*翟　辉**

如第五章所述，在加密货币的持有、交易、使用的过程中出现了一系列针对加密货币或运用加密货币实施的具有严重危害性的行为，刑事司法也根据现有刑法规范，及时给予了回应。同时，在涉加密货币的刑事案件出现了一系列的问题。是什么导致了这些问题，又应该如何应对？

一、涉加密货币刑事案件问题的主要原因

从具体案件来看，导致司法实践问题的主要原因，是司法机关对加密货币的属性认识不一致。从具体案例来看，司法机关对于加密货币的定性存在两种观点：其一，是将加密货币视为计算机信息系统数据；其二，是将加密货币视为财产。对加密货币属性的认识不同，在审理相关刑事案件时，自然会对类似行为的性质作出不同认定，进而又会导致法律适用的不统一。这在如下两类行为的定性中体现得最为明显。

---

* 翟辉，中国人民大学法学院博士研究生。

(一)窃取行为

案例一：2016年11月至12月间，被告人黎某在他人帮助下利用黑客手段入侵网址为“p2pTrade.org”的“快捷币”网站，盗取该网站内比特币1478.22个，共计价值人民币约753.77万元。法院认为被告人黎某“违反国家规定，侵入国家事务、国防建设、尖端科学技术领域以外的计算机信息系统，获取该计算机信息系统中的数据，情节特别严重，其行为已构成非法获取计算机信息系统数据罪”，判处黎某有期徒刑4年，并处罚金人民币50万元。〔1〕

案例二：2016年2月22日晚上，被害人金某在上网时，其电脑桌面上打开的五个“MMM”投资平台账号及密码被和其远程链接的被告人武某窃取。后被告人武某利用该五个账户及密码，通过篡改收款地址的方式盗走被害人金某账户中的比特币70.9578个（价值人民币约20.56万元），武某出售该比特币，并将交易所得资金提现到其个人银行账户。法院判决认定武某“以非法占有为目的，采取秘密手段窃取他人财物，数额巨大，其行为已构成盗窃罪”，判处有期徒刑6年，并处罚金人民币8万元。〔2〕

在这两个案例中，都是行为人通过秘密的方式窃取（判决书中对行为描述均用“盗取”或“窃取”）交易所里他人账户中的比特币或他人加密资产钱包中的比特币。从行为方式上看，黎某与武某都是秘密窃取，行为本质完全相同，但两个法院在对行为的定性上完全不同，一个定非法获取计算机信息系统数据罪，另一个定盗窃罪。这种对行为定性的差异就源于法院对加密资产属性认定上的差异。在案例一中，法院认为比特币是计算机信息系统数据；而在案例二中，法院认为比特币是财产。基于对行为定性

〔1〕 辽宁省阜新市中级人民法院刑事裁定书，(2020)辽09刑终23号。
〔2〕 浙江省台州市中级人民法院刑事裁定书，(2016)浙10刑终1043号。

的差异，法院对两个犯罪人量刑也出现了社会公众无法理解和接受的差异：黎某盗取比特币1478.22个，价值人民币约753.77万元，仅被判处有期徒刑4年，罚金人民币50万元；而武某窃取比特币70.9578个，价值人民币约20.56万元，却被判处有期徒刑6年，并处罚金人民币8万元。正是因为对行为定性的差异，导致量刑上的巨大反差。

（二）骗取行为

案例三：2018年10月初，被告人郝某与牛某相识。后郝某向牛某谎称有关系可以投资某种“币”盈利，该“币”于2019年10月1日后能够上0Kex交易平台交易，届时每个“币”保底价值8600美元，被害人牛某下载注册平台后，购买了4.9个比特币，花费人民币共计28.5万元。牛某按郝某的要求将该4.9个比特币转入郝某指定的比特币账户，后郝某失联。法院认为被告人郝某以非法占有为目的，虚构事实，隐瞒真相，骗取他人财物，数额巨大，其行为已构成诈骗罪，判处其有期徒刑4年，并处罚金2万元。[1]

案例四：被告人刘某等人在微信上创建“担保交易群”，为以太币提供交易担保，发展会员并收取担保费。2017年12月，刘某通过微信与受害人朱某相识，并将朱某拉入微信群。后刘某称愿以单个价格5310元向朱某收购50个以太币。待朱某将50个以太币转到刘某指定的以太坊钱包，刘某便将朱某的微信拉黑并踢出担保交易群，将50个虚拟币占为己有。后刘某将骗取的以太币出售，获利38万余元。本案中，法院认为以太币不是实物，是动态数据组合，不能被认定为刑法意义上的财物。因此法院判决认定刘某等人构成非法获取计算机信息系统数据罪，判处刘某有期徒刑3年10个月，并处罚金4万元。[2]

---

〔1〕 参见河南省唐河县人民法院刑事判决书，(2020)豫1328刑初766号。

〔2〕 参见《俩大学生骗他人虚拟币出售获利被判刑，法院为何不以诈骗定罪》，载澎湃新闻网2019年6月5日，https://www.thepaper.cn/newsDetail_forward_3611730。

同样以非法占有为目的，捏造事实、隐瞒真相，非法占有他人的加密资产，郝某的行为被认定为构成诈骗罪，刘某的行为被认定为构成非法获取计算机信息系统数据罪。在处刑上，因为罪名的不同，宣告刑也出现了难以理解的差异：非法占有他人加密资产达38万元的刘某只被判处有期徒刑3年10个月；非法占有他人加密资产28.5万元的郝某却被判处有期徒刑4年。刘某非法占有他人加密资产数额比郝某还多近10万元，刘某的宣告刑却比郝某轻。出现这种无法接受的反差的原因就在于法院是将加密资产定性为计算机信息系统数据还是财产。

上述案例表明，加密货币所涉刑事判决中出现的同案不同判现象主要是因为司法裁判者对加密货币的属性有不同的认识。如第一章所述，从当前的规范性文件角度来看，加密货币是虚拟财产或者商品；在技术层面上加密货币则是价值的数字表示。认定秘密窃取他人加密货币行为构成非法获取计算机信息系统数据罪的裁判者认为加密货币是计算机信息系统数据，而认定该类行为构成盗窃罪的裁判者认为加密货币是财产；同样，认定以非法占有为目的捏造事实、隐瞒真相获取他人加密货币的行为构成非法获取计算机信息系统数据罪的裁判者认为加密货币是计算机信息系统数据，而认定该类行为构成诈骗罪的裁判者认为加密货币是财产。

二、加密货币是财产还是数据?

那么，加密货币是财产还是计算机信息系统数据？虽然从表现形态上看，加密货币确实是体现为一种数字或计算机信息系统数据。对于加密货币，我们也应当透过数据的形式看到其资产或财产的实质。虽然我国禁止加密货币的交易，但仍有必要正确分析加密货币的属性，并以此为基础对涉及加密货币的危害行为正确定性。在确定加密货币的属性时，不能仅看到其存储形式，而忽视其本质属性。

比特币、以太币等是资产的数字化，其核心是资产而不是数据。因为数据只是一种记载形式，它所承载的内容才是其本体。从刑法的角度看，刑法所保护的商业秘密、国家秘密等许多内容都是可以通过数据展现出来的。如果行为人通过计算机网络手段盗取他人计算机中存储的数字化技术信息或客户信息，其行为可能构成侵犯商业秘密罪；如果行为人通过计算机网络手段盗取他人计算机中存储的数字化国家秘密的，可能构成非法获取国家秘密罪。这些行为均不会构成非法获取计算机信息系统数据罪，其根本原因就在于其侵害的数据代表的是商业秘密或国家秘密。既然如此，在数据作为资产或财产的表现形式时，我们也应当透过数据看到数据的载体——资产或财产。现在中国人民银行已经推出数字化人民币，在计算机信息系统中数字化人民币也体现为数据。如果行为人侵入银行计算机信息系统将银行账户内的数字人民币转到自己账户中，法院不可能将其行为定性为非法获取计算机信息系统数据罪，只可能定盗窃罪。同理，数字人民币被民众接受并被广泛使用后，若行为人捏造事实、隐瞒真相，诱使他人将自己的数字人民币转给行为人，法院也不可能将其行为定性为非法获取计算机信息系统数据罪，只可能定诈骗罪。其原因也在于这些数据代表的是人民币，而不是纯粹的计算机信息系统数据。

另外，从非法获取计算机信息系统数据罪在刑法中所归属的罪名类别看，立法者将该罪归属于妨害社会管理秩序罪中的“扰乱公共秩序罪”。很明显，该罪的设立目的是维护公共秩序。但通过计算机信息系统获取他人具有财产属性的数据并非扰乱了公共秩序，而是侵犯了他人的私权利——财产权。在案例一和案例二中黎某与武某都是秘密窃取他人加密资产，案例三和案例四中郝某与刘某都是捏造事实、隐瞒真相骗取他人加密资产，四个案件中的行为人均是侵害他人的财产权益，并非针对公共秩序。在人民法院审理刑事案件中，法官在评价案中行为的社会危害性及其侵犯的权益时，不能基于行为的类型化和行为侵害的一般客体的角度对行为加以评判。因此，不能基于案例一和案例二中秘密窃取他人的加密资产行为给整个社会造成的损害评判案中行为，也不能基于案例三和案例四中捏造事实、隐瞒真相非法占有他人加密资产行为给整个社会造成的损害评判案中行为。如果从它们侵害的具体法益的角度，无论如何不可能将这些行为评判为扰乱公共秩序的行为。

即使是扰乱公共秩序的行为，如果符合《刑法》中其他罪名的规定的，仍然可能被认定为所涉及的罪名。例如，聚众"打砸抢"行为必然会扰乱公共秩序，但该类行为并不一定就构成扰乱公共秩序罪中的某罪。根据《刑法》第289条的规定，聚众"打砸抢"，致人伤残、死亡的，以故意伤害、故意杀人罪定罪处罚；毁坏或者抢走公私财物的，对首要分子，依照抢劫罪定罪处罚。因此，即使是明显具有扰乱公共场所秩序性质的行为，《刑法》并未规定必须将其按扰乱公共场所秩序罪处理。其内在的原因为，该类行为实质侵害的是他人的健康权、生命权或财产权。既然如此，基本不具有扰乱公共场所秩序性质的、非法获取他人加密资产的行为就更不应当被认定为作为扰乱公共场所秩序罪的非法获取计算机信息系统数据罪。

简言之，在理论上，不能因为加密货币表现为一种数据就将其定性为数据。在计算机存储普遍化的今天，众多资产或财产都是以数据形式存储于计算机信息系统中，如商业秘密。现在国家推行数字人民币，这种形态的人民币也是体现为数据形态，我们会将其定性为资产或财产，而不会将其定性为数据。数字人民币作为货币是因为有国家的背书，现在除极少数国家（如萨尔瓦多）外加密货币并非货币，原因也在于没有国家的背书。但某物是否能作为资产或财产并非以国家背书为条件，如玉石、字画等都是资产，但它们并没有国家背书。同理，加密货币资产成为资产或财产也无须国家背书。质言之，将加密资产定性为财产才能使相关案件的处理结果既符合行为危害性的实质，也有助于践行刑法规定的罪责刑相适应原则，有助于解决涉及加密货币刑事案件处理中的同案不同判的问题。

三、加密货币是否是《刑法》中的财产?

那么,在规范层面,加密货币是否是《刑法》中的财产?基于刑法保障法的性质,在回答这一问题之前,首先应考察加密货币的民事法律属性。

(一)加密货币是否为民法上的财产?

如第一章所述,虽然加密货币的法律属性在理论上存在货币说、数字货币说、数字资产说、有价证券说、虚拟财产说等观点。[1]但是,从规范的角度而言,加密货币在中国只能是以计算机系统数据形式存在的虚拟财产或者是数字资产。[2]

首先,加密货币并非货币,因为其并非央行发行的法定数字货币,虽然具有一定的价值和交换价值,但没有政府背书,不具有货币的法律地位。[3]《关于防范比特币风险的通知》已经明确指出,比特币并非由货币当局发行,不具有法偿性与强制性等货币属性,并不是真正意义上的货币,只是一种特定的虚拟商品。《防范和处置加密货币交易炒作风险的通知》再度明确,加密货币与法定货币的法律地位不等同,不应也不能"作为货币在市场上流通使用"。

其次,加密货币也非有价证券。根据《证券法》的规定,股票、公司债券、存托凭证、政府债券、证券投资基金份额以及国务院依法认定的其他证券的发行和交易,都必须依法进行,而目前并无有关加密货币发行与交易的立法,更勿言《防范代币发行融资风险的公告》已经明确禁止任何组织和个人从事代币发行融资活动、代币兑换业务。

---

〔1〕 参见杨延超:《论数字货币的法律属性》,载《中国社会科学》2020年第1期。

〔2〕 参见肖飒、张超:《比特币的法律属性及刑法保护》,载《证券时报》2016年4月30日,A04版。

〔3〕 参见张启飞:《论数字货币犯罪的刑法规制》,载《法治研究》2021年第6期。

最后，民事立法和司法实践也肯定了加密货币的虚拟财产属性。《民法典》第127条规定："法律对数据、网络虚拟财产的保护有规定的，依照其规定。"可见立法并不否定网络虚拟财产的存在。在民事司法实践中，肯定加密货币财产属性的案例不在少数。例如，在2019年的李某某、布某某诉闫某某、李某等财产损害赔偿纠纷案中，针对被告人"比特币及天空币并非法律意义上的财产……系加密货币，在国内市场不能流通，不属于法律规定的'物'"的上诉理由，上海市第一中级人民法院明确认为，比特币具有价值性、稀缺性、可支配性等特点，具备权利客体的特征，符合虚拟财产的构成要件，应受到法律保护。[1]

简而言之，虽然以比特币为代表的加密货币具有交换媒介与价值储蓄功能，其兑付模式在一定程度上也脱离了"物物交换"的功能，具有一定的货币属性，[2]但在当前，加密货币只能是具有价值与交换价值的"特定虚拟商品"，也即虚拟财产。

（二）加密货币是否为《刑法》中的财产？

那么，比特币等加密货币是否属于《刑法》第92条规定的"财产"？就此，存在否定说[3]与肯定说[4]的分歧，但无论是在理论层面、规范层面还是在政策层面，肯定说的观点都更具有合理性。

1.理论分析

首先，与有体物相比，加密货币具有管理可能性。加密货币存储的方式有两种：一种是虚拟货币交易所，另一种是个人比特币钱包。虚拟货币交易所大致分为两种类型：保管型交易所（custodial exchanges）和非保管

〔1〕 参见上海市第一中级人民法院民事判决书，（2019）沪01民终13689号。

〔2〕 参见陈泓舟、段自强：《涉企比特币数据保护案件的刑民交叉识别研究——以两化营商环境为格局》，载《上海法学研究》2021年第6卷。

〔3〕 参见肖飒、张超：《比特币的法律属性及刑法保护》，载《证券时报》2016年4月30日，A04版。

〔4〕 参见王熠珏：《"区块链＋"时代比特币侵财犯罪研究》，载《东方法学》2019年第3期。

型交易所(non-custodial exchanges)。[1]在保管型交易所中,资产是通过交易所进行的,这个交易所被视为一个保管中介。换言之,交易所是交易的一部分,它从卖家那里买到虚拟货币,再卖给买家。在许多的保管型交易所中,用户首先必须要在指定账户存储虚拟货币以便后续交易。与此相对,非保管型交易所仅仅为买家和卖家提供一个接触和联络的平台,在这一形态中,买卖双方仍然是将比特币存在自己的钱包之中。但无论是哪种情形,财产中管理可能性的特征都是具备的。当用户将加密货币存入比特币钱包时,其对比特币具有管理可能性。而当用户将加密货币存入虚拟货币交易所时,交易所对比特币具有管理可能性。

其次,加密货币具有转移可能性。以比特币为例,比特币可以在私人之间流通。比特币与特定公共地址紧密相关,而且只能通过与公共地址绑定的密钥才能进入。也就是说,如果甲想送乙5个比特币,那么(1)甲一定要从事先的交易中获得5个比特币;(2)比特币通过甲的密钥对于甲来说是可使用的;(3)节点一定要审查甲有5个比特币,通过查询有效交易输出信息存储器(UTXO)。如果得到证实,甲的确有5个比特币,那么交易就会被批准,乙的公共地址就有了5个比特币。由此可见,比特币经过一定程序就具有转移的可能性。

最后,加密货币具有价值性。财产的价值包括主观价值与客观价值,而加密货币是具有客观价值的财产。比特币的获得过程凝结了人类抽象的劳动力。比特币等虚拟货币可以通过金钱作为对价进行转让,产生经济收益,具有价值型、稀缺性、可支配性等特点,符合网络虚拟财产的构成要件,应受法律保护。2022年3月,单个比特币的价格突破6万美元,之后又迅速回落到2万美元以下。尽管其价格波动较大,但却无法否认其价值性。既然承认比特币承载着一种经济价值,那么需要明确的是,我国刑法是否

---

〔1〕 See Stefan Mbiyavanga, *Cryptolaundering: Anti-Money Laundering Regulation of Virtual Currency Exchanges*, 10 JACL 1(2019).

打击侵犯民法上予以否认的财产，这涉及经济财产说和法律经济财产说的争论。经济财产说认为，作为整体的具有经济价值的利益，即一个人所应得的财货总和，就是财产，这和财产权是否被法律承认、是否有正当来源并无关系。据此，即便是民法上的无效债权、违法犯罪所得、不法原因给付物等，都能成为财产犯罪保护的财产。[1]法律经济的财产说原则上认为有经济价值的物或者利益都是财产，但是同时又要求相应的物或利益必须为法秩序所承认。[2]

简而言之，在理论上，认为比特币等加密货币属于刑法上的财物具有坚实的基础，就如有的观点所言："加密货币不仅具有价值性和稀缺性，还具有排他性和可支配性，持有者可以对加密货币进行占有、使用、获得收益以及进行占有转移，其完全符合物的典型特征，因而应被理解为是一种基于区块链技术的真实财物。"[3]

2.规范分析

在规范层面，根据《刑法》第92条的规定，私有财产包括：(1)公民的合法收入、储蓄、房屋和其他生活资料；(2)依法归个人、家庭所有的生产资料；(3)个体户和私营企业的合法财产；(4)依法归个人所有的股份、股票、债券和其他财产。从文理解释的角度而言，根据《关于防范比特币风险的通知》的规定，加密货币是具有价值的虚拟财产，将之视为"合法收入"或者"合法财产"合乎逻辑。同时，从保护管辖的角度而言，《刑法》第8条中规定："外国人在中华人民共和国领域外对中华人民共和国国家或者公民犯罪，而按本法规定的最低刑为三年以上有期徒刑的，可以适用本法。"假设中国公民或者单位在萨尔瓦多合法拥有的价值40万美元的10枚比特币被盗窃，如果将加密货币视为《刑法》中的财产，中国司法机关对这

〔1〕 参见付立庆：《论刑法中的财产概念》，载《中国人民大学学报》2018年第2期。

〔2〕 参见江溯：《财产犯罪的保护法益：法律—经济财产说之提倡》，载《法学家》2017年第4期。

〔3〕 马永强：《论区块链加密货币的刑法定性》，载《苏州大学学报（法学版）》2022年第2期。

一盗窃行为可以行使管辖权，[1]反之则不可。显而易见，第一种选择更有利于保护中国公民和单位的海外权益。

否定说的观点引用了最高人民法院负责起草《关于办理盗窃刑事案件适用法律若干问题的解释》三位法官的论述来支持自己的观点。[2]三位法官当时主张不建议将加密货币等虚拟财产视为《刑法》中的财产的理由主要有以下四点：(1)虚拟财产与金钱等有形财产、电力等无形财产存在明显差别，将之视为“公私财物”，超出了司法解释的权限；(2)虚拟财产的法律属性是计算机信息系统数据，对于盗窃虚拟财产行为可以适用非法获取计算机信息系统数据罪定罪量刑；(3)对盗窃虚拟财产的行为适用盗窃罪会带来盗窃数额难以认定等难题；(4)境外刑事立法和司法鲜有将盗窃虚拟财产的行为以盗窃罪论处。[3]如果说三位法官的解释在当时可以用以支持否定论的话，目前是否可以则是值得斟酌的。

首先，最高人民法院发布的《关于办理盗窃刑事案件适用法律若干问题的解释》于2013年4月4日开始施行，《关于防范比特币风险的通知》于2013年12月3日开始实施。从效力位阶上讲，《关于防范比特币风险的通知》属于部门规章，具有法律效力；从时间上讲，后者晚于前者，在同一法律事项上如果存在冲突，应适用新法优于旧法的原则。因此，在《关于防范比特币风险的通知》将加密货币确定为特定“虚拟商品”之后，将之视为《刑法》中的财物已经不存在超越司法解释权限的问题。其次，加密货币是以计算机数据体现出来的财产。因此盗窃加密货币的行为同时侵犯了他人的财产权与计算机信息系统，当然可以以非法获取计算机信息系统数据罪处罚。但是侵财行为与非法获取行为存在竞合关系，应从一重罪处

---

〔1〕 根据《刑法》第264条的规定，犯盗窃罪数额特别巨大或者有其他特别严重情节的，处10年以上有期徒刑或者无期徒刑，并处罚金或者没收财产。

〔2〕 参见肖飒、张超：《比特币的法律属性及刑法保护》，载《证券时报》2016年4月30日，A04版。

〔3〕 参见胡云腾、周加海、周海洋：《〈关于办理盗窃刑事案件适用法律若干问题的解释〉的理解与适用》，载《人民司法》2014年第15期。

罚。根据《刑法》第285条的规定，非法获取计算机信息系统数据罪的最高刑期是7年有期徒刑，并处罚金，因此在盗窃数额巨大或者特别巨大之际，以盗窃罪处罚更能体现罪责刑相适应的基本原则。再次，关于虚拟财产价值的计算，虽然存在一定困难，但是并非没有解决之道，如可以参考允许加密货币合法交易地的交易均价确定，就此问题将在最后一部分探讨。最后，如上所述，已经有许多国家承认加密货币的合法地位，在这些国家加密货币完全可以成为包括盗窃罪在内的犯罪的对象。例如，在美国盗窃比特币的行为可能构成盗窃罪，将盗窃的比特币洗白的行为可能构成洗钱罪。〔1〕

在实践层面，目前也存在争议。例如，在2015年的陈某非法获取计算机信息系统数据、非法控制计算机信息系统罪案中，〔2〕被告人破解被害人账号以获取比特币，最初以盗窃罪被刑事拘留，但是最终以非法获取计算机信息系统数据罪被定罪处罚。即主审法院是将比特币视为数据而非《刑法》中的财物。但是认定盗窃比特币的行为构成盗窃罪的案例也已经出现。例如，在浙江省台州市中级人民法院2016审理的武某盗窃案中，〔3〕主审法官判决认为，被害人是付出对价得到的比特币，比特币代表着被害人在现实生活中实际享有的财产，因此被告人的行为构成盗窃罪。之后，在武汉市汉阳区人民法院2019年审理的黄某盗窃案中，黄某盗窃比特币的行为也被认定为盗窃罪。〔4〕尤其需要指出的是，在黄某盗窃案中，被告人并非采取通过侵入或其他技术手段获取被害人账号密码的手段，而是利用帮后者申请账户的便利条件掌握其账号密码，然后秘密窃取比特币。如果否认比特币的财产属性，则无法对被告人定罪处罚。在盗窃罪之外的案

---

〔1〕 参见视点：《"雌雄大盗"落网！价值数十亿美元比特币盗窃案时隔6年终于告破》，载第一财经网2022年2月10日，https://www.yicai.com/news/101313082.html。

〔2〕 参见江苏省金湖县人民法院刑事判决书，(2015)金刑初字第00090号。

〔3〕 参见浙江省台州市中级人民法院刑事判决书，(2016)浙10刑终1043号。

〔4〕《武汉首例比特币盗窃案判决生效 男子获刑1年3个月》，载央广网，http://www.cnr.cn/hubei/yaowen/20190211/t20190211_524506555.shtml。

件中，比特币被视为财物的也不乏实例。例如，在北京市海淀区人民法院2017年审理的潘某敲诈勒索案中，主审法官认定，被告人潘某以对服务器进行网络攻击相威胁勒索比特币的行为构成敲诈勒索罪，[1]这显然也是肯定了比特币的财产属性。

简而言之，认定加密货币属于《刑法》中的财产，在规范层面具有合法性与必要性；在实践层面也已经得到了司法机关的肯定。

3.政策分析

在政策层面，反对对加密货币进行刑法保护的重要原因在于中国人民银行等部门对加密货币的一系列否定性文件。《关于防范比特币风险的通知》规定：比特币应当是一种特定的虚拟商品，不具有与货币等同的法律地位，不能且不应作为货币在市场上流通使用。《防范代币发行融资风险的公告》，规定任何所谓的代币融资交易平台不得从事法定货币与代币、"加密货币"相互之间的兑换业务，不得买卖或作为中央对手方买卖代币或"加密货币"，不得为代币或"加密货币"提供定价、信息中介等服务。2021年9月中国人民银行等十部门联合发布了《防范和处置虚拟货币交易炒作风险的通知》，对加密货币交易进行了全面禁止：对于开展法定货币与加密货币兑换业务、加密货币之间的兑换业务、作为中央对手方买卖加密货币、为加密货币交易提供信息中介和定价服务、代币发行融资以及加密货币衍生品交易等加密货币相关业务活动涉嫌非法发售代币票券、擅自公开发行证券、非法经营期货业务、非法集资等非法金融活动，一律严格禁止，坚决依法取缔。

基于上述规范性文件，有的观点认为，中国对加密货币持否定态度，因此应当对加密货币相关的侵犯财产权行为不予以刑法保护。但是从刑事政策的角度出发，给予加密货币刑法保护具有正当性。一方面，非法获

---

[1] 参见北京市海淀区人民法院刑事判决书，(2017)京0108刑初第725号。

取他人加密资产的行为具有严重的社会危害性，已经为社会所公认。判断某种行为的处罚是否具有刑事政策的妥当性，关键就是看其是否具有为社会所公认的社会危害性。近年来发生多起比特币盗窃案就说明非法获取他人加密资产的行为具有严重的社会危害性。2018年1月，日本加密货币交易所Coincheck遭受黑客攻击，发生史上最大加密货币盗窃案，被盗加密货币价值高达4.5亿美元。当人们采取比特币被盗窃这种说法时，其实就认识到了比特币就是一种"真金白银"。黑客进入加密货币交易所，窃取大量比特币兑换成法定货币，其实就是一种具有严重危害性的行为，其所获得的利益与非法转移他人电子账户的资金的性质并没有什么不同。如果仅仅因为交易被禁止就否定这种非法获利行为的刑事可罚性，显然不具有实质正当性。另一方面，国家禁止加密货币交易，主要是为了防范洗钱等金融风险，并没有否定加密货币本身的财产属性。以比特币为例，比特币是一种去中心化的加密货币。去中心化的特点在于它并非由一个中心实体发行，也不依赖于单一的行政管理者。比特币是以在线网络为基础的，用户拥有一个或多个电子钱包标记着他们的比特币数量和交易历史，钱包的功能类似于电子账户。不同的是，钱包的内容对公众是公开的。用户如果想打开钱包，必须要知道他们的密钥是什么。加密资产是以分布式账本为基础的，而分布式账本的最重要特征在于并不需要交易者知晓或者信任交易相对人。分布式账本可以被用来记录交易、合约、财产权利以及其他内容。比特币运用分布式账本技术实现点对点的交易，比特币交易中可以看出分布式账本是最大创新点，加密货币的交易不要求中心银行去审查交易相对方是否具有充足的资金进行交易，账户间的交易不需要中心银行，分布式账本技术使得任何交易的身份审查由整个用户网络完成。〔1〕与此相对的是，在线银行则是中心维持账本。在一个中心化的环境中，负债

〔1〕 See Kirby Patrick, *Virtually Possible: How to Strengthen Bitcoin Regulation within the Current Regulatory Framework*, 93 North Carolina Law Review, 189 (2014).

和信用都被银行所记录，只有一个真实的记录存在。而分布式账本的记录都是在网上，每个用户都有一个副本，这意味着信息不被任何中心银行所掌控。由此可以看出，国家禁止加密货币交易，主要是为了防范洗钱风险，但并没有否定加密货币本身的财产属性。

四、加密货币价值的计算

在将加密货币定性为《刑法》中的财产之后，如何计算加密货币的价值就成了司法实践必须解决的问题，就如有的观点所言，比特币与法定货币之间巨幅波动的兑换率导致难以确定其公允的市场价格，"去中心化"也意味着没有一个类似于物价局的价格评估机构。〔1〕

（一）当前实践

从具体案例来看，司法实践主要采取了如下五种方法计算加密货币的价值：第一，是根据交易价格计算。例如，在上述潘某敲诈勒索案中，在计算犯罪数额之际，法院明确指出，在犯罪期间"比特币仍为在网络上可自由交易的'加密货币'，其交易价格在短期内较为稳定、一致……综合考虑主客观两方面，以犯罪期间比特币的交易价格认定犯罪数额具有合理性"。第二，根据价格鉴定计算。这一方法的根据是上述《关于办理盗窃刑事案件适用法律若干问题的解释》第4条第1款第1项规定的"被盗财物有有效价格证明的，根据有效价格证明认定；无有效价格证明，或者根据价格证明认定盗窃数额明显不合理的，应当按照有关规定委托估价机构估价"的规定。上述武某盗窃案就是采取了这一方法。第三，根据销赃所得计算，这是比较传统的计算方法。第四，根据被害人支出成本计算。这里的成

〔1〕 参见谢杰、张建：《"去中心化"数字支付时代经济刑法的选择——基于比特币的法律与经济分析》，载《法学》2014年第8期。

本可以是被害人生产加密货币的成本，如“挖矿”设备、电费、时间、人力，在深圳市龙岗区人民法院审理的罗某盗窃案中，被害人的比特币就是“挖矿”所得；也可以是被害人购买虚拟货币获得的成本，例如，在潘某敲诈勒索案中，被害人为了免受网络攻击，不得不花费巨资购买比特币交给犯罪人。第五，根据双方合议价格计算。例如，在上述李某某、布某某诉闫某某、李某等财产损害赔偿纠纷案中，在计算加密货币的价格之际，主审法院判决认为：“被告向法院确认比特币按每个42，206.75元予以赔偿，原告对该折价赔偿标准亦予以接受，故法院对比特币按每个42，206.75元的标准计算赔偿金额。”〔1〕

上述几种方法各有优势，第一种方法易于查询，第二种方法客观性更强，第三种方法简单方便，第四种方法更有利于被害人，第五种方法相对有利于恢复被侵害的法益，但也各有问题。第一种方法的问题在于，加密货币交易现在属于被禁止之列，司法机关不能直接以国外的交易平台价格为标准，就如李某某、布某某诉闫某某、李某等财产损害赔偿纠纷案的判决所言：“本案中，CoinMarketCap.com网站并非我国认可的虚拟币交易价格信息发布平台，故不能将该网站上比特币的交易价格数据直接作为认定原告损失的标准。”〔2〕第二种方法的问题在于，中国不认可国外虚拟交易平台的交易价格，而进行鉴定又不得不予以参考，同时加密货币尤其是比特币为24小时全天候交易，而且价格稳定性非常差，经常出现过山车式的变动。尤其重要的是，《防范代币发行融资风险的公告》明确规定“不得为代币或‘加密货币’提供定价、信息中介等服务”，提供价格鉴定有违规之嫌，实践中有地方公安机关以此为由拒绝进行鉴定与立案调查。〔3〕第三种

〔1〕 上海市第一中级人民法院民事判决书，(2019)沪01民终13689号。

〔2〕 上海市第一中级人民法院民事判决书，(2019)沪01民终13689号。

〔3〕 参见核交易：《独家 | 80万元数字币资产被盗警方：价值无法评估，无法立案》，载百度网2018年5月4日，https://baijiahao.baidu.com/s?id=1599532718095134057&wfr=spider&for=pc。

方法的问题在于，不是所有的犯罪人都会在被查获之前将非法所得的加密货币出售获利，而且加密货币在被害人购入时的价格、被害时的价格、被告人出售时的价格可能会存在较大差异，容易造成罪责刑不适应。第四种方法的问题在于，一方面，“每个比特币的生产成本都受制于挖矿设备成本、电费成本、时间成本等多重因素，并无统一标准”，〔1〕另一方面，如同第三种方法存在的问题，加密货币在被害人购买时的价格与被告人犯罪时的价格也会存在很大差异。第五种方法的问题在于，在民事案件中双方当事人容易达成协议，但是在刑事案件中涉及被告人的罪与刑，双方达成协议的可能性很低，而且以合议价格为标准有违背“事实清楚，证据充分”的证明标准之嫌。

需要指出的是，有的观点从比特币在政策上受到否定性评价出发，主张根据《关于办理盗窃刑事案件适用法律若干问题的解释》第1条第4款“盗窃毒品等违禁品，应当按照盗窃罪处理的，根据情节轻重量刑”的规定，将加密货币作为违禁品处理，不计算其价值，根据情节轻重进行量刑。但是，一方面，如上所述，加密货币是法律认可的特定商品，将之视为违禁品存在法律障碍；另一方面，即使以情节轻重为量刑原则，仍然难以绕开加密货币的数量与价值，存在“实际还是按金额量刑的危险”。〔2〕

（二）应对建议

既然加密货币是《刑法》中的财产，则至少在理论上，其可以成为刑法分则规定的所有涉财犯罪的犯罪对象，因此对其价值进行计算涉及定罪与量刑，是必须解决的问题。从实践的角度来看，在计算加密货币的价值时，至少应明确三个问题：第一，计算的主体；第二，计算的时间点；第三，可

---

〔1〕 参见王熠珏：《“区块链+”时代比特币侵财犯罪研究》，载《东方法学》2019年第3期。

〔2〕 参见钟海伟：《“盗窃”比特币案件的司法认定困境》，载新浪微博2021年6月11日，https://weibo.com/ttarticle/p/show?id=2309404646869744877645。

否参考国外合法交易平台的交易价格。

第一个问题，解决的是由谁来计算加密货币价值的问题。如上所述，价格鉴定等中介服务属于违法行为，因此虽然第三方计算的方法更具有客观性与可信性，但是在合法性上存在疑问。有鉴于此，建议可以由被害人提供证据或者由侦查机关根据收集到的证据，证明涉案加密货币的价值。例如，在北京市东城区人民法院2015年审理的胡某某盗窃案中，就是由侦查机关出具工作说明，确定涉案加密货币的价值。[1]

第二个问题，解决的是根据何时的标准来计算加密货币价值的问题。在计算加密货币价值时，在理论上主要涉及如下五个时间点：产出时、购买时、犯罪时、销售时、破案时，选择不同的时间点计算可能存在非常大的差异。以比特币为例，一枚比特币在2010年价值不过几美分，在2021年11月创纪录地超过了6万美元，但在2022年又跌破了3.6万美元。即使购买时与犯罪时相差仅1个小时，价值也可能发生巨大变化。就此，应根据不同犯罪类型侵犯的不同犯罪客体来确定。例如，在盗窃罪的场合，犯罪人侵犯的是被害人的财产权，应以失窃时的标准来计算，由被告人提供证据，如生产的成本支出、购入时的支付价格等证明涉案加密货币的价值；在受贿罪的场合，受贿人侵犯的客体主要是国家工作人员的廉洁性，行贿与受贿之间是一种违法的交易，因此建议以受贿人实际控制加密货币时的标准计算，由侦查机关结合行贿人的获得成本等证据确定涉案加密货币的价值。

第三个问题，如上所述，在计算加密货币的价值之际，国外交易平台的价格是难以绕过的要素。虽然《关于防范代币发行融资风险的公告》禁止有关加密货币的中介行为且不认可国外交易平台的价格，但是并没有禁止将之作为参考因素。考虑到中国公民在赋予加密货币合法地位的国家

---

〔1〕 参见北京市东城区人民法院刑事判决书，(2015)东刑初字第1252号。

也可能持有虚拟财产，例如，中国公民A在萨尔瓦多合法持有20枚比特币，中国公民B在当地将之窃取，萨尔瓦多法院根据失窃时的交易价格计算出涉案比特币的价值，并据之量刑。B在当地服刑完毕之后被遣送回国，在这种情况下中国法院如对B再度进行追责，[1]也必须考虑量刑问题。以萨尔瓦多法院的量刑为参考是最便捷、经济的方法，而如果以之为参考，实质上也就是以国外交易平台的价格为参考。因此，从属人管辖、保护管辖等管辖原则出发，建议最高司法机关明确在刑事案件中将国外合法平台的交易价格列为参考要素。

需要指出的是，在我国大陆（内地）禁止加密货币交易的政策背景下，各交易服务提供者纷纷清退大陆（内地）客户，在大陆（内地）网络系统中不会再有加密货币的交易信息，在将国外合法平台的交易价格列为参考要素之后，如何解决政策中的加密货币非法交易与司法中证据的可采性问题，确实是一个难题。为了解决这个难题，只可能存在两种方式：一是政策上将加密货币交易合法化；二是在政策上加密货币交易非法的情况下承认国际市场上交易信息的合法。前一种方式，在短期来看实现的可能性较小，因为当下我国的主流观点基于金融风险的担忧并不认可加密货币。就后一种方式而言，如果认为我国将任何加密货币交易都非法化了，那么法院在处理涉及加密货币的刑事案件中就不能采信国际市场上加密货币交易的信息，因为承认非法行为的结果合法在法理上是矛盾的；如果认为我国只是禁止了我国大陆（内地）的加密货币交易，并未将国际市场上的加密货币交易非法化，那么国际市场上加密货币交易信息仍然可以作为刑事案件中认定加密货币金额的依据。

---

〔1〕《刑法》第10条规定：凡在中华人民共和国领域外犯罪，依照本法应当负刑事责任的，虽然经过外国审判，仍然可以依照本法追究，但是在外国已经受过刑罚处罚的，可以免除或者减轻处罚。

五、涉案加密货币的处置

根据《刑事诉讼法》第245条第4款的规定，人民法院作出的判决生效以后，有关机关应当根据判决对冻结的财物及其孳息进行处理。而在涉及加密货币的刑事案件判决生效后，司法机关却不能对冻结账户内的加密货币加以处置。因为虽然对于应当返还给被害人的加密货币可通过钱包的转账功能汇入被害人账户，不涉及加密货币的交易，不存在违法问题。但对于应当没收上缴国库的加密货币，在国内加密货币交易非法化政策下，涉案加密货币无法通过合法途径处置。或许可以设立国家持有加密货币的钱包，将没收的加密货币汇入该钱包内，由国家持有（至于将来是否能交易后转换成人民币资产则待加密货币交易的合法化）。否则，司法机关不得不委托国外中介机构交易冻结账户中的加密货币并将外币转换为人民币，再由司法机关去函银行划扣款项。

第七章

加密货币主要业务行为的刑法风险

周振杰*

因为具有分布式记账、匿名性等特点，加密货币受到了恐怖主义融资[1]、洗钱[2]等非法活动的青睐，有研究表明，美国约一半的比特币交易与非法活动相关，[3]并可能对国家安全产生负面影响。因此，中国人民银行等主管机构发布的规范性文件明确将加密货币相关业务活动、境外加密货币交易所通过互联网向我国境内居民提供服务的行为等列为非法活动，并要求在构成犯罪之际追究刑事责任。那么，加密货币的主要业务行为，具体而言，代币发行行为、加密货币的交易行为以及相关帮助行为，存在什么刑法风险？刑法在介入时又应坚持什么样的立场？

---

* 周振杰，北京师范大学刑事法律科学研究院教授、博士生导师。

〔1〕 See Irwin A & Milad G, *The Use of Crypto-currencies in Funding Violent Jihad*, 19 Journal of Money Laundering Control 407 (2016).

〔2〕 参见江汉祥、苏玉海:《数字货币洗钱模式及追踪分析》，载《信息安全研究》2021年第10期。

〔3〕 参见盖静:《境外主要国家及国际组织对数字货币的认识与探索》，载《清华金融评论》2021年第8期。

一、加密货币主要业务行为的刑法风险分析

（一）发行行为

早在2017年8月30日，中国互联网金融协会就发布了《关于防范各类以ICO名义吸收投资相关风险的提示》，指出国内外部分机构采用各类误导性宣传手段，以ICO名义从事融资活动，可能涉嫌诈骗、非法证券、非法集资等行为。同年9月4日，《防范代币发行融资风险的公告》再次指出，融资主体通过代币的违规发售、流通，向投资者筹集比特币等加密货币本质上是未经批准非法公开融资的行为，各类代币发行融资活动应当立即停止。《防范和处置虚拟货币交易炒作风险的通知》也认为，代币发行融资以及加密货币衍生品交易等加密货币相关业务活动涉嫌非法发售代币票券、擅自公开发行证券、非法经营期货业务、非法集资等非法金融活动。那么，加密货币的发行行为在刑法上应如何定性？

如上所述，加密货币是虚拟财产或者特定商品，并非法定货币、有价证券，而以证券、股票、债券等为犯罪对象的犯罪侵犯的都是法律规定的有价证券，其违法性判断主要在于是否未经国家有关主管部门批准，是否在招股说明书、认股书、公司、企业债券募集办法等发行文件中隐瞒重要事实或者编造重大虚假内容等，因此加密货币的发行行为不构成诸如《刑法》第160条规定的欺诈发行证券罪、第179条规定的擅自发行股票、公司、企业债券罪等犯罪，[1]最可能构成如下两个罪名：其一，是《刑法》第176条规定的非法吸收公众存款罪。如果行为人设立加密货币项目，以高收益的回报率吸引不特定的投资者，非法吸收公众存款，数额达到法定的标准，

---

〔1〕 因此，有的观点建议“我国法律制度有必要适度调整证券内涵与外延，在证券法律体系的架构下对比特币交易平台及其市场行为进行集中监管”。参见谢杰：《“去中心化”互联网金融对经济刑法规范的影响及其应对》，载《犯罪研究》2015年第2期。

如个人达到20万元或者30户以上，单位达到100万元或者150户以上，可构成非法吸收公众存款罪。需要指出的是，根据最高人民法院2022年1月13日印发的《关于充分发挥司法职能作用助力中小微企业发展的指导意见》（法发〔2022〕2号），如果中小微企业将通过代币发行非法吸收或变相吸收公众存款主要用于正常的生产、经营，能够及时清退所吸收资金的，可以免予刑事处罚；情节显著轻微、危害不大的，不作为犯罪处理。其二，是《刑法》第192条规定的集资诈骗罪。如果行为人以非法占有为目的，虚构加密货币投资项目或平台，以高收益等引诱购买加密货币实施诈骗，个人诈骗数额在10万元以上，单位诈骗数额在50万元，构成集资诈骗罪。

如果虚构加密货币发行，以静态投资返利和动态发展下线挣取层级提成的方式，吸引他人投资，这种行为并非发行行为，而是《刑法》第224条之一规定的组织、领导传销行为，构成犯罪的应根据该条定罪处罚。〔1〕

（二）交易行为

《防范和处置虚拟货币交易炒作风险的通知》等规范性文件禁止作为中央对手方买卖加密货币等交易行为。那么，对加密货币的交易行为在刑法上应如何定性？应指出的是，交易加密货币的行为，不构成《刑法》第171条规定的出售、购买、运输假币罪或者第172条规定的持有、使用假币罪，因为加密货币并非伪造的法定货币，买卖加密货币是行政规范禁止的行为。

数字货币交易当然有多种形式，但主要还是通过交易所来进行。从形式上来看，加密货币的交易行为最有可能触犯的罪名是《刑法》第225条规定的非法经营罪，虽然加密货币的交易行为并不属于该条第1～3项，但是可以将之纳入第4项“其他严重扰乱市场秩序的非法经营行为”之内，根据

---

〔1〕 参见北京市第二中级人民法院刑事判决书，(2020)京02刑终323号。

2011年4月8日发布的最高人民法院《关于准确理解和适用刑法中“国家规定”的有关问题的通知》(法发〔2011〕155号)中“有关司法解释未作明确规定的,应当作为法律适用问题,逐级向最高人民法院请示”的规定,以个案批复的形式追究行为人的刑事责任。但是如前文所述,在适用《刑法》第225条之际,应恪守刑法的谦抑原则。

同时,加密货币交易行为还可能构成《刑法》第191条规定的洗钱罪。例如,行为人A在国内接受B的受贿款项,将其在国外持有的加密货币交付给B,然后B到承认加密货币合法地位的国家或者地区兑换法定货币;再如,A明知B是诈骗犯罪分子,在国内接受B的犯罪收益,用之购买加密货币,然后由C在国外将加密货币出售变现,再汇回到B的银行账户,通过一系列操作将赃款洗白,在诸如此类的场合,加密货币的交易行为构成洗钱罪。

(三)帮助行为

《防范和处置虚拟货币交易炒作风险的通知》规定,明知或应知境外加密货币交易所及其工作人员从事加密货币相关业务,仍为其提供营销宣传、支付结算、技术支持等服务(帮助行为)的,依法追究有关责任。那么,此处的帮助行为可能构成什么罪名?

首先,可能构成《刑法》第229条规定的提供虚假证明文件罪。例如,资产评估机构就加密货币的价值提供严重失实的价值评估报告,导致买方遭受重大损失。

其次,可能构成《刑法》第287条之二规定的帮助信息网络犯罪活动罪。因为无法在国内注册成立,大多加密货币交易所都在境外注册,并在境外架设服务器开展交易服务,进行充值、换购、提现等交易业务,这些交易所在国内开展业务,就需要有自然人或者单位为其提供营销宣传、支付结算、技术支持等服务。如果提供者明知是违法活动而为之,则其帮助行为符合帮助信息网络犯罪活动罪的犯罪构成。

最后，可能构成《刑法》第286条之一规定的拒不履行信息网络安全管理义务罪。例如网络服务提供商明知是加密货币交易的宣传、误导信息，非但放任在其网络平台上传播，而且在接到监管部门的责令改正的通知后拒不改正，导致违法信息大量传播，则其行为符合本罪的犯罪构成。

二、刑法应对先端技术时应坚持的基本立场

刑法固然是最有力的法律工具，但也是一把双刃剑，用之不当，国家、社会与个人皆受其害，而且“科学技术在人类的文明进步中总是扮演着最活跃、最革命的角色。面对智能革命，我们不能逃避它、否定它和阻止它”〔1〕。因此，刑法在介入加密货币相关业务活动时应保持谦抑。一方面，加密货币的底层技术是区块链技术，而区块链技术是当前我国正在大力倡导发展的战略性技术。早在2016年12月，“区块链”就被作为战略性前沿技术写入《国务院关于印发“十三五”国家信息化规划的通知》，之后，2017年10月，国务院发布《关于积极推进供应链创新与应用的指导意见》，明确提出要研究利用区块链、人工智能等新兴技术，2018年3月，工信部发布的《2018年信息化和软件服务业标准化工作要点》进而提出推动组建全国区块链和分布式记账技术标准化委员会。在政策层面，刑法如果介入得过早、过深，有可能削减公民个人与企业参与发展区块链技术的空间，挫伤其积极性。另一方面，如上所述，加密货币属于公民的合法财产。《宪法》第13条规定，公民的合法的私有财产不受侵犯。国家依照法律规定保护公民的私有财产权和继承权。《民法典》第240条规定，财产所有人有依法对自己的财产享有占有、使用、收益和处分的权利。因此，虽然《防范和处置虚拟货币交易炒作风险的通知》禁止法定货币与加密货币兑换、加密

〔1〕 吴汉东:《人工智能时代的制度安排与法律规制》，载《法律科学》2017年第5期。

货币之间的兑换、作为中央对手方买卖加密货币等行为，但这些行为毕竟是以合法持有加密货币为前提。因此在规范层面，刑法可以不为加密货币交易提供保护，但也不宜介入私权利太深。

在涉加密货币案件中坚持谦抑原则，最重要的是慎重适用《刑法》第225条规定的非法经营罪，因为一些以兑换比特币为业，赚取差价、造成客户重大损失、引起严重后果的行为，可能会根据《刑法》第225条第4项“其他严重扰乱市场秩序的非法经营行为”的规定被认定为非法经营罪。〔1〕在理论上，的确存在这种可能性。但是，即使出现了造成重大损失的情形，只要不存在欺诈、诱骗、胁迫等情形也不宜动用刑罚。一方面，加密货币是合法财产，公民拥有处分的权利，如果其自愿承担风险，可视为自动放弃了刑法保护；另一方面，《防范和处置虚拟货币交易炒作风险的通知》已经明确规定，任何法人、非法人组织和自然人投资加密货币及相关衍生品，相关民事法律行为无效，由此引发的损失由其自行承担。如此，也无须刑法介入。

在应对诸如加密货币等尖端技术成果之际应保持谦抑，是刑法与刑法理论的一贯立场。例如，在汽车刚刚开始普及的20世纪30年代，为了避免“结果预见义务”原则在认定过失之际可能带来的处罚范围过大的负面影响，德国法院在交通事故判例中提出了“信赖原则”，将防止他人违反交通规则驱逐出了驾驶人的注意义务范围之外；20世纪50年代之后，为了在保护公民人身财产安全的同时，促进新药开发、核电等尖端技术的发展，日本最高法院的判例肯定了被允许的危险理论，以社会有用性为根基，在一定条件下允许实施具有法益侵害危险的行为。〔2〕那么，如何在司法实践中，具体而言在涉加密货币刑事案件中贯彻谦抑原则？从促进技术革命与社

〔1〕 参见萧飒、李冰：《比特币的“罪与罚”：所涉刑事案中盗窃罪过半》，载《证券时报》2021年3月29日，B1版。

〔2〕 内田博文＝松宮孝明『日本刑法学のあゆみと課題』(日本評論社，2008年)72頁参照。

会进步的立场出发，可以利用相关刑法制度、改革措施与刑法理论，视不同情况采取如下四种路径：

第一，在相关行为侵害法益，具有刑事违法性之际，如果经综合判断认为其情节严重轻微、危害不大，可充分利用《刑法》第13条中的“但书”条款[1]，将相应行为“出罪”。具体而言，根据行为造成的客观损害、行为人人身危险性以及行为发生的时间、地点等种种要素因素，“先形式地判断行为符合犯罪构成要件，再实质地判断符合构成要件的行为是否情节显著轻微，危害不大”[2]。如果得出肯定答案，司法机关可视情况分别作出不予立案、不予起诉的决定。

第二，在相关行为侵害法益，具有刑事违法性，但因为情节轻微，就是否具有刑罚必要性存疑或者适用刑罚弊大于利之际，可充分利用《刑法》第37条规定的非刑罚性处罚措施[3]，对行为人予以训诫或者责令具结悔过、赔礼道歉、赔偿损失，或者由主管部门予以行政处罚或者行政处分。如此，在实现惩罚目的、抚慰被害人的同时，不会过度影响科技企业的发展。

第三，在相关行为侵害法益，具有刑事违法性，而且存在刑罚必要性之际，可适用检察机关正在开展的涉案企业合规改革，在实现刑罚目的、保护社会秩序与公民权益的同时，为高新科技企业的可持续发展创造条件。企业合规“是指国家运用刑罚手段激励企业制定、实施内部合规计划，与执法、司法机关合作，以达到合作共治、共同预防犯罪的目的”[4]，目

[1] 该条规定：“一切……危害社会的行为，依照法律应当受刑罚处罚的，都是犯罪，但是情节显著轻微危害不大的，不认为是犯罪。”

[2] 储槐植、张永红：《善待社会危害性观念——从我国刑法第13条但书说起》，载《法学研究》2002年第3期。

[3] 该条规定：“对于犯罪情节轻微不需要判处刑罚的，可以免予刑事处罚，但是可以根据案件的不同情况，予以训诫或者责令具结悔过、赔礼道歉、赔偿损失，或者由主管部门予以行政处罚或者行政处分。”

[4] 周振杰：《企业合规的刑法立法问题研究》，载《中国刑事法杂志》2021年第5期。

的在于让企业运营符合法律规章制度的要求。在具体案件中，如果涉案企业符合合规整改的条件，可要求符合条件的企业进行合规整改，并在评估合规之际，对之免予起诉或者建议免除、从宽处罚，最大限度地避免刑罚负面效果。

第四，在认定帮助犯之际，谨慎判断是否属于中立帮助行为，是否应纳入处罚范围。中立帮助行为，是指形式上无害但是客观上对正犯行为起到了帮助作用的行为。在理论上，如果某一中立行为属于正常的交易行为，并不必然促进正犯行为，而且行为人相信其行为被利用的可能性很小，可认为该中立行为不构成帮助犯[1]。因此，在司法实践中，应立足现有刑法规范，根据客观事实谨慎认定涉加密货币主要业务行为的帮助行为是否具有应罚性与当罚性，如果相应行为在主观上并不具有为违法行为提供帮助，使之变得容易的目的，就不宜将之作为帮助犯处罚。

三、小结

总而言之，在应对加密货币导致的刑法风险时，应努力找到并保持一种平衡，在促进科技发展的同时，维护社会和谐稳定，保障公民合法权益。这也是刑法应对推动社会发展的新技术带来的风险的一贯立场。

---

〔1〕 松宫孝明『刑法総論講義』(第4版，成文堂，2009年)290頁以下参照。

第八章

代表性国家与地区加密货币的政策与立法

余秋莉*

在全球范围内，各国（地区）或多或少都面临着如何确立加密货币的法律地位、交易监管、税收政策等问题，但是各国（地区）的处理态度并不一致。有的将加密货币认定为同一类型的财产，并直接推动实施系统性的加密货币监管法律，如日本与俄罗斯；有的则将加密货币进行分类（如分为支付型代币、证券型代币以及实用型代币），就加密货币的法律适用和修法问题发布指南或报告，之后再在原有法律中增加或修改加密资产相关的规定，如英国、新加坡和瑞士。对于加密货币，中国内地目前采取的是严厉禁止的政策。但加密货币是保障国家安全必须面对的问题，司法实践表明，严厉禁止的政策未必是最好的选择，当前政策立场还有斟酌的空间。因此，本章将对几个主要代表性国家和地区的加密货币政策进行梳理和介绍，以期对我国的加密货币监管政策的制定提供参考。

---

* 余秋莉，安徽师范大学法学院讲师、法学博士。

一、美国

在美国，购买、出售和拥有加密货币是合法的。作为参与全球加密货币交易活动的主要活跃国家之一，美国在加密货币交易网络中拥有的交易用户数量最多。美国对加密货币的监管采取的是联邦与州的双线监管模式。[1]但由于各州政府对加密货币实施的监管框架不同，难以统一而论，因此以下着重介绍美国联邦对加密货币的监管政策。

在美国联邦法律体系中，对于大部分与加密货币相关的业务，都没有特定的可以遵循的法规可以参考。一般情况下，美国监管机构建议参考“三同”原则对其进行规范，即“相同业务，相同风险，相同规则”，即如果没有加密货币针对性的法规，则结合业务类型找到已存在的法案进行监管。例如，在发行加密货币时，如果代币被归为证券属性的话，就要受到证券交易委员会的监管，对发行方也有信息披露的要求。

美国各联邦监管机构互相独立，根据职能划分各自的监管领域，加密货币行业涉及的不同业务也归于不同机构的监管范围。这些机构中有些针对加密货币发布了具体的法案或者指导，有些仍在参考之前的法律规定。其中对加密货币表态较多的是美国证券交易委员会（SEC），负责证券业的监督管理，是直属美国联邦政府的独立机关。发行加密货币的过程类似于发行证券，因此SEC对加密货币领域非常关注。美国商品期货交

〔1〕 See Muzinich Justin, *America's Crypto Conundrum: Protecting Security Without Crushing Innovation*, 100 Foreign Affairs 129 (2021); Chris Davies, *Crypto Clampdown Sees US Treasury Demand Tougher IRS Reporting Rules*, Slash Gear (20 May 2021), https://www.slashgear.com/crypto-clampdown-sees-us-treasury-demand-tougher-irs-reporting-rules-20673757; *USA Cryptocurrency Regulation | Bitcoin Law*, coinfirm, https://www.coinfirm.com/blog/usa-cryptocurrency-regulation-bitcoin/; Christy Bieber, *U.S. Treasury Rushing to Regulate Crypto Markets*, the ascent (11 October 2021), https://www.fool.com/the-ascent/cryptocurrency/articles/us-treasury-rushing-to-regulate-crypto-markets/; 崔晨:《解读美国加密货币行业监管进展与趋势》，载百度网2021年6月2日，https://baijiahao.baidu.com/s?id=1701441550451906798&wfr=spider&for=pc。

易委员会（Commodity Futures Trading Commission，CFTC）同样是独立机构，负责美国商品期货、期权市场的监管。例如，比特币和以太币被归为商品属性后，涉及它们的期货交易平台就在CFTC的管辖范围内。美国国家税务局（Internal Revenue Service，IRS）隶属于美国财政部，主要提供税务相关的服务以及解决偷税漏税问题。考虑到加密货币买卖涉及个人收入的增长，IRS会针对加密货币的纳税问题提出参考意见。美国货币监理署（Office of Comptroller of Currency，OCC）同样属于美国财政部的一部分，主要对与银行相关的加密货币业务发表意见，包括使用区块链和稳定币作为金融系统中结算设施。还有同样属于美国财政部的美国金融犯罪执法网络（Financial Crimes Enforcement Network，FinCEN），其职责在于对加密货币用于犯罪的可能行为加以监控，经常向涉及加密货币业务的企业提出要求。美国司法部（Department of Justice，DOJ）会在涉及加密货币的违法行为中进行执法。除此之外，各州政府部门也会参与到与加密货币相关的监管中，如纽约金融服务部（New York Department of Financial Services，NYDFS）。

除了针对某些犯罪行为的联合行动外，总的来说美国监管机构还是在各自领域单独对加密货币行业采取行动，在某些方面，监管机构之间还存在竞争关系。下文是对各监管机构已采取措施的总结。

（一）SEC监管具有证券性质的加密货币

SEC是美国区块链及数字资产领域最主要的监管机构，其监管权力在证券领域。凡是被认定符合“证券”定义的数字资产，从参与主体到市场行为均会被SEC纳入全面监管的范畴。同时，SEC通过发布一系列的规范性文件、声明、投资者警告报告等，进一步明确具体的监管路径。

如果加密货币具有证券属性，或者交易具有证券属性的代币，都会受到SEC监督。SEC在2019年4月发布了区块链token监管指导方针，使用豪威测试对加密货币进行分类判断其是否具有证券属性，即“证券法律中的投资合同是在一宗合同、交易或计划中，某人①利用钱财进行投资；②投资于共同事业；③利益的产生源自发起人或第三方的努力；④期望使自己获得利润”。符合这四项要素的加密货币属于SEC的监管对象，代币发行人或是向SEC提交注册要求，或是应获得足够的豁免。目前除了比特币和以太币以及稳定币明确为非证券型代币外，其他代币都有被判定为证券的可能。

已经有十几个加密货币项目由于非法发行证券受到了SEC的起诉和惩罚，尤其是融资规模较大和市值高的项目，例如EOS，Tezos（发行XTZ币），Ripple（发行瑞波币）等。

此外，SEC还负责加密货币ETF的申请审核，迄今为止，SEC仅通过了比特币期货ETF的申请，但并未给追踪实物比特币价格的比特币现货ETF开绿灯。风险范围较小的加密货币信托产品得到了SEC的批准，如灰度旗下的GBTC和ETHE，这两者都是向SEC报告的产品。GBTC的赎回功能，就是在被SEC处罚之后关闭的。除此之外，SEC还关注加密货币交易的监管，2020年的《数字商品交易法》提到数字商品交易须符合证券法的要求。合规的加密货币交易所在选择代币交易种类时，也会谨慎做出选择，避免可能的证券型代币。

（二）IRS将加密货币定性为资产，监管与加密货币相关的税务事宜

IRS重点关注加密货币相关的税务事宜，早在2014年就发布了加密货币纳税指南，解决涉及加密货币收入的纳税问题，规定与加密货币相关的交易、挖矿等收入需要纳税。2019年IRS对2014年发布的指南进行了更新，新增了有关分叉币和空投币的税收规定，并向一万多个加密货币持有人发送信函要求他们为加密货币的相关投资而纳税，这些用户信息源自Coinbase交易所。IRS还会使用访谈、搜索、社交媒体以及银行、信用卡和

Paypal等交易记录，来调查用户是否存在逃税情况。

IRS在2020年的纳税申报表中增加了一个新问题，询问纳税人在这一年内是否通过接收、交易、发送、交换或其他方式获得任何加密货币经济利益，但这个问题不涉及税务问题。IRS解释如果仅涉及法币购买加密货币，则无须在纳税表格上打“是”。IRS仍在不断更新有关加密货币的纳税指导，在2021年4月补充了比特币分叉币的纳税方式案例，纳税人需要根据国内税收法案第61部分进行纳税，在计算纳税人获得分叉币的收入时，如果其持有的比特币被托管在中心化交易所中，纳税人没有在分叉的一瞬间收到分叉币空投，则将按照交易所分给纳税人分叉币的那一刻计算税收。

出于税务目的，加密货币所有者还需要保留其头寸的记录，包括其以公平交易市场价值进行交易的凭证及销售、交换或其他处置的记录。

（三）CFTC将加密货币描述为一种商品形式，监管加密货币的衍生品

被归为商品属性的加密货币则归属于CTFC的监管范畴，尤其是涉及加密货币衍生品交易所的监管。在美国经营加密货币衍生品交易所需要获得CFTC的批准以及取得衍生品清算组织许可证和指定合约市场牌照。CFTC在2017年12月批准芝加哥期货交易所以现金结算的比特币期货上线，2021年2月批准了以太币期货。2019年9月批准了Bakkt上线实物交割的比特币期货合约。

2020年9月美国国会众议院议员提出了《数字商品交易法》，此法案扩大了商品交易法的范围，成为CFTC参考监管框架。在CFTC注册的交易所要遵守相关要求，包括交易所信息报告、利益冲突、最低资本要求、网络安全、隔离用户资产等。交易所对CFTC注册优先于向各州和地区的注册，这样可以节约合规成本。

CFTC会对在美国违法开展业务的交易所采取行动，2020年10月，

CFTC对数字货币交易所BitMEX提起诉讼，原因为BitMEX在未注册时执行期货交易、提供非法期权、未能注册为期货委员会交易商、未能注册为指定合约市场、未能执行适当的KYC规则等。2016年，CFTC对数字货币交易所Bitfinex采取了行动，因为该公司未经注册就运营了加密货币的在线交易平台，未能满足“实际交付”要求。

根据美国现行法律，CFTC对于虚拟货币的现金和现货交易（如币币交易）并没有管辖权，无法施加诸如注册门槛、监管监测、交易报告、行为规范、投资者教育、资本充足性、交易保障、网络安全等方面的监管手段。但是对于现货交易市场的诈骗和市场操作行为，CFTC有执法权，包括传讯和提起民事诉讼的权力。例如，CFTC曾指控英国注册公司创业者总部有限公司（Enterprises Hearters Limited）参与一项欺诈计划，该公司从投资大众那里索取了价值至少110万美元的比特币，谎称这些资金将被汇集并投资于包括二进制期权在内的产品，CFTC的指控包括该公司从其他参与者的资金中向参与者庞氏式付款，挪用参与者的资金，未按要求向CFTC注册等。

（四）FinCen不承认加密货币具有真实货币的属性，并重点监管与加密货币有关的反恐怖融资和反洗钱活动

美国财政部下属的金融犯罪执法网络（FinCen）重点关注与加密货币有关的反恐怖融资活动和反洗钱活动，最早在2013年就发布了关于管理、使用或交易加密货币的指南。这里加密货币被称为可转换的虚拟货币（Civic，CVC），因为它可以与真实货币进行兑换。在从事CVC相关业务时，需要在FinCEN旗下注册申请为Money Services Business（MSB牌照），保存和报告记录以遵守反洗钱和反恐怖融资的规定。2015年Ripple Labs在推出瑞波币时因没有向FinCEN注册而受到起诉。而且无论这些MSB总部位于何处，都需要遵守FinCEN的规定。由于这项规定，币安暂停了美国

用户的访问，重新开设了币安美国交易所。

2019年FinCEN发布了一份关于CVC的指导，提醒一些从事相关业务的企业需要取得MSB牌照，否则将违反《银行保密法》。2020年12月，FinCEN提议增加对非托管钱包的监管，如果交易所向个人钱包发送超过3000美元的加密货币时，需要验证非托管钱包用户的姓名和地址，并且要向FinCEN提交金额超过10，000美元的交易信息。这项规定受到了很多人的反对，在美国总统乔·拜登上台后即被暂停。FinCEN的举措让加密货币更贴近于对银行账户的监管，FinCEN还提议修改BSA，希望将加密货币账户作为需要报告的账户类型。

（五）DOJ成立加密货币执法部门以积极打击加密货币犯罪

DOJ负责美国的法律执行和打击犯罪，活跃在与加密货币相关的违法案件中。例如，在臭名昭著的暗网中DOJ查获了价值10亿美元的比特币，这是涉及加密货币数量最大的一次案件。在BitMEX违反反洗钱法的案件中，DOJ对其创始人提起了刑事诉讼。2020年10月，DOJ发布了关于加密货币的执法框架，明确执法机构可以对任何与加密货币有关的非法行为进行起诉，包括各种欺诈以及其他刑事指控。可以参考的法规包括反洗钱和反恐怖融资的《银行保密法》，和证券欺诈相关的《证券法》。最后在方针中呼吁全球的相关机构一同合作来保证加密货币不被用于非法平台，并鼓励各司法辖区采用一致的监管方针。

2021年10月6日，美国司法部副部长丽莎·莫纳科在阿斯彭研究所的网络峰会上，公布了一项应对网络犯罪和洗钱的新举措——DOJ新成立了"国家加密货币执法组"。该部门的成立，旨在应对加密货币领域中日趋泛滥的复杂犯罪，尤其是混币服务、为洗钱提供基础设施等犯罪活动，追踪"帮助犯罪者洗钱或者隐匿其犯罪收益"的平台，并承担对滥用加密货币犯罪的调查和起诉，以打击"滥用加密货币的犯罪行为"。这一新部门的工作，除了调查和起诉涉及洗钱者和虚拟货币交易所的犯罪行为外，还涵盖了追踪、追回因敲诈勒索而受损的数字资产。

莫纳科表示，成立加密货币执法部门的目标，就是希望能够加强打击、摧毁金融生态系统犯罪的能力。“正是这个有利可图的金融生态系统，让犯罪者有了猖獗活动的空间，能够滥用加密货币平台，并从中获利。当前需要做的，就是集中力量，充分利用网络安全专家、反洗钱专家和专业检察官等，在现有专业基础上更进一步提升执法能力。”此外，莫纳科还进一步对加密货币执法部门的成立缘由作了补充说明。她表示，希望加密货币交易所能成为未来的银行，要让人们在使用这些数字货币平台系统时有足够的信心，因而需要确保随时能够做好应对和打击可能影响交易系统稳定性的滥用加密货币行为，并对消费者予以保护。

加密货币执法组的问世，建立在DOJ反洗钱和资产追回科（Money Laundering and Asset Recovery Section，MLARS）的加密货币监管计划基础之上。由于涉及加密货币的犯罪形式复杂多样，因此加密货币执法组在工作中不仅会调查属于自己管辖范围内的案件，还会对当前和未来涉及DOJ刑事局及全美各地检察官办公室的案件予以支持和处理。

除了办案涉及的范围广泛以外，加密货币执法组的成员都属于DOJ的精英人员。加密货币执法组的负责人将通过申请程序来加以遴选。申请者不仅需要具备复杂刑事案件的调查和起诉经验，还须熟悉加密货币和区块链等技术。其将率领来自美国检察官办公室、刑事部门的计算机犯罪和知识产权科（Computer Crime & Intellectual Property Section，CCIPS）、MLARS以及助理检察官的律师团队，识别、调查、起诉涉及滥用加密货币的犯罪行为。加密货币执法组中负责应对网络犯罪、洗钱活动的网络安全和反洗钱专家等团队成员，则从CCIPS、MLARS等部门中进行抽调。DOJ表示，加密货币执法组的团队成员将借助总部的专业力量，在团队负责人的带领下，结合其在金融商业、交易追踪、区块链技术、刑事法律适用等方面的专业知识，以结构化的模式来处理涉及加密货币的犯罪行为。

（六）OCC致力于推动联邦层面的监管统一和加密货币公司拓展银行业务

OCC是美国最大的银行监管机构，Michael J. Hsu在2021年5月10日被任命为新的负责人。在上任致辞中，他表示将审查未解决事项，包括和加密货币有关的问题，因此可能会出现政策上的转折。

在OCC前负责人Brian Brooks领导下的OCC一直对加密货币持积极态度，包括允许美国银行托管加密资产以及稳定币的储备以及允许美国银行运行区块链节点并使用稳定币支付。不过这里的区块链节点指的不是无须许可的共有链，而是需要认证的许可链，稳定币也指的是符合监管审查的稳定币。除此之外，OCC在2020年致力于推动联邦层面的监管统一和加密货币公司拓展银行业务。加密货币的支付公司可以申请国家信托银行牌照，之后无须在各州分别申请牌照。加密银行获得牌照后，就可以提供加密货币相关的业务，如支付等，为金融科技的初创公司提供监管框架以及便利。

（七）OFAC管理和执行加密货币制裁

美国财政部外国资产控制办公室（Office of Foreign Assets Control，OFAC）的使命在于管理和执行所有基于美国国家安全和对外政策的经济和贸易制裁，包括对一切恐怖主义、跨国毒品和麻醉品交易、大规模杀伤性武器扩散行为进行金融领域的制裁。OFAC直接隶属于美国总统战时和国家紧急情况委员会，经特别立法授权可对美国境内的所有外国资产进行控制和冻结，同时负责在对外经济和贸易制裁事宜上与美国的欧洲盟国进行紧密合作。

2021年10月15日，OFAC制定《虚拟货币行业制裁合规指南》，作为帮助虚拟货币行业成员了解和遵守OFAC制裁的指导手册，其概述了OFAC

的制裁要求和程序，包括许可和执法程序，并强调了为虚拟货币行业量身定做的制裁合规最佳做法。该指导手册指出，“虚拟货币行业的所有公司，包括技术公司、交易所、管理员、矿工和钱包提供商，以及可能接触虚拟货币的更传统的金融机构”都应考虑纳入OFAC对其制裁合规计划的指导。这本指南手册的推出符合OFAC的承诺，即与虚拟货币行业合作，促进对制裁要求的理解和遵守。

总的来说，美国监管机构对加密货币监管是趋严的，在打击犯罪和反洗钱法案的约束下，加密货币行业参与者（包括加密货币交易所和个人参与者）被要求提供更多文件和信息。严格的监管不仅对加密货币行业中的企业施加了束缚，也给用户造成了不便。SEC已经在着手解决这个问题，例如，Safe Harbor方案可以让加密货币发行方在前三年免受证券法的监督，要求是三年之后达到足够的分布式。对于整个加密货币市场，SEC主席Gary Gensler仍表示出了对市场操纵的担忧，因此短期内加密货币ETF依然难以获得大规模通过。

美国各监管机构职责和分工明确，很少出现统筹合作，甚至在监管权的问题上还处于竞争关系，例如，由于对加密货币到底是证券还是商品的认定不同，SEC和CFTC经常在加密货币监管上产生冲突。在州和联邦层面上的监管也存在竞争关系，例如，OCC想要颁布联邦层面上对加密货币的支付牌照，但受到了NYDFS的阻碍。美国国会一直努力在打破这种障碍，推出了《2021年消除创新障碍法案》，重点关注SEC和CFTC关于数字资产管辖权问题，两方将联合成立数字资产工作组，更快地推动监管进步。

二、新加坡

（一）新加坡监管政策总览

据投资平台Funderbeam的统计，新加坡已经成为全球第三大首次币发行(Initial Coinoffering, ICO)融资市场，规模仅次于美国和瑞士，成为全球尤其是亚洲各国的区块链企业为规避本国政策而赴海外开展ICO的“热土”。新加坡中央银行——新加坡金融管理局(Monetary Authority of Singapore, MAS)针对这一浪潮也及时表明了自己的态度并出台了一系列相关政策。下面将对自2016年起，MAS出台的有关本地ICO的政策进行全面整理和分析。[1]

早在2016年6月，MAS就推出了“监管沙盒”(Regulatory Sandbox)制度，旨在为金融企业创新提供一个良好的制度环境。该制度规定参与的金融科技公司在事先报备的情况下，允许从事和目前法律法规有所冲突的业务，即使被官方终止相关业务，也不会被追究相关法律责任。MAS表示若是ICO发行的数字代币可视作资本市场产品，即可申请进入MAS的“监管沙盒”以进行试验性运营。如果申请获批，MAS将提供适当政策支持，放松MAS规定的具体法律或监管要求，申请人在监管沙盒期间则将另行遵守相关要求。“监管沙盒”这一制度的推出不仅表明了MAS当局对金融创新持包容态度，而且热衷于寻找专注区块链技术的ICO，并积极探索试图推出一套适用于新兴金融科技创新领域的监管方式。这一制度给区块链企业提供了极大的创新空间，也让新加坡一跃成为全亚洲对ICO最友好的国家。

2016年8月，MAS又设立了金融科技创新实验室(FinTech Innovation Lab)，旨在推动本地金融科技的发展。实验室主要为创新后期的金融创新企业开放，其具体内容包括促进金融管理局与科技和金融机构开展金融科技创新实验，置入法律咨询产业专家、监管相关资讯咨询服务、建立

---

〔1〕 参见柯达：《加密资产分类监管研究——以英国、瑞士、新加坡三国为例》，载《证券法律评论》2019年第1期；*Singapore Cryptocurrency Regulations*, coinfirm, https://www.coinfirm.com/blog/singapore-cryptocurrency-regulations/; Merkle Science,*Overview of Cryptocurrency Regulations in Singapore*, Merkle Science (18 February 2022), https://knowledgebase.merklescience.com/regulation/cryptocurrency-regulations-in-singapore。

金融科技交流社群等。MAS通过推行活动为本的监管模式（activity based regulation），对不同业务的营运者采取针对性监管，鼓励业务创新监管原则。MAS通过实验室的设立再次表明了其鼓励金融创新的态度，在很大程度上推动了本地金融科技产业的蓬勃发展，也迅速吸引了更多的初创企业来到新加坡发展。

2017年8月1日，MAS正式发表关于ICO监管的声明文件，表示随着作为一种集资手段的ICO数量的快速增长，将对涉及新加坡《证券期货法》的ICO活动进行监管。该声明表示如果发行的数字货币包含有资本市场商品，具有资本投资属性，如可以用以表示所有权，就可以视为股份或是集资投资行为，MAS就可以根据《证券期货法》对其监管。同时MAS表示如果发行的数字货币符合《证券期货法》的描述，那么在ICO推行之前，必须要在MAS备案，并且在发行和交易的过程中必须符合《证券期货法》和《财务顾问法》的相关要求，除非获得豁免。此外，发行的数字货币还须符合反洗钱和反恐怖融资的规范和要求。这是MAS第一次正面出台ICO监管的正式文件，表明了当局关于ICO的立场和监管方向，即如果加密代币构成《证券期货法》中监管的产品，则其在新加坡的发售或发行将受MAS的监管。

2017年11月14日，MAS又发布了《数字代币发行指引》（A Guide to Digital Token Offerings），视该指引为对ICO的澄清性文件，表明若发行的数字货币代表投资者持有的企业股权、资产所有权，或可转换为公司债权，即按照《证券期货法》受到监管。一旦ICO发行的数字货币，符合《证券期货法》对股票的定义，除非发行方获得豁免，否则须事先向MAS提交售股说明书。豁免条件包括，ICO筹款额度不超过500万新币（约2400万人民币），或仅向机构投资者或合格投资者发行等。且数字货币的发行平台、财务顾问和代币交易平台，也要根据《证券期货法》和《财务顾问法》获取相应牌照，并符合反洗钱、反恐怖主义融资等要求。这份指引对新加坡当地

ICO的开展具有重大指引意义，更明确了MAS的监管范围和过程。

2018年3月15日，在Money20/20全球金融科技大会上，MAS局长Ravi Menon针对加密货币发表了《加密货币的好、坏、丑》(Crypto Tokens: The Good, The Bad, and The Ugly)为题的演讲，明确表态MAS并未直接监管加密货币，但会持续关注并表示看好加密货币的未来。在密切关注的同时做到：评估项目不同类型的风险；思考相应的监管措施；确保不扼杀创新。并在会上确认了将与加拿大央行共同开展Ubin项目，以解决区域链跨境支付问题。MAS借此再次强调了其对ICO和加密货币的开明态度。

2018年4月26日，新加坡知识产权局(Intellectual Property Office of Singapore, IPOS)为支持新加坡金融科技行业的发展并帮助企业更快地将其金融科技创新推向市场，推出了金融科技快速通道(FinTech Fast Track)，此举大幅加快了金融科技相关应用(如区块链支付)的专利审批流程。金融科技专利将在审核后的六个月后立即批准，而非正常申请的最低两年。IPOS的金融科技快速通道将助力新加坡金融管理局2.25亿新币的金融部门技术与创新(Financial Sector technology and innovation, FSTI)资助计划，使得优秀的ICO项目获得资金支持并大大缩短其审批时间。

2018年5月24日，MAS发表了《对数字货币交易所和ICO发行商的警告》(MAS warns Digital Token Exchanges and ICO Issuer)，警告新加坡的8个数字货币交易提供商，在未经MAS授权的情况下，禁止上架具有证券期货属性的数字货币。该警告要求新加坡的数字货币交易所有责任确保发行或者上架的数字货币遵循现有的法律和《证券期货法》条例。还没获得批准交易所证(approved exchanges)或认可市场运营商证(recognised market operators)的数字货币交易所，不得擅自在交易所上架带有证券期货属性的数字货币。这一警告表明了新加坡政府对证券类代币进行监管的决心，坚决抵制任何违规发行或者上架的数字货币的行为。

2018年5月25日，MAS对《海峡时报》在2018年5月21日希望MAS采取行动对向大众投资者警示投资ICO项目的风险的发文进行官方回应。MAS在文中指出，当局十分同意要对ICO投资者进行投资的风险提示，同时指出在过去的一年中，MAS已加大力度提醒投资者应对此类风险。MAS已经发布了几条投资风险的警示，当地的新闻报道、电视节目和在线视频中也有相关报道。这些风险的产生是由于ICO的发行人通常位于新加坡境外，如果遇到ICO是欺骗性项目的话，很难核实他们的操作或寻求追索权。之后MAS将会联合国家财政教育项目（MoneySENSE）继续加强公众的金融教育，以确保公众意识到ICO的风险。MAS在其中再次声明禁止期货合约或是具有证券性质的数字货币进行ICO。如有相关违规行为，MAS将对相关交易所、项目发起人、代理人、经营者采取金融犯罪的打击行动。MAS再次表明了可以进行ICO的代币类型，进一步提醒ICO的发行方在做好相关的法律合规工作和律师意见担保下进行ICO的重要性。

2022年4月，新加坡议会通过了《金融服务和市场法案》，根据该法案，MAS将对在新加坡创建但在海外开展业务的新加坡虚拟资产供应商进行监管，以防止反洗钱和恐怖主义融资。此外，法律赋予MAS更多的金融监管权力，以惩处那些未能在金融业履行关键角色、活动和职能的个人。

综上，新加坡目前已针对ICO的发行表明了自己的态度和立场：给功能性代币“放行”，对证券类代币进行监管。监管的主要目的并不是为了禁止包括ICO在内的加密货币的运营活动，而是用法律的形式来规范项目，防止洗钱和恐怖主义融资行为，引导公众理解ICO并保护投资者的利益。

（二）新加坡对加密资产的分类监管

1.证券型代币监管

新加坡法律以及MAS并没有明确提出“证券型代币”的概念。MAS认为，数字代币（digital token）如果属于法律规定的资本市场产品（capital markets product)，则相关主体必须接受MAS的监管。MAS还认为，根据《证券与期货法》的规定，证券型代币可能属于以下资本市场产品：(1)股票，证券型代币可赋予或代表公司的所有权权益，代表对代币持有人的债务以及公司中其他代币持有人的共同契约；(2)债券，证券型代币可证明数字代币发行人对代币持有人所负的任何债务；(3)商业信托单位，证券型代币可赋予或代表商业信托财产的所有权权益；(4)集合投资计划单位，证券型代币代表集合投资计划的权益，以及获取集合投资计划权益的选择权；(5)证券衍生品合约，证券型代币可包括基于股票、公司债券以及商业信托单位的衍生品合约。需要注意的是，MAS认为代表发行人对持有人所负债务、发行人承担赎回义务的数字代币(即资产支持型稳定币)，属于资本市场产品中的债券；同时，该类数字代币也有可能符合《支付服务法案》中电子货币(E-money)的范畴，从而受到该法案的约束。

MAS认为，如数字代币具有资本市场产品属性，代币发行人以及为代币发行提供便利的中间人应当受到证券法律的约束。其中，为代币发行提供便利的中间人包括：(1)运营初级平台(primary platform)的主体，该平台可为一个或多个发行人提供ICO；(2)为数字代币提供财务建议的主体；(3)运营交易平台(trading platform)的主体，该平台提供数字代币的交易。根据《证券与期货法》的规定以及MAS的认定结果，除符合法定豁免情形外，数字代币的发行人需要按照法定要求制作招股说明书；运营初级平台的主体需要申请资本市场服务牌照，提供财务建议的主体需要根据《财务顾问法》申请财务顾问牌照，而运营交易平台的主体需要根据其业务内容经MAS批准或认可成为有组织的市场(organised market)或经批准的交易所(approved exchange)。在业务运营过程中，相关主体应当遵守一系列信息披露、风险管理、反洗钱等义务。

从上述对证券型代币的认定与监管中可以发现，新加坡认定某加密资产是否属于证券型代币，主要基于该加密资产是否符合本国证券法中“证券”或其他金融工具的定义。此外，新加坡将代表发行人所负债务、发行人承担赎回义务的资产支持型稳定币认定为债券以及电子货币，该类代币将受到证券法与支付服务法的双重约束。

2.支付型代币监管

MAS将支付型代币称为数字支付代币（digital payment token）。2019年1月，新加坡国会通过了在原有《支付系统法案》与《货币兑换及转账服务法案》基础上制定的《支付服务法案》，数字支付代币与开户、国内外转账、电子货币发行等业务一同被纳入该法案的监管范畴。根据《支付服务法案》的规定，数字支付代币指任何符合以下特征的数字价值表示：(1)以单位表示；(2)不以任何（法定）货币计价，并不被发行人以任何（法定）货币挂钩；(3)作为或将作为公众或一部分公众接受的交换媒介，用于商品或服务的付款或偿还债务；(4)可以以电子方式转让、储存或交易；(5)符合监管者规定的其他特征。《支付服务法案》同时规定，数字支付代币服务包括：(1)经营数字支付代币，即买卖数字支付代币以换取资金或其他数字支付代币；(2)促进数字支付代币交易的服务，包括建立或运营允许他人发出要约买卖数字支付代币的交易所。另外，《支付服务法案》将经营央行数字货币（central bank digital currency）、有限目的的数字支付代币（limited purpose digital payment token）或促进相关交易的服务、接受或使用数字支付代币作为商品服务的付款方式从数字支付代币服务的范围中排除。《支付服务法案》要求任何提供数字支付代币服务的主体，必须申请支付服务牌照。《支付服务法案》中规定的支付服务牌照包括资金兑换牌照（money changing licence）、标准支付机构牌照（standard payment institution licence）和大型支付机构牌照（major payment institution licence），数字支付代币服务提供者可以根据经营业务的数量、业务额度等标准，自行选择申请标准支付机构牌照和大型支付机构牌照。在申请牌照后，数字支付代币服务提供者需要履行反洗钱、技术安全管理、重大事项报告等义务，并接受MAS的定期监管检查。

可见，新加坡认定某一加密资产是否属于支付型代币，主要基于该加密资产是否能作为商品或服务的交易媒介，并通过《支付服务法案》将支付型代币完全纳入支付服务法的监管范围。

3.新加坡实用型代币监管

在对于实用型虚拟代币的判断上，新加坡现有法律并没有对实用型代币进行明确界定，而是采用排除法的形式，主要先判断其是否为证券型或支付型，若都不是，则将其定性为实用型。实用型虚拟代币必须具有使用价值，且不能够有分红或者证券属性，也不具有支付功能。由于它可以用来换取发行主体创新开发的某些产品（包括利用区块链技术）或服务的使用权，MAS目前给予它较大的创新空间，以观察其改善金融服务和实体经济的作用。实用型虚拟代币的发行无须新加坡金融监管局监管，但是其发行也须满足新加坡关于反洗钱、反恐怖主义融资的规定。

以上认定实用型代币的标准大致覆盖了以优惠价格获取商品或服务、流通功能受到限制的加密资产。事实上，现实中许多加密资产同时具有支付型、证券型与实用型代币中的两种或三种属性，这些加密资产被称为混合型代币（hybrid token），需要接受多部法律的约束，可能会产生监管重叠问题。

（三）针对加密货币服务运营商的监管

新加坡重视对加密货币服务提供商的监管。2019年1月14日，新加坡国会通过《支付服务法案》，目的是通过监管服务提供商牌照制度促使加密货币交易合规。按照《支付服务法案》规定，和加密货币业务有关的牌照分为货币兑换商牌照、标准支付机构牌照和大型支付机构牌照。货币兑换商由于业务量小，受监管也较少。标准支付机构和大型支付机构均受到更多的监管。其中加密货币交易所、钱包、“矿池”、OTC平台都被视为支付型服务商，需要申请相应牌照以合规化运营。自《支付服务法案》颁布起，相关机构应在6个月时间内向金融监管局备案牌照。为了延伸管辖，申请牌照的对象不限于在新加坡注册的机构，还扩大至在新加坡实际运营的机构。申请牌照企业还需要满足反洗钱规定，验证客户身份，将可疑交易上报MAS，受金融监管局的定期抽查，以及MAS对技术安全方面的基本要求，以免受到吊销牌照等处罚。该法案让新加坡的加密货币行业不再处于监督的灰色地带，也让新加坡的加密货币监管步入体系化阶段。

（四）新加坡对加密资产的税收监管

新加坡对持有比特币或其他数字资产作为长期投资的个人和公司不征税，这并非特别的规定，因为新加坡本无资本利得税。但是，总部设在新加坡的企业以加密货币交易为核心业务的应缴纳所得税。新加坡税务局2020年4月17日发布的《数字代币所得税指南》涉及支付型代币（payment token）、实用型代币（utility token）、证券型代币（security token）及通过首次代币发行或ICO发行的代币。根据这一指南，“矿商”、ICO发行人、企业和个人持有的代币的价值波动，除非实现，否则不应纳税或扣除。新加坡税务局于2019年11月19日发布《数字代币商品和服务税指南》，提出从2020年1月起数字支付代币的供应不再缴纳商品和服务税（Goods and Services Tax，GST）。公司向非居民销售代币，免缴GST；向居民销售年度流转额小于100万新加坡元免税，税务局认定公司提供的是国际服务，税率为零。

（五）新加坡对加密资产广告的监管

MAS在2022年1月17日发布了《向公众提供DPT服务之指南》，指出数字支付代币（Digital Payment Token，DPT）具有高风险性，不适合公众参与，要求DPT服务商避免在公共场所或大众社交媒体上推介DPT服务，只能在自己的网站、手机应用程序或官方的社交媒体账户上进行营销。

新加坡政府认为加密货币是一种风险很大的投资或货币工具。监管机构此前曾多次警告当地民众注意加密货币估值的急剧投机性波动。可见，在接受加密货币的同时，新加坡正试图在金融创新带来的好处与散户投资于价格易剧烈波动的代币所产生的风险之间实现平衡。

三、日本

（一）日本加密货币立法概述

随着虚拟货币〔1〕交易市场的迅猛发展，加强对虚拟货币服务提供商的监管以保护虚拟货币交易者的权益已势在必行，为此，日本于2016年修订了《资金结算法》。新法增设了“虚拟货币”一章，确立了虚拟货币在日本的合法支付手段地位：不仅允许其可与法定货币展开交易，而且认可了不同的虚拟货币之间的相互兑换。同时，引进强制注册登记制度，规定虚拟货币交易商须向内阁总理大臣注册登记，否则不得从事与虚拟货币相关的交易业务。此外，还规定了交易服务商的信息与风险提示义务、客户资产保管要求、外部年度合规审计等内容。该修订法于2017年4月1日起正式实施，标志着日本首次在法律上对加密资产交易商的经营行为和交易规则等相关事项进行规制。由于《资金结算法》承认虚拟货币作为支付手段的法律地位，日本的虚拟货币交易也因此迎来了成长扩张的春天，成为亚洲很多代币投资者和从业机构暗中套利营业的“避风港”之一。

2018年1月，《资金结算法》实施尚不足一年，一家在东京注册的虚拟货币服务商Coin check因将资金存在安全系数较低的“热钱包”〔2〕中，遭到

---

〔1〕 为与日语原文表述保持统一，在介绍日本的加密货币立法时采用“虚拟货币”的表述。

〔2〕 热钱包是指存储在互联网上的数字钱包，用户的密钥信息需要通过连接至互联网才能进行访问。热钱包方便存取交易，但也存在着网络安全的风险，用户的密钥信息可能会被黑客盗取。

黑客攻击，造成当时市值580亿日元的代币被盗。这是迄今为止日本遭受的最严重的虚拟货币被盗事件。以此事件为转折点，为了应对日本国内层出不穷的虚拟货币被盗问题，同时，也为了积极响应国际号召打击利用虚拟货币洗钱和为恐怖主义进行融资的行为，2018年3月，日本金融厅成立了虚拟货币专门研究小组。小组先后共召开11次会议，集中讨论了虚拟货币交易服务商的监管、不公平现货交易、虚拟货币保管、ICO、虚拟货币差价合约这五个方面的问题，并于2018年12月21日发布《虚拟货币交易服务研究报告》。基于该报告的研究成果，日本于2019年5月31日通过了修订部分基金结算法律等草案，以应对伴随信息和通信技术进步而出现的金融交易多样化（以下简称2019年修正案），对《资金决算法》和《金融商品交易法》进行了修订，以加强对加密资产交易商和相应业务的监管。2019年修正案的出台，标志着日本金融厅（Financial Services Agency，FSA）对加密资产运营商的相关业务活动（包括加密资产托管服务和加密资产衍生品业务）的监管方式发生了重大变化。此次修正案确立的总体监管思路为：对加密资产进行分类监管，将加密资产分为“支付型加密资产”和“证券型加密资产”，分别受到《资金结算法》和《金融工具交易法》的监管，这样就将新兴的加密资产纳入了既有的法律框架。

为配合2019年修正案的落地实施，内阁府委托FSA于2020年1月14日颁发了令和元年关于修改资金结算法等相关法案的内阁府令。该行政法令于2020年5月1日正式实施，不仅涵盖《资金结算法》与《金融商品交易法》等条款的修订内容，还专门附有与这些新增条款实施密切相关的金融商品交易业等内阁府令与加密资产交易商内阁府令，囊括了加密资产交易商的注册资格、加密资产名称的变更和交易类型更改的报备、虚假广告和不当劝诱客户的禁止、加密资产交易的行为准则等内容。以下就《资金决算法》与《金融商品交易法》的主要修正案内容逐一说明。

(二)《资金决算法》的主要修正内容[1]

1.关于加密资产与加密资产交易业的定义

在以往的《资金决算法》中，虚拟货币被定义为：第一，可以不特定者为对象，用于购买商品、劳务等的支付对价，也可以不特定者为对象进行购买、出售的财产价值；第二，可以不特定者为对象，通过数据处理系统进行转移的以电子方式记录的财产价值。2019年修正案除了将以往使用的“虚拟货币”改称为“加密资产”外，还在加密资产的定义中排除了电子记录转移权利。其修正理由是：虽然迄今为止“virtual currency”一词在《资金决算法》中翻译为“虚拟货币”（日语：仮想通貨），但最近国际上如二十国集团（G20）平台执行机构金融稳定委员会（Financial Stability Board，FSB）已通行使用“crypto asset”，所以法律上也应相应变更为“加密资产”（日语：暗号資産）。此外，使用加密资产一词还可与其他非数字代币相区分，如游戏币、互联网门户网站发行的专用币等，以防止代币经营商欺骗购买者。至于排除电子记录转移权利，是因为《金融商品交易法》明确将其包含在有价证券中，而本法中的支付型加密资产不属于有价证券。

至于加密资产交易业，根据2019年修正案的规定，是指以下业务类型：直接从事加密资产买卖或者不同加密资产之间的兑换；作为代理商或者中介机构帮助客户进行加密资产交易方面的相关业务；帮助客户管理加密资产或者为客户提供用于加密资产交易方面的资金管理。本次修订后，即使某机构不直接从事加密资产的买卖或者兑换，只是代理客户管理加密资产或者提供将该加密资产划转至客户指定地址的服务，也将被视为从事

---

〔1〕 参见荻野昭一『暗号資産を巡る法制整備と論点考察』札幌学院法学37卷1号（2020年）157頁；清水正博『暗号通貨、ブロックチェーンの法的活用についての一考察』中央学院大学法学論叢35卷1期（2021）25 頁；张伊丽、皮六一、薛中文：《日本加密资产监管制度研究》，载《证券市场导报》2020年第8期；陈斌彬：《日本ICO法律监管制度研究及对我国的启示》，载《现代日本经济》2022年第3期；王道鹏、李一娓：《日本加密货币监管制度对我国的启示》，载《甘肃金融》2021年第3期。

加密资产交易业务。

2.关于加密资产交易商登记条件

在日本从事加密资产交易业务须在内阁总理大臣处进行注册登记。能够通过该注册登记的仅限于日本股份公司和满足一定条件的外国加密资产交易业商。其中，申请注册日本国内加密资产交易业务的公司必须持有1千万日元以上的自有资本金，且净资产不能为负。从事加密资产交易业务的平台有义务向客户详细介绍交易规则和进行必要的风险提示，说明加密资产的特性、交易金额、手续费、潜在风险等，并在金融厅网站公布其所从事的加密资产业务类型。2019年修正案还明确了三种不予以注册登记的情形：一是法人未加入认定资金决算事业者协会；二是未制定符合该协会规则内容的公司章程；三是未建立遵守该公司章程的体制。

资金决算提供商认证协会被定位为行业自律组织，其对加密资产行业的自律监管规则主要涉及以下内容：交易商或交易所的运营规则和内控体系；从业人员的职业操守；消费者保护制度；系统性风险和网络安全；打击洗钱和恐怖融资等犯罪活动；制定加密资产交易新规；禁止虚假宣传和违规推销等。由协会进行自律监管的优势在于：第一，由熟悉该业务的人进行规制，所以能够制定执行实际的、妥当的规则；第二，因为会员、发行者等负责承担规制的成本，所以对国民来说可以节约规制的成本；第三，根据同业者之间的商业伦理，可以实施比法令更高层次的规制；第四，可以更为灵活地应对变化激烈的市场环境；第五，比起以法令为中心的规制，行业自律规制更富有弹性和机动性。

由此可见，日本一方面积极通过修改《资金结算法》《金融商品交易法》等相关的金融法规为其监管加密资产交易业提供强有力的法律依据与手段；另一方面则针对加密资产灵活多样的特性，引导加密资产交易业协会等社团力量发挥一线的自律规制功能，借助它们出具的报告、行业准则、建议等软法性规则为其应对加密资产交易市场变化提供即时的监管指引，从而有效地弥补国会硬法修法滞后带来的监管罅隙。

3.关于业务内容的变更申报

旧法中，有关加密资产交易商的注册申请书记载事项的变更，一律为事后申报。在加密资产设计自由度高、类型多样的情况下，为了灵活且机动地应对风险，尤其是应对利用加密资产进行的洗钱和恐怖活动等非法活动，监督当局决定改为事前规制。新修订的《资金决算法》规定，如果加密资产交易商想要变更其所处理的加密资产的名称或加密资产交易业的内容、方法，则需要进行事前申报。但是，如果加密资产交易业的内容及方法的轻微变化等不太可能对客户安全产生影响的变更，例如，以在处理加密资产中使用的技术或规格的变更为理由对该加密资产的持有者赋予新的加密资产，仍然可以采用事后申报的方式。

4.关于广告、劝诱、白皮书制定等的规制

加密资产交易商对加密资产投放的广告相当于劝诱利用者加入交易，因此如何通过适当的广告提供信息非常重要。修订后的《资金决算法》要求加密资产交易商担负与金融商品交易业者相同的说明义务，即应在白皮书中向投资者披露交易规则和进行必要的风险提示，包括拟交易的加密资产的业务类型、交易金额、手续费、潜在风险等。在进行广告宣传时必须公示所持牌照的信息，向客户说明加密资产的特性、强调加密资产不属于货币，还须说明加密资产的业务内容以及市场风险等，禁止进行虚假广告和夸大宣传。加密资产交易商不得通过电话劝诱投资者购买某类加密资产，不得通过座谈会、研讨会等方式强行推销加密资产，不得诱导客户进行"投机性投资"，不得使用诸如"该产品由金融厅推荐""该产品一定会涨价""本金肯定不会受损"等诱导性语言。这些新规定无疑是针对在加密资产交易中处于弱势地位的一般投资者而设计的，避免投资者因对加密资产交易风险认识不充分而轻信广告劝诱以致被盲目卷入加密资产交易。

5.关于信息提供

加密资产交易商除了有义务对加密资产的性质进行说明以外，还有义务提供关于加密资产的兑换合同的内容信息。在旧法中，在与客户进行加密资产兑换时，除了要作说明以防止将加密资产混淆为货币以外，在同客户签订有关持续或者反复进行加密资产交易合同时，或在接收到客户的金钱或者加密资产时，还有义务说明就保护客户信息所采取的措施以及其他保护客户的措施等。2019年修正案中，新增了交易商在向客户提供加密资产的兑换等加密资产信用交易的情况下，提供有关针对信用交易特有风险所采取的特别措施信息提示的义务。具体而言，交易商除了应以书面方式向客户提供加密资产信用交易的合同内容信息等必要信息之外，还应提供关于客户应预存的保证金的金额和损失的金额超过保证金的金额的可能性等信息。

6.关于分别管理义务

旧法规定，加密资产交易商有义务将客户的加密资产按照内阁府令规定的方法进行分别管理，即必须明确区分客户的加密资产和交易商自身固有财产的加密资产，并且必须在各客户的加密资产能够立即判别的状态下进行管理。新法则在此基础上增加了新的要求，即要求将转移客户加密资产所需的信息记录在通常不联网的记录介质上进行管理，或者采取与之同等的其他技术安全管理措施进行管理。此外还要求，即使是在加密资产交易商让第三方管理的情况下，也需要确保第三方采取了与交易商自己管理时同等的客户保护措施。鉴于通过密钥和与之对应的地址特定的人能够排他地管理特定量的加密资产，加密资产交易商有义务利用可靠性较高的“冷钱包”[1]等进行管理。不过，为了确保客户的便利以及顺利执行加

[1] 冷钱包也称离线钱包，是指网络不能访问到用户密钥的钱包。冷钱包通常依靠“冷”设备（不联网的电脑、手机等）确保加密资产密钥的安全，运用二维码通信让密钥不触网，避免了被黑客盗取私钥的风险。

密资产交易，在符合内阁府令规定的必要条件的情况下，也可以排除采用“冷钱包”等的管理义务。换言之，通过诸如“热钱包”之类的方法来管理密钥的情况也在一定范围内被承认。但是，在这种情况下，也须根据新法规定的管理方法，在将与客户的加密资产相同种类、数量的加密资产（以下称为履行保证加密资产）作为自己的加密资产持有的基础上，按照内阁府令规定的方法进行分别管理。具体而言，要求在能够明确区分客户的加密资产、履行保证加密资产以及履行保证加密资产以外的交易商自己的加密资产的基础上进行分别管理。除此之外，为了转移履行保证加密资产，还需要将必要的信息记录在通常不联网的记录介质上进行管理，以及采取与之同等的技术安全管理措施进行管理。并且，即使是加密资产交易方授权第三方管理，也必须使第三方明确区分履行保证加密资产和其他加密资产，并且在能够立即判别哪一方是履行保证加密资产的状态下进行管理。对于履行保证加密资产的保全，必须确保和由交易商自己管理时受到同等的客户保护措施。另外，需要注意的是，即使是只连接过一次互联网的电子介质，也不符合“通常不联网”的条件。

7.关于优先清偿权

在旧法中，与加密资产交易商签订了加密资产管理合同的客户，有权从该加密资产交易商管理的客户的加密资产及履行保证的加密资产（以下简称对象加密资产）中获得优先清偿，但在对象加密资产被转移到第三者的情况下，不能适用日本《民法》第333条行使优先受偿权。而根据2019年修正案的规定，对于以转移加密资产为目的的债权，客户可以从加密资产交易商分别管理的对象加密资产中优先获得受偿。根据《资金结算法》，客户所具有的优先受偿权行使的相关事项规定在政令中，而事实上在政令中没有特别的规定。如果加密资产交易商管理的客户的加密资产流出到外部，或者由于交易商的经营失败等原因使得密钥不明，进而导致保管财产人无法确定客户的密钥，难以取回客户的加密资产时，理论上还是可以通过诸如“冷钱包”等方法对严格分类管理的履行保证加密资产行使优先清偿权。但是，由于作为优先偿还对象的加密资产是“加密资产交易商分别管理的该客户的加密资产以及履行保证加密资产”，所以在加密资产交易商没有进行合法的分别管理的情况下，有可能达不到优先受偿权的要求。

（三）《金融商品交易法》的主要修正内容

1.关于加密资产的衍生品交易

在旧法中，金融商品不包含加密资产，因此与加密资产有关的衍生品交易不属于《金融商品交易法》的规制对象。但是，由于这种交易具有与外汇保证金交易同样的经济功能和风险，因此，修改后的《金融商品交易法》在“金融商品”的定义中新增了“加密资产”，将加密资产有关的衍生品交易作为了《金融商品交易法》上的规制对象。这意味着，将加密资产作为原资产或者以加密资产的价格和利率等金融指标作为参照指标的衍生品交易，将受到与现有的衍生品交易同样的限制。由于明确了电子记录可转移权益包含在有价证券中，与电子记录转移权利涉及的衍生品交易、基于电子记录转移权利的价格或利率等计算出的金融指标有关的衍生品交易，也作为有价证券相关的衍生品交易而受到《金融商品交易法》的规制，即与其他《金融商品交易法》上的衍生品交易一样，适用于合同签订前交付书面材料的交付义务、禁止虚假告知、禁止提供绝对的判断以及禁止邀请劝诱等各种行为限制。

2.关于电子记录转移权利

所谓“电子记录转移权利”，是指能够通过利用电子信息处理系统进行转移并用电子化方法所记录的财产价值。修订后的《金融商品交易法》将电子记录转移权利由第二项有价证券改为第一项有价证券，其修改理由是，企业等通过ICO发行具有投资性的代币，在投资者因期待来自发行者的经营收益的分配等而购买的情况下，属于集合投资计划份额，而由于该代币广泛流通于多数人的可能性很高，为了保护投资者，将其重新划分为第一项有价证券。虽然集合投资计划份额等原则上不适用于公开规制，但电子记录转移权利作为例外，适用公开规制。因此，在“电子记录转移权利”的发行符合公募或出售条件的情况下，发行者原则上除了承担提交有价证券申报书及制作目录书的义务外，还承担之后的有价证券报告书等的继续公开义务。在制作记载关于ICO内容和结构的白皮书时，关于“电子记录转移权利”的公募或出售，有通过《金融商品交易法》上的有价证券申报书等进行公开的义务，也由此可以产生对虚假意思表示和欺诈行为的抑制效果。但是，关于电子记录转移权利的私募，没有提交有价证券申报书等的义务，并且当发行价或销售价总额不满1亿日元时，即使是公募或出售，也可以免除提交义务。不过，由于在集合投资计划份额中，即使是能够通过利用电子信息处理系统转移的以电子方法记录的财产价值，在不存在广泛流通的可能性的情况下，不能作为第一项有价证券而是作为第二项有价证券来处理。从这种“电子记录转移权利”中排除的第二项有价证券，原则上不适用于公开规制。

3.关于电子记录转移权利与金融商品交易业

金融商品交易商经营的有价证券业务，根据流通性的高低被划分为第一种金融商品交易业和第二种金融商品交易业，各自受到行业规制。由于2019年修正案将流通性强的“电子记录转移权利”改为第一项有价证券，相应地以电子记录转移权利为业的行为也被纳入第一种金融商品交易业。由此，第一种金融商品交易业既包括电子记录转移权利的买卖、中介或募集等业务，也包括与“电子记录转移权利”有关的衍生品交易或者加密资产相关的衍生性交易的买卖以及这些交易的中介业务或电子记录转移权利的原承销业务。而“电子记录转移权利”相关的私募则被纳入第二种金融商品交易业的范围。此外，还值得关注的两项修改内容为：一是2019年修正案新增了从客户那里获得金钱或电子记录转移权利的委托的业务属于金融商品交易业的规定。由于加密资产被视同为金钱，金融商品交易业者在管理与金融商品交易相关的客户委托的加密资产时，需要进行加密资产交易业的登记。二是新增了将“电子记录转移权利”的公募或者私募作为投资型众筹的第一种小额电子募集业务的规定。并且，为了促进小额融资，这种募集限定在发行价总额不满1亿日元，且每人的投资额限定在50万日元以下。

4.关于注册申请及变更登记

在进行金融商品交易的时候，需要在内阁总理大臣处进行注册，申请注册时必须在注册申请书中记载必要的事项并提交。2019年修正案中，与加密资产相关的业务增加了一些必要的记载事项，具体包括：第一，有关电子记录转移有价证券表示权利的事项。所谓电子记录转移有价证券表示权利，是指由《金融商品交易法》第2条第2项所规定的，能够利用电子信息处理系统转移的且能用电子方法记录的财产价值所代表的权利。第二，有关加密资产相关衍生产品交易的买卖或者中介等事项，或者有关该衍生产品交易的投资运用业的事项。旧法规定，在审查注册申请时，如发现申请公司存在以下情形则可拒绝注册：（1）未加入金融商品交易业协会；（2）没有制作该协会章程及其他规则的内容对应的公司章程；（3）没有建立遵守该公司章程的体制。而2019年修正案则明确了个人也可以作为新的拒绝注册事由的适用对象。不过，第一种金融商品交易业或投资运用业不允许非股份公司注册，因此影响只限于进行第二种金融商品交易业的个人。此外，金融商品交易业者在变更与加密资产相关的业务内容时，有义务进行变更登记。在旧法中，金融商品交易业者在注册申请书中记载事项有变动时，以事后申报为原则，只在业务类别、电子募集业务或者高速交易行为等重要业务有变更的情况下具有变更登记的义务。2019年修正案在重要业务中新增加了与加密资产相关的业务。

5.关于对加密资产交易广告、劝诱行为等的规制

旧法规定，金融商品交易商在对其进行的金融商品交易业的内容进行广告及广告类似行为时，有义务进行必要事项的说明，即除了金融商品交易商的商号、注册号码等基本事项外，与金融商品交易业内容相关的事项，对客户的判断产生影响的重要事项均须作说明。其中，作为重要事项，旧法规定了客户应支付的手续费、报酬以及损失的风险等事项。2019年修正案则在此基础上增加规定了有关加密资产的法律性质（即加密资产不是货币），以及加密资产的偿还条件（即加密资产只有在得到接受偿还者同意的情况下才能用来偿还）等事项。另外，作为不可夸张广告的事项，关于电子记录转移有价证券表示权利等或者与加密资产有关的金融商品交易行为，新增加了其性质和组成等必要事项。除此之外，2019年修正案还规定金融商品交易商或其职员在签订加密资产相关合同或者进行广告等活动时，不得在未对客户展示合理依据的情况下说明加密资产的性质，不得在没有明了且正确地表达影响客户判断的重要事项的情况下劝诱客户签订加密资产相关合同等。

6.关于分别管理义务

金融商品交易商在进行有价证券等管理业务时，对受托的金钱及有价证券负有分别管理义务。在旧法中，接受委托的金钱应当和交易商自己的固有财产分开管理，把金融商品交易商作为委托人，把信托公司等作为受托人，把客户作为受益人。另外，接受委托的有价证券，应当明确区分客户的有价证券和作为交易商自己固有财产的有价证券，并且在各客户的有价证券能够立即判别的状态下进行管理。2019年修正案新设立了电子记录转移有价证券表示权利等管理方法的特别规制：第一，将客户的电子记录转移有价证券表示权利等与交易商自己的固有有价证券等进行明确区分，并且在能够立即判别各客户的电子记录转移有价证券表示权利等的状态下进行管理；第二，在通常没有联网的记录介质上记录并管理转移代表

客户的电子记录转移有价证券表示权利等的财产价值所必需的必要信息。换言之，在电子记录转移有价证券表示权利等方面，原则上采用“冷钱包”管理，并且对于“热钱包”等管理方法，也将其控制在必要的最小限度中承认。但是，2019年修正案没有设置与必要最小限度相关的数值基准、履行保证加密资产的保有义务相关的规定以及优先偿还权相关的规定。

7.关于对不正行为的规制

修订后的《金融商品交易法》增设了第6章之3“关于加密资产交易等的规制”，禁止以不特定行为主体为对象进行有关加密资产的买卖、其他交易或者加密资产相关衍生品交易等违法行为。具体而言，新增了禁止一般性、概括性的违法行为，禁止谣言的散布和虚假行为，禁止市场操纵行为等。并且，由于修改之前的《金融商品交易法》第157条至第159条所禁止的有价证券交易相关的不正当行为包含了加密资产相关的衍生商品交易等的行为，所以，这些旧法规定也有可能被适用。为了避免这种重复性的适用，新法明确将这些规定排除在外。此外，电子记录转移权利的买卖等属于有价证券的买卖，因此适用旧法中的不正当交易禁止规定、谣言的传播和虚假行为禁止规定。作为对违反规定的制裁，新设了罚则（10年以下徒刑或者1000万日元以下罚金或者并处）。另外，关于不正当行为的调查、检查权限被委任给证券交易监视委员会。

总体来看，《资金决算法》和《金融商品交易法》这两部法律对加密资产的监管要点在于客户权益保护、信息与数据安全管理、交易机构与客户资金（包括现金与虚拟货币）的有效隔离以及反洗钱机制。除此之外，日本还为加密货币颁布了其他法规和指南，包括税收规定、会计准则、自律行为准则和消费者保护措施，同时积极参与国际合作与协调有关加密货币问题，例如FATF的建议和G20的讨论，以跟上不断变化的市场和技术趋势，以及新出现的风险和机遇。然而，日本的加密资产监管也面临一些挑战和限制，如加密货币的快速变化和复杂性的应对问题，有效监管和执法的确保问题，跨境法律冲突的解决问题等。

四、萨尔瓦多

（一）承认比特币为法定货币

2021年6月9日，萨尔瓦多国会通过了总统纳伊布·布克尔（Nayib Bukele）关于采用比特币作为法定货币的提议，至此，萨尔瓦多成为世界上第一个采用比特币作为法定货币的国家。[1]用户可以在与美元合作的所有交易中使用比特币。

2021年9月7日，萨尔瓦多通过了《比特币法》，将比特币与美元并列为萨尔瓦多的官方货币。虽然美元和比特币在萨尔瓦多都是法定货币，但只有比特币是强制法定货币。这意味着萨尔瓦多的所有企业都必须接受比特币作为交易手段，用比特币纳税，政府则可以用比特币发放补贴。

（二）国内外回应

作为萨尔瓦多新比特币法的支持者，总统纳伊布·布克尔表示，比特币将让70%没有银行账户的萨尔瓦多人获得金融服务，并帮助“减少他们支付的汇款和收款费用”。除海地外，萨尔瓦多是西半球最依赖汇款的国家，每四名萨尔瓦多人中就有一人生活在国外，每年萨尔瓦多侨民会从国外往家乡汇款超过40亿美元，占该国国内生产总值的20%。许多人也主张在发展中国家使用加密技术，认为加密技术有助于改变当前更有利于富裕国家和个人的全球金融体系。

---

〔1〕 See Cecilia Quirk *El Salvador's Bitcoin Law: Contemporary Implications of Forced Tender Legislation*, Princeton Legal Journal https://legaljournal.princeton.edu/el-salvadors-bitcoin-law-contemporary-implications-of-forced-tender-legislation/; El Salvador. *The first country to accept the cryptocurrency Bitcoin as legal tender might see many unintended consequences*, CREDENDO, https://credendo.com/en/knowledge-hub/el-salvador-first-country-accept-cryptocurrency-bitcoin-legal-tender-might-see-many.

1.国际货币基金组织暂停对萨尔瓦多的援助

在萨尔瓦多宣布将采用比特币作为强制法定货币后不久，国际货币基金组织暂停了关于向萨尔瓦多13亿美元援助计划的谈判，要求该国改变其决定，并告诫萨尔瓦多总统加密货币给该国带来的风险。国际货币基金组织还提到了一些法律问题，包括由于互联网接入不一致和技术不平等，民众们无法广泛获取比特币。超过50%的萨尔瓦多人未接入互联网，这使得依赖互联网接入的法定货币，尤其是强制货币，有利于大部分人的说法是站不住脚的。

2.专家提出强制接受比特币支付的法律问题

尽管采用比特币作为强制法定货币在技术上和法律上都非常复杂，但萨尔瓦多的《比特币法》第7条却极其简短。该条规定："任何获得商品或服务的人向其提供比特币时，每个经济代理人都必须接受比特币作为付款。"换言之，用比特币支付和接受比特币不仅是合法的，而且作为支付手段，接受比特币也是强制性的。

撇开政策不谈，专家们认为，第7条规定的强制接受比特币在法律上是不健全的，因为它与交换和合同自由相矛盾，是对财产权的严重侵犯。大多数国家均意识到强制货币是对个人自由的限制，因而没有强制货币法。在萨尔瓦多，即使是美元也不是强制货币。

3.民众反应

比特币在萨尔瓦多的首次推出并不顺利，数千人走上萨尔瓦多街头抗议，同时技术问题还导致Chivo钱包应用无法使用。比特币在该国成为法定货币的当天，与美元相比，其价值甚至下降了10%，此后出现了更严重的下跌。事实上，据《金融时报》报道，萨尔瓦多最大的银行之一报告称，比特币在9月初的日常交易中所占比例不到0.0001%。其他媒体也注意到，自动取款机前排队的人太多，争相将比特币兑换成更值得信任的现金。

有人认为，考虑到政府的补贴和激励措施面向外国的性质，采用比特币作为强制货币似乎更像是一种快速致富的经济刺激策略，而不是系统地改善萨尔瓦多公民生活和财务状况的真正尝试。这是十分危险的，因为还不能确定萨尔瓦多普通公民是否会像精通技术的国际组织一样从中受益，但可以肯定的是，强制使用比特币将导致他们首当其冲地承担风险。

（三）有关加密货币的配套设施

1.建立监管框架

2021年8月27日，萨尔瓦多在其政府公报上公布了《比特币条例》（Bitcoin Law Regulation），该条例将比特币服务提供商定义为：为自己或第三方提供比特币相关服务的自然人或法人，并被用作保管人、加密交易所和支付处理器或钱包。

比特币服务提供商必须注册后才能营业，其注册中心将由中央储备银行（Banco Central de Reserva，BCR）负责创建。在开始运营之前，他们必须向BCR提交申请表、公司章程和股东身份证，且必须在法规生效后20个工作日内提交。

该条例规定比特币服务提供商必须遵守以下行为标准：

◆ 制定符合当地法律和国际惯例的反洗钱计划；

◆ 设计避免客户资产损失、被盗或恶化的程序；

◆ 保存服务提供商的资产、负债和权益记录，以及客户账户和交易记录，还包括后者的索赔或投诉；

◆ 在其网站和申请条款中公布萨尔瓦多金融体系监管局（SSF）联系人，以解决供应商未解决的投诉；

◆ 制订网络安全计划；

◆ 制订物理安全计划和灾难恢复计划；

◆ 制订针对在破产情况下阻止有序清算行为的处置计划；

◆ 根据全面风险管理原则设置的交易限额。

SSF将负责监督《比特币法》下适用于比特币服务提供商的法规。它还规定银行有权（但无义务）向比特币服务提供商提供金融服务或向比特币用户开设账户。

此外，2021年11月21日，加密货币交易所Ifinex宣布启动比特币安全平台，与萨尔瓦多政府合作签署协议，创建数字资产和安全监管框架。

2.发布新的数字钱包应用程序和安装比特币自动取款机

萨尔瓦多推出加密货币作为法定货币时，政府发布了一款新的数字钱包应用程序，将30美元存入每位公民的比特币账户，并在该国安装了200多台新的提款机，建立了仅次于美国和加拿大的第三大加密自动取款机网络。

3.发行比特币支持债券计划和探索加密金融系统

萨尔瓦多发行了首个10亿美元比特币支持债券的计划。2021年9月2日，萨尔瓦多与领先的拉丁美洲资产代币化公司Koibanx签署合作协议，将合作开发区块链基础设施，而该基础设施将基于Algorand区块链进行开发。而之所以选择以Algorand区块链为基础，是因为Algorand针对区块链“不可能三角”[1]做出了针对性的优化。首先，在可扩展性方面，Algorand采用可验证随机函数（VRF）随机选择区块的生产者和验证者，一旦得知被选中，生产者和验证者只需广播一个简短的消息即可证明自己的身份。每产生一个新区块在网络中需要交换的消息不会随着用户数的增大而改变，因此即使用户规模增大，系统仍可保持较高的TPS（每秒处理的交易数）。Algorand的TPS是比特币的125倍。其次，在安全性方面，由于采用了上述的VRF随机选取生产者和验证者，并且选取的过程完全由节点独立完成，因此Algorand网络中的攻击者无法预先得知下一个区块的生产者和验证者，从而也就无法完成攻击。具体来说，生产者和验证者的身份只有

---

〔1〕 指区块链中的安全、可扩展性和去中心化这三个要素无法同时成立。

在他们确定自己被选中并广播对应的证明信息时才会被披露，这时攻击者即使立刻采取各种攻击手段，也无法阻止关于新区块的正确消息在网络中的传播。最后，在去中心化方面，Algorand中每一轮的区块生产者和验证者都是随机选取的，并且加入网络没有任何门槛，因此是完全去中心化的。[1]2021年10月7日，科技创新者在萨尔瓦多组建联盟，以支持比特币的采纳和提供Web3金融服务。

4.加密货币的挖掘

2021年11月21日，萨尔瓦多总统纳伊布·布克尔宣布将建造首座"比特币城"（Bitcoin City），以吸引外资。布克尔称，"比特币城"将利用孔查瓜火山的地热能为能源，为比特币开采提供动力。根据设计方案，整个"比特币城"将被设计成圆形，有机场、住宅区和商业区，还有一个从空中看像比特币符号的中心广场。在该城进行比特币交易时，除增值税外不征收任何税。至于经费来源，萨尔瓦多计划发行世界上首支比特币主权债券，其中的一半资金将被转换为比特币，另一半将用于"比特币城"建造。

5.加密货币的税收

萨尔瓦多2021年采用比特币作为法定货币，这意味着该国免除了比特币的资本利得税。此外，在布克尔总统的规划方案中，萨尔瓦多不对"比特币城"里的比特币交易征收除增值税以外的其他任何税费。征收所得的增值税的一半将用于建设城市，另一半将用于国家服务。

五、古巴

（一）古巴央行承认比特币等加密货币可用于古巴的商业交易和投资

继比特币成萨尔瓦多法币后，古巴也开始了其法币化道路。2021年8

---

〔1〕 参见Haoren：《从突破不可能三角到打造合规化金融公链，盘点迎难而上的Algorand生态》，载搜狐网2021年10月19日，https://www.sohu.com/a/495956896_100105055。

月底，古巴央行（Banco Central de Cuba，BCC）首次宣布承认和监管加密货币的计划。2021年9月16日，BCC发布的2021年第215条决议承认比特币等加密货币法案已生效，这意味着古巴成为第二个将比特币作为法币的国家。加密货币得到BCC认可后，比特币和其他加密货币已经可以在古巴用于商业交易和投资。此外，2021年第215条决议还包含了在古巴运营的加密交易所和其他虚拟资产服务提供商的许可制度条款。[1]

（二）承认比特币法币化的原因

古巴决定与萨尔瓦多一道接受去中心化的加密货币可能是由于美国对古巴的制裁制度。美国的制裁制度在前总统唐纳德·特朗普（Donald Trump）的领导下实施，并在乔·拜登（Joe Biden）总统的领导下延长。在特朗普政府时期，美国和古巴之间的汇款和收款变得极其困难。

受美国制裁措施影响，2020年，在古巴经营了20多年的特别重要的汇款渠道西联银行关闭了其400多个营业点。近年来的新冠疫情使资金进出该国的过程变得更加复杂。在新冠疫情暴发之前，一些古巴人会求助于名为"mulas"的地下半正规的快递服务，由该快递服务机构把现金运到古巴，并分发给岛上的人。但疫情下世界各地的航班停飞，就连获得现金的道路也变得更加困难，海外古巴人开始使用加密货币继续向居住在古巴的家庭成员汇款。

正是在疫情全球大流行和世界经济准入受阻的背景下，对现金的迫切需求促使古巴对加密技术的采用率上升，有一部分人便开始转向了加密货

---

〔1〕 See MacKenzie Sigalos, *Cuba's Central Bank Now Recognizes Cryptocurrencies Such as Bitcoin*, CNBC (27 August 2021), https://www.cnbc.com/2021/08/27/cubas-central-bank-now-recognizes-cryptocurrencies-like-bitcoin.html; Cuba and Cryptocurrency, FREEMAN | LAW, https://freemanlaw.com/cryptocurrency/cuba/; Guerra Gustavo, *Cuba: Central Bank Issues Directive on Cryptocurrency*, *Library of congress* (4 October 2021), https://www.loc.gov/item/global-legal-monitor/2021-10-04/cuba-central-bank-issues-directive-on-cryptocurrency/.

币，而加密技术在古巴的应用促成了资金跨境转移。

（三）古巴对加密货币的监管

由于具有高度波动性的虚拟资产以不受监管的方式在传统银行和金融系统之外使用会给金融和货币稳定带来风险。而且匿名性特征也会使得虚拟资产可能被用于犯罪活动，因此古巴决定加强对虚拟财产的监管。古巴中央银行发布的2021年第215号决议规定了适用于在商业交易中使用虚拟资产（如加密货币）的准则，以及可能向此类资产相关服务提供商发放的许可证。根据该决议，所有加密货币业务都必须获得古巴银行的批准和许可。未经该机构批准，即使是国有企业也无法使用加密货币进行支付和交易。此外，银行等传统金融结构必须设计措施以防止其平台被用于与加密货币相关的交易。

2021年第215号决议将虚拟资产定义为可以数字方式交易或转移并用于支付或投资的数字价值表示。它还将虚拟资产提供商定义为参与某些加密货币交易的任何个人或公司，服务内容包括：

◆ 将虚拟资产交换为法定货币；

◆ 一种或多种虚拟资产之间的交换；

◆ 虚拟资产的转让；

◆ 虚拟资产的保管或管理；

◆ 提供与虚拟资产销售相关的金融服务。

中央银行有权向这类服务的提供者颁发许可证。它还有权发布旨在防止虚拟资产交易被用于资助与洗钱、恐怖主义和大规模杀伤性武器扩散有关的行动的法规。

值得注意的是，该决议规定，古巴政府机构不得在商业、金融或支付交易中使用虚拟资产，除非中央银行授权这样做。另外，虽然该决议并没有明确提到未经授权的用户将面临的惩罚，但其第8条指出：自然人承担因使用虚拟资产和服务提供商在银行和金融系统之外运营虚拟资产而产生的民事和刑事风险和责任，即使这些人之间使用虚拟资产的交易不被禁止。

2022年4月27日，BCC宣布将向虚拟资产服务提供商发放许可证。虚拟资产服务提供者是指，在古巴境内提供虚拟资产和现实资产之间兑换、虚拟资产的托管或管理、发售或销售虚拟资产有关的等服务的自然人或法人。BCC表示，鉴于此类活动的实验性和新颖性，批准的许可证有效期为一年，并可延长一年。

（四）加密货币法币化后的困境

加密货币通常独立于任何中央银行，并使用分布广泛的区块链计算机代码来跟踪转账，其价值可能会大幅波动。另外，由于远程交易可以匿名，加密货币可能被用于逃避政府监管的非法活动。对古巴有着深入研究的专家还表示，古巴人一旦参与到这个生态系统中就面临着很多风险，即使他们通过技术手段可以隐藏自己的位置。同时，许多交易所，包括那些不在美国的交易所，会继续对古巴人进行地理封锁。因此，在古巴大规模采用加密技术还有很长的路要走。

六、阿联酋

阿拉伯联合酋长国（以下简称阿联酋）被认为是世界上最进步的使用加密货币的国家之一。事实上，迪拜国有授权公司KIKLABB支持包括比特币、以太币和泰达币在内的加密货币支付，KIKLABB的客户可以通过加密货币支付签证费和交易许可证费。此外，阿联酋的迪拜金融服务局在2021—2022年的商业计划中，声明将建立“数字资产（令牌证券，虚拟货币等）的监管系统”。[1]

2018年4月，阿联酋出台了《2021年阿联酋区块链战略》，通过该战略，阿联酋试图最大限度地利用区块链技术，在2021年年底前将50%或更多的政府交易转移到区块链平台上，同时成为第一个区块链驱动政府。

2020年，阿联酋中央银行和沙特阿拉伯中央银行发布了为期一年的央行数字货币联合项目的报告，题为《Aber项目：联合数字货币和分布式借记项目》，旨在探索使用单一区域货币进行的国内和跨境结算的可行性。Aber项目的结果肯定了央行通过分布式分类账技术在国内和跨境层面创建支付系统的可行性，这与其他央行类似试点的结果非常相似。

迪拜也在努力扩大加密资产在全国的使用。例如，迪拜多商品中心（DMCC）开设了一个新的加密中心，向开发各种加密和区块链技术的公司开放。具体而言，DMCC在政府的大力支持下，将提供、发行、上市和交易加密资产的公司以及开发区块链式交易平台的公司纳入其中。由于阿拉伯联合酋长国的加密友好政策，许多新成立的和成熟的公司都选择将其总部搬到阿联酋，包括最近的一家美国科技公司Ripple。2019年，阿联酋证券和商品管理局就其有关加密资产的法规文本向业界和公众征求反馈，鼓励更多加密公司进入该国。

过去几年，加密产业在全球范围内蓬勃发展。阿联酋目前被认为是世界上加密货币举措最有希望的国家之一。为了使阿联酋成为新兴领域的世界领导者，阿联酋在早期阶段大胆采用尖端创新，其中一个创新是“区块链和加密货币”。使用加密技术以确保安全的数字或虚拟形式的加密货币，通常在称为区块链的技术上运行。

---

〔1〕 See M. Al Khatem, *Crypto Assets and Regulatory Framework in UAE: An Overview,* HHS LAWYERS (6 June 2021), https://hhslawyers.com/blog/crypto-assets-and-regulatory-framework-in-uae/; Adil Shafi, *Cryptocurrency laws and regulations in UAE*, ASIA BUSINESS LAW JOURNAL (13 July 2018), https://law.asia/uae-cryptocurrency-and-legal-framework/.

尽管世界其他国家还在犹豫不决地拥抱这项技术，但阿联酋政府已经开始在其交易中使用区块链技术。《2021年阿联酋区块链战略》和迪拜区块链战略的出台为区块链技术的推广提供了帮助。阿联酋旨在成为世界上第一个完全放弃纸币交易的政府，并借助区块链技术承担其全部数字交易。

阿联酋政府正在努力创建自己的加密货币Em Cash，它可以作为支付系统的一部分用于支付学费和政府服务。以下将集中讨论有关阿联酋的加密货币法律框架和监管机构。

（一）阿联酋加密货币的法律框架[1]

2020年11月1日，阿联酋证券和商品管理局在联邦层面发布了第23号关于加密货币的规定（Crypto Assets Activities Regulation，CAAR），旨在规范阿联酋境内本土虚拟资产的发售、发行、上市和交易以及相关金融活动，涉及ICO、交易所、平台市场、托管服务和衍生品等服务。CAAR为诸多拟在阿联酋开展加密货币业务的主体提供了相对清晰的标准和要求：（1）加密货币业务提供商必须在阿联酋境内本土或金融自由区注册成立；（2）加密货币服务商必须获得阿联酋证券和商品管理局的批准许可。

同时，阿联酋中央银行也更新了《储值设施监管框架条例》以负责监管如法定货币、稳定币等储值型或支付型代币，这些虚拟货币的种类不在CAAR的监管范围内。

2021年，阿联酋证券和商品管理局在联邦层面发布了第13号规定，建立起了一套加密货币展业批准许可制度，明确阿联酋证券和商品管理局为阿联酋境内本土的加密货币监管部门（不包括两个金融自由区以及阿联酋中央银行监管的业务），负责加密货币活动以及投资服务的许可、监督。同

---

〔1〕 参见：《从迪拜的Web3野望，看阿联酋UAE的Web3监管框架》，载新浪财经网，https://finance.sina.com.cn/blockchain/2023-01-29/doc-imycvhzy7263136.shtml?nm=$(name)。

时阿联酋证券和商品管理局也负责加密货币业务的反洗钱、反恐怖融资的合规。因此，任何想要在阿联酋境内本土从事虚拟资产相关业务的主体，都需要提前获得阿联酋证券和商品管理局的初步批准许可，才能在阿联酋开展业务。

在阿联酋证券和商品管理局初步建立联邦层面的加密货币监管框架基础上，阿联酋联内阁于2022年12月12日发布了2022年第111号有关规范虚拟资产和服务提供商的内阁决议，并于2023年1月14日生效。该决议通过为虚拟资产活动建立许可制度规范虚拟资产活动和服务提供商的活动，以加强阿联酋对于加密货币的监管框架，保护消费者。此外，还确保虚拟资产服务提供商在阿联酋境内符合反洗钱/反恐怖融资的法律法规。

内阁决议从联邦立法层面进一步完善了阿联酋证券和商品管理局对于加密货币的规定，适用于整个阿联酋联邦位于境内本土或经济自由区运营的加密货币实体。但位于阿布扎比全球市场和迪拜国际金融中心两个金融自由区的实体，受阿联酋证券和商品管理局监管的数字证券以及商品实体，以及受阿联酋中央银行监管的储值及支付型代币（如稳定币）业务实体不受内阁决议的监管。

内阁决议明确阿联酋证券和商品管理局或特定酋长国金融监管机构为内阁决议的主要的司法行政机构，任何实体从事与加密货币相关的活动，都必须获得它们的批准和许可，包括但不限于加密货币交易所、加密货币经纪商、加密货币资产托管商等。如不遵守该项规定将招致严厉的制裁，如高达1000万迪拉姆（阿联酋货币，约270万美元）的罚款，利润罚没，甚至刑事调查。内阁决议将通过其行政司法机构进一步发布实施法规或指导文件以细化监管。

（二）阿联酋加密货币监管机构总述

阿联酋金融监管机构可分为两个区域：本土和金融自由区。如果加密货币被认为是商品或证券，则属于阿联酋证券和商品管理局的管辖范围，而如果被认为是迪拉姆或美元等货币，则由阿联酋中央银行负责。金融自由区包括阿布扎比全球市场和迪拜国际金融中心。金融自由区的活动由各自的监管机构管理，如迪拜国际金融中心的迪拜金融服务管理局和阿布扎比全球市场的监管机构金融服务管理局，他们将对加密货币如何进行分类和监管拥有完全的控制权。

1.迪拜金融服务管理局

2021年3月29日，迪拜金融服务管理局以咨询文件（咨询文件第138号）的形式发布了监管证券代币的框架，以征求公众意见。根据迪拜金融服务管理局首席执行官的建议，对证券代币进行监管是发行人利用分布式账本技术和类似技术在阿布扎比全球市场内外筹集资金，然后通过开展或提供金融服务为参与市场的企业建立清晰可预见的路径的重要步骤。

2021年10月25日，迪拜金融服务管理局推出了投资代币监管框架。该框架反映了2021年3月发布的第138号咨询文件中概述的建议，并构成了迪拜金融服务管理局数字资产制度的第一阶段。监管框架将投资代币定义为证券代币或衍生代币。本质上，这些是使用分布式账本技术或其他类似技术发行、转让和存储的权利和义务的加密安全数字表示形式的证券或衍生品；或者使用分布式账本技术或其他类似技术发行、转让和存储的权利和义务的加密安全数字表示，并且：（1）授予本质上与证券或衍生品授予的权利和义务相似的权利和义务；（2）与证券或衍生品具有实质上相似的目的或效果。投资代币监管框架适用于有兴趣在迪拜国际金融中心内营销、发行、交易或持有投资代币的人士，以及希望提供与投资代币相关的金融服务的授权公司，例如，交易、提供建议，或安排与投资代币相关的交易，或管理投资于投资代币的全权委托投资组合或集体投资基金。

可以认为，迪拜金融服务管理局正在继续努力建立与加密货币有关的一贯框架和法规，可以预期在不久的将来会看到这样的监管框架。

2.金融服务管理局

作为阿布扎比全球市场的金融监管机构，金融服务管理局已成为阿联酋首个就开展加密货币活动发布全面指导和条例的监管机构。根据2015年《金融服务与市场条例》，金融服务管理局于2018年首次发布了《加密资产活动监管指南》，并对其进行了多次修订。它创建了阿布扎比全球市场中的金融服务立法和监管框架。2020年2月24日，金融服务管理局发布了最新的阿布扎比全球市场虚拟资产活动监管指南，其中“加密资产”一词已更名为“虚拟资产”。该指南的主要重点是金融管理局对虚拟资产的监管处理，以及可在区域金融管理局内就虚拟资产开展的金融服务活动。

金融服务管理局在《金融服务与市场条例》中定义了虚拟资产：“虚拟资产”是指可以数字化交易的价值数字化表示，充当交易媒介、记账单位或有价证券，但不具有法定货币地位；同时虚拟资产：（1）不受任何司法管辖区签发或担保，且仅通过虚拟资产用户之间的协议执行上述操作；（2）不同于法定货币（政府发行的货币）和电子货币。

根据该指南，金融服务管理局将在个案基础上确定拟议的货币代币是一种证券还是一种商品。如果金融服务管理局发现代币是前者，ICO将受到《金融服务和市场条例》的约束，但如果代币是后者，ICO将不受监管。此外，金融服务管理局于2018年6月25日发布的法规引入了“运营加密资产业务”并将其纳入监管范畴，这里的“运营加密资产业务”包括加密资产交易所的运营，但不包括ICO。

指南中总结了有关虚拟资产的监管方法：市场中介机构，如经纪人、托管人、资产管理人等，在交易或管理虚拟资产之前，必须经过金融服务管理局的许可和批准，以及使用虚拟资产的多边贸易设施。只有被接受为虚拟资产的活动才会被允许。

指南中关于虚拟资产监管的理由和目标为：

1.与政府创造和发行、银行存储和转让的法定货币不同，虚拟资产可以使用户在不需要第三方的情况下创造、存储和转让虚拟资产。这反过来又在全球范围内为监管机构制造了一套挑战，在没有监管实体控制虚拟资产的创建和使用的情况下，该系统对金融犯罪和其他风险是开放的。

2.虚拟资产框架有效地解决了虚拟资产交易所带来的关键风险。目前对反洗钱和打击金融恐怖主义风险的监管不足以减轻其他相关风险。在全球范围内越来越多地采用虚拟资产作为金融交易的情况下，影响金融业稳定的潜在风险显著增加。现行的金融安全措施须确保用户在遭受损失或被盗的情况下能够收回其虚拟资产。

3.金融服务管理局处理了消费者保护、技术治理、市场滥用、披露/透明度以及利用虚拟资产监管多边贸易设施等问题，其方式与全球安全交易所采取的监管办法类似。对于希望利用ICO筹集资金，以及从事虚拟代币相关金融服务活动的人均须遵守《金融服务与市场条例》。金融服务管理局负责批准从事证券代币投资的市场运营商、市场中介机构和投资交易所。

3.阿联酋证券及商品管理局

阿联酋证券和商品管理局负责制定并实施针对证券和商品市场的相关法律、规则和准则，以确保市场运作的合规和公平，同时也负责监督经纪人、交易所、投资咨询公司、证券公司和其他相关机构的运作，促进市场的透明度和规范化。2020年年底，阿联酋证券和商品管理局终于发布了一个期待已久的监管框架，即《监管局董事会主席关于加密资产监管的2020年第21/R.M号决定》。该决定旨在为希望在阿联酋境内提供加密资产服务的任何提供商建立一个明确的许可制度，这包括基于或利用加密资产的初始通证发行、交易所、市场、众筹平台、托管服务和相关金融服务，以此规范加密资产在国家的发行、上市和交易，以及相关的金融活动。

该决定适用范围包括：

◆ 该州任何提供、发行或推广加密资产的人；

◆ 在本国提供加密托管服务和/或经营加密筹资平台和/或加密资产交换的人；

◆ 任何人在国家从事与加密资产有关的其他金融业务。

但是，它将下列内容排除在其权限之外：

◆ 政府和/或公共事业发行的加密资产；

◆ 一种货币、加密货币、数字货币、存储价值单位，或通过中央银行许可、批准和授权的系统发行的任何其他支付单位；

◆ 证券以非物质化形式持有，不作为加密资产发行。

根据阿联酋证券和商品管理局规定，加密交易所的经营者若要获得阿联酋证券和商品管理局许可证，经营者必须遵循最佳的市场惯例，包括：

◆ 示范弹性技术体系的提供；

◆ 运用稳健的市场监督机制；

◆ 实施客户甄别程序；

◆ 运用有效的政策防止内幕交易和市场滥用。

此外，该决定指出，希望提供加密资产服务（或任何相关服务）的提供商必须在阿联酋境内或在阿联酋的金融自由区之一（即迪拜国际金融中心或阿布扎比全球市场）内注册成立，同时必须获得阿联酋证券和商品管理局的许可。作为流程的一部分，申请人必须证明他们将会严格遵守阿联酋的反洗钱和反恐怖融资法律、网络安全合规标准和数据保护法规。

4.阿联酋中央银行

由于技术的发展，最近在2020年9月30日，阿联酋中央银行发布了修订后的《储值设施监管框架条例》。它旨在建立加密资产的监管框架，将加密资产定义为“通过密码保护并可能通过分布式分类账系统以电子方式传输、存储或交换的价值或合同权利的数字表示”。阿联酋中央银行发表声明称，截至目前，阿联酋中央银行不承认（或确认）加密资产或虚拟资产在阿拉伯联合酋长国是合法货币，其只能作为高风险投资资产使用。

（三）有关加密货币的税收规定

2023年6月，迪拜金融服务管理局宣布了监管加密货币和其他数字资产的举措，规范加密资产的发行和交易，其中包含税收框架。根据新规定，出于税收目的，加密货币被视为应税资产，迪拜的加密货币投资者将被征收资本利得税，这意味着投资者需为出售数字资产的利润缴纳税款，但是目前税率尚未确定。[1]

（四）有关加密货币犯罪的规定

1.诈骗罪

为保护人们免受网上诈骗，阿联酋加大了对加密货币诈骗犯罪的处罚力度，在阿联酋宣传在线加密货币骗局的欺诈者现在可能面临五年的监禁和高达272，000美元的罚款。

2.洗钱罪和恐怖主义融资罪

阿联酋的关于打击洗钱和恐怖主义融资的法律是2018年第（20）号联邦法令，即《反洗钱及打击资助恐怖主义和非法组织（AML/CFT）联邦法令法》。该法律适用于阿联酋所有酋长国的数字交易，要求阿联酋的金融机构实施反洗钱报告、记录保存和筛选措施。由于该法律将资金定义为任何以数字或电子形式存在的资产，因而加密资产属于阿联酋反洗钱制度的适用对象。根据该法律规定，有四个监管机构负责监督阿联酋的AML/CFT框架：阿联酋中央银行、阿联酋证券和商品管理局、迪拜金融服务管理局和金融服务管理局。

尽管出台了相关立法，阿拉伯联合酋长国仍于2022年被列入金融行动特别工作组灰名单。金融行动特别工作组指出阿联酋的AML/CFT框架存

---

〔1〕 参见《迪拜加密货币征税现状及趋势分析》，载币界网2023年6月12日，https://www.528btc.com/news/11688723.html。

在缺陷，包括受益不佳所有权控制和持续未能解决恐怖主义融资问题。作为对金融行动特别工作组关注的回应，阿联酋已将AML/CFT规则扩展到指定的非金融企业和专业。

七、瑞士

瑞士联邦委员会认为，区块链等金融科技的发展将为金融等各行业创新和效率的提升带来巨大潜力，因此希望通过创造最佳的框架条件，以便瑞士能够在金融科技方面处于领先地位。2015年年底，瑞士金融市场监管局设立金融科技服务台（Fintech Desk），目的是向公众解决金融科技的法律适用问题。2017年2月，联邦委员会启动了关于金融科技领域银行法律修订的磋商，并于2017年7月通过了修正案，重点规定了企业可在限定金额内创立监管“沙盒”。2018年12月16日，基于区块链技术对瑞士现有金融监管体制带来冲击、现有区块链金融监管需要进一步推进等原因，瑞士联邦委员会发布《瑞士分布式账本技术和区块链的法律框架：以金融部门为重点视角》（以下简称《区块链法律框架》），主要对加密资产以及区块链金融基础设施的法律适用与法律修订问题进行了详细说明。以下就以《区块链法律框架》为基础，阐明瑞士对于加密资产的监管情况。[1]

（一）瑞士对加密资产的分类监管

1.证券型代币监管

联邦委员会将证券型代币称为资产型代币（asset token），其代表股票、债券或金融衍生工具等金融资产。需要注意的是，瑞士民法与证券法律体系中存在三种有价证券，资产型代币是否属于有价证券要视具体

〔1〕 参见柯达：《加密资产分类监管研究——以英国、瑞士、新加坡三国为例》，载《证券法律评论》2019年第1期。

情况而定:(1)证书证券(certificated decurity),即附带权利的实体工具,如股票、汇票、支票等。联邦委员会认为,证券法中的证书证券必须是包含或映射权利的有形实体,因此代币不属于证书证券。(2)无证书证券(uncerificated security),该证券同样可表示特定的权利,但发行人仅将相关权利信息记载于内部登记册,因此不具有对抗第三人的效力。联邦委员会认为,目前流通中的大量资产型代币可以归类为无证书证券。(3)中介化证券(intermediated security),即由托管人对客户的证书证券或无证书证券贷记一个或多个证券账户后产生的可替代性权利。联邦委员会认为,由于《中介化证券法》中需要有单一托管人维护主登记册的要求与去中心化代币运行方式相冲突,因此仅由中心化主体发行与维护的资产型代币符合中介化证券的定义,去中心化的资产型代币不属于中介化证券。

资产型代币的发行与交易涉及瑞士多个金融法律的适用问题。首先,资产型代币涉及的金融服务和金融机构,均要受到于2020年生效的《金融服务法》与《金融机构法》的约束。根据《金融服务法》的规定,如资产型代币属于资本证券、债务工具、集合投资计划单位等金融工具,则代币发行人、客户顾问等相关服务提供商需要受到该法的约束。其次,如果发行与交易资产代币的主体属于《金融机构法》中规定的投资组合经理、受托人、集合资产经理、基金管理公司和证券公司,则需要受到《金融机构法》的调整。再次,将资产型代币等加密资产纳入集合投资计划投资范围的问题涉及《集合投资计划法》。《集合投资计划法》所指的集合投资计划是为了集合投资目的而向投资者募集的资产,这些资产存储于投资者的账户并由第三人进行管理。该法将集合投资计划分为证券基金、其他传统型投资基金、其他另类投资基金、房地产基金。联邦委员会认为,在法律规定的四种基金中,只有“其他另类投资基金”适用于资产型代币,该基金不仅可以投资传统领域,如证券、贵金属、房地产、衍生品,还可投资于“其他资产和权利”,这为集合投资计划将资金投资于资产型代币和其他加密资产创造了空间。最后，联邦委员会认为，资产型代币所涉金融市场基础设施须受到《金融市场基础设施法》的约束。该法涵盖了证券交易所、多边交易设施和有组织交易设施三类交易机构的设立、交易对象、机构义务等规定，组织资产型代币交易的平台须经监管部门的批准才可设立，而为交易双方提供信息服务的去中心化交易平台、交易支付型与实用型代币的非证券交易平台则不需要批准即可设立。

2.支付型代币监管

瑞士联邦委员会将支付型代币定义为“被设计为支付工具、通常不产生对特定发行人请求权”的加密货币。联邦委员会目前对支付型代币的资产属性尚无法确定，原因为：首先，支付型代币在民法上属于无形资产，其不适用于物权法与债权法相关的转让规则。目前《瑞士民法典》仅对无形资产中的知识产权与数据权客体进行了规定，对支付型代币没有进行任何约束。其次，联邦委员会目前无法断定支付型代币是否属于“广义上的货币”，支付型代币是否属于广义上的货币，取决于其履行货币职能的实际情况。联邦委员会曾于2014年在加密货币报告中认定，虽然比特币履行了一定的货币职能，但由于其价格具有高波动性，其无法作为有效的货币支付工具。

但是，由于支付型代币涉及“吸收公众存款”这一银行业务，瑞士联邦委员会认为其应受到《银行和储蓄银行法》的约束：如相关主体经营加密资产的存款业务，需要向瑞士金融市场监管局申请授权。根据《银行和储蓄银行法》的规定，仅有银行以及在“金融科技授权”范围内的主体才有资格提供吸收公共存款的专业服务。联邦委员会认为，接受比特币作为债务的业务在一定条件下构成公共存款，具体而言：（1）在没有交易商或托管人介入的情况下，客户无法处分比特币；（2）交易商或托管人负有偿还义务；（3）如果交易商或托管人破产，其接受的比特币将包含在破产财产中；（4）如果加密货币被保留在区块链上，并且可以在任何时候均归属于个人客户，那么这些资产不被视为存款。另外，如支付型代币属于取得财产或使用服务的对价资金、债券、结算账户中的贷方余额、进入支付工具或支付系统的资金以及银行法监管“沙箱”中的存款，则不受银行法的约束。在2019年1月1日新修订的《银行和储蓄银行法》生效后，新设立的“金融科技授权”使相关企业有权接受高达1亿瑞士法郎的公共存款，存款的范围包括传统法定货币和支付型代币；与此同时，拥有金融科技授权的企业也可以保管并持有客户的资产型代币，而无须额外申请证券交易商或证券公司的主体资格。

3.实用型代币监管

瑞士联邦委员会认为，实用型代币代表通过区块链数字设施提供的应用程序或服务，如音乐会门票或商店优惠券。由于实用型代币“与资本市场没有联系”，其无法被视作瑞士证券法律意义上的证券。另外，如果实用型代币可被用作交易媒介，则其同样需要被认定为支付型代币，从而接受银行法律的约束。因此，在瑞士金融监管体系中，如实用型代币不具有证券与支付工具的属性，则不需要接受金融监管部门的监管。

区块链金融监管立场须考虑本国行业发展实际。瑞士联邦委员会曾多次提到，区块链技术具有较大的发展前景，完善加密资产法律是为了能在将来的行业竞争中处于领先地位，同时维护本国的行业与监管声誉。金融业作为瑞士的重要产业乃至支柱产业，监管者自然希望大量的金融科技或区块链公司将营业场所设立在该国境内，在法律中单独设立监管“沙盒”或者新的监管授权以放宽监管要求在所难免。同时，瑞士央行认为没有必要发行法定数字货币，因为法定数字货币所依赖的区块链技术在目前仍不成熟，可能会给金融稳定带来不可估量的风险。

（二）有关加密资产的税收

在瑞士，加密货币交易被确认为一种支付手段，而不是提供服务或货物的业务，因此瑞士联邦税务局对其免征增值税，加密货币被视为外币并须缴纳财富税。瑞士为加密货币的流通提供了最有利的法律。瑞士加密货币交易所（ECUREX GmbH）是全球首个完全符合《瑞士银行法》监管要求的加密货币信托货币交换平台。2018年2月16日，瑞士金融市场监管局发布了ICOS监管处理指南，补充了其自2017年9月起的早期监管指南。瑞士金融市场监管局指出，由于每个ICO都是以不同的方式设计的，因此必须根据具体情况决定这些金融法规的适用。在ICO中，瑞士金融市场监管局区分支付代币（加密货币）、效用代币和资产代币进行不同的监管。

（三）有关加密资产的交易、清算与结算及其相关业务

加密资产的交易、清算与结算以及基于区块链技术运营的金融市场基础设施的运行涉及《金融市场基础设施法》。首先，在交易机构方面，组织资产型代币交易的平台需要获得瑞士金融市场监管局授权，纯粹为交易双方提供信息服务的分布式点对点交易平台、交易支付型与实用型代币的非证券交易平台则不需要授权。其次，在支付系统方面，使用支付型代币的支付系统可以被视为FMIA意义上的支付系统，不论该系统属于集中式还是分布式结算，这些支付系统必须满足有关组织机构、最低资本以及信息披露的一系列要求。最后，在清算与结算系统方面，依据统一规则和程序、通过智能合约存管、清算与结算资产型代币的主体也应归类为FMIA意义上的证券清算与结算系统，因此需要得到瑞士金融市场监管局的授权。目前，区块链应用中涉及《金融机构法》的产品仅为加密资产。《金融机构法》为投资组合经理、受托人、集合资产经理、基金管理公司和证券公司统一制定了准入监管制度。在特定情况下，发行与交易加密资产的主体可能符合前述金融机构的定性，从而受到《金融机构法》的规制。瑞士联邦委员会认为，现有法律已足够调整加密资产发行与交易主体，因此不需要在该法中加入加密资产的规定。

总的来看，瑞士发行代币无需专门牌照，但企业发行代币应获瑞士金融市场监管局批准。2018年2月，瑞士金融市场监管局发布ICO指导意见，按经济功能和用途将代币分为支付型代币、实用型代币和资产型代币，据此开展分类监管。瑞士希望成为加密资产之国，打造繁荣的ICO市场，并创建了ICO工作小组，希望增强合法的可能性，保持金融中心的完整，同时确保技术中立的监管。

八、俄罗斯

俄罗斯中央银行与联邦安全局于2020年2月达成协议，禁止在俄罗斯境内使用加密资产作为支付手段。2020年7月，俄罗斯国家杜马（议会下院）通过《数字金融资产法》，允许从2021年起在俄罗斯进行数字金融资产交易，但仍禁止在俄罗斯境内将加密资产作为支付手段。它将加密货币和代币定义为数字金融资产，只允许通过已获授权的加密货币交换运营商进行交易，并为ICO建立Know-Your-Customer（KYC）规则。〔1〕

2021年6月，俄罗斯中央银行将使用加密货币的风险评估纳入2021年下半年调研计划，以评估个人和法人实体与加密资产投资相关的系统性风险。7月，俄罗斯中央银行出台新规，要求证券交易所不得将加密资产相关产品出售给不合格的投资者。8月，俄罗斯联邦金融监测局招标开发跟踪加密资产活动的平台，其目标之一是建立一个与非法活动和恐怖融资相关的加密资产钱包数据库。此外，俄罗斯多个部委、监管机构和执法机构制定了加密货币路线图，目标在于规范（而不是禁止）俄罗斯的加密业务。

俄罗斯立法者试图将数字金融资产定位为普通财产，认为数字金融资

---

〔1〕 此部分主要参见王浩杰、彭银珍：《俄罗斯政府特许经营项目投资机遇分析》，载《海外投资与出口信贷》2021年第5期；张建文：《如何规制数字金融资产：加密货币与智能契约——俄罗斯联邦〈数字金融资产法〉草案评述》，载《上海政法学院学报（法治论丛）》2018年第5期；吴沈括、王奕媛：《数字资产监管与俄罗斯2018年〈数字资产联邦监管法〉草案》》，载《互联网天地》2018年第2期。

产既不是本国货币，也不是外汇，不属于法定支付手段。《数字金融资产法》也明确规定，数字金融资产虽然属于财产，但并不是法定的支付手段，这意味着代币可以兑换为其他财产、任何商品，但不得用于支付工资、支付税款等。因此，盗窃数字货币可被定为刑事犯罪。代币的发行具有准有价证券发行的特点，同时特别注意保护非合格投资者的利益；对于数字金融资产的流通问题，特别是兑换为本国货币、外币以及其他加密货币或者代币等，引入了“数字金融资产交易业者”的制度。不过，俄罗斯国家杜马能源委员会主席帕维尔·扎瓦尔尼（Pavel Zavalny）在2022年3月24日的新闻发布会上表示，俄罗斯愿意接受比特币作为其自然资源出口的支付方式。Zavalny解释，俄罗斯对其出口商品接受不同的货币支付持开放态度，从天然气开始，这取决于买方首选的付款方式。然而，条款将取决于进口国与俄罗斯的外交关系状况，俄罗斯可以用本国货币或比特币与“友好”国家进行贸易。“如果他们想要用比特币，我们就会进行比特币交易。”

由于目前俄罗斯对加密货币监管适用的是《数字金融资产法》，因此以下就围绕该法律介绍俄罗斯有关加密货币的监管规定。

（一）数字金融资产的定义

《数字金融资产法》中所规定的数字金融资产，是指“使用加密设备创设的电子形式的财产”，包括加密货币和代币两种财产。其中，加密货币是指由登记簿的参加者依照数字交易登记簿办理规则，在分布式数字交易登记簿中创设和登记的一种数字金融资产。代币是指由法人或者个体经营者（发行人）为了融资而发行的，并在数字交易登记簿中登记的一种数字金融资产，其目的是为吸引投资。根据法案，数字金融资产可以被作为抵押物、买卖对象，可以用一种数字金融资产交换另一种数字金融资产，或者交换另一种数字金融资产的数字权利，包括货币索取权、证券权利、要求转让证券的权利、参与非上市股份公司资本的权利。但法案明确规定，“数字金融资产不是俄罗斯联邦境内的法定支付手段”，这意味着加密货币以及代币在法律性质上属于财产，在特定领域可以用作支付手段，但并非法律规定的法定支付手段。

俄罗斯立法者试图以所有权和登记簿制度来规制数字金融资产，认为“对该财产的所有权通过将数字登记载入数字交易登记簿的方式予以证明”。所谓的数字交易，是指“意在创设、发行、流通数字金融资产的行为或系列行为”。数字交易要在数字交易登记簿中登记，数字交易登记簿意味着“在特定时点形成的数字登记的体系化数据库”，数字登记即“关于在数字交易登记簿中记载的数字金融资产信息”。

与数字交易紧密相关的概念是智能契约：“其权利和债之履行通过以自动程序在分布式数字交易登记簿中按照该合同规定的严格顺序和在其规定的情势到来时实施数字交易而实现的电子形式的合同”。智能契约的本质仍然为合同之一种，其特殊性不在于其是电子形式的合同，而在于其权利行使和债之履行的特殊方式，即通过在分布式数字交易登记簿中实施数字交易而实现。

（二）数字金融资产的发行和流通

1.数字金融资产的发行

在俄罗斯，所有加密数字货币的流转（包括币币交易、法币兑换）及数字钱包密钥均须由合法设立的加密数字货币交易所管理。《数字金融资产法》规定了实施将代币兑换为卢布或者外汇交易的可能性。在此情况下，其他数字金融资产的可兑换性，以及实施此类交易的程序和条件，将由俄罗斯银行与俄罗斯联邦政府协商后规定。根据该法，代币的发行程序由以下两个阶段构成：第一阶段，即公开要约阶段。代币发行者在信息网络上披露其所发行代币面向收购者的要约、投资备忘录及其他代币发行的必要文件。第二阶段，即缔结合同阶段。包括以智能契约方式缔结旨在转让代币以及其购买人支付代币价款的合同。

需要注意的是，代币发行者在信息网络上披露的公开报价中应包含以下信息：发行者以及购买者信息；验证者信息；存管者信息；代币所有者应享有的权利及其行使方式；代币购买价格或确定代币购买价格的程序；代币购买协议的生效日期；购买者接受代币公开报价的程序，包括作出回应的时限及付款方式；对“不符合《证券市场法》中对主体资格规定的投资者在购买代币时，每单限额为5万卢布”的标示；数字交易登记册维护规则；数字钱包操作程序信息及数字交易注册表接入方式信息；发行者特别列出的其他信息等。此外，代币发行的公开报价应当由法定代表人签字；如果代币账户由发行者持有，则发行者有义务向存管者提交一份代币发行公开报价的投资备忘录复制件等。而在发行者向存管者提交的投资备忘录中应当记录以下信息：发行者信息，发行者股东信息、发行者管理主体的结构及其权限，发行代币的主要目的以及发行代币所获资金的使用方向。若代币的发行以资助某一项目为目的，则须提供所涉项目描述，包括商业计划和项目执行条款；发行者认为应当在投资备忘录中注明的其他信息等。此外，投资备忘录应当由法定代表人签字，确认投资备忘录中信息可靠完整。

2.数字金融资产的流通

《数字金融资产法》对数字金融资产流通的形式和主体资格作出了规定。一方面，对于数字金融资产流通的形式，《数字金融资产法》中规定数字金融资产的持有者有权通过数字金融资产交易所进行不同种数字金融资产之间及数字金融资产与卢布或者其他外币之间的交易。同时，所有交易都应当遵守《数字金融资产组织交易规则》，并且于俄罗斯联邦中央银行办理登记手续。另一方面，对于数字金融资产流通的主体资格，《数字金融资产法》规定不符合《证券市场法》主体资格要求的投资者所作出的交易只能通过拥有数字钱包的数字金融资产交易所开设的特殊账户进行，且只能进行转让或注销金融资产的操作。

总体来看,《数字金融资产法》对于加密数字货币投资市场的监管思路基本与股票证券市场如出一辙:以类似证券交易所的加密数字货币交易所为中心,建立一整套加密数字货币发行、交易、兑换的规则体系,建立加密数字货币发行者的准入标准和行为规范,抬高非专业投资者的投资门槛,利用政策和市场规则引导投资行为向专业投资者集中。该法案通过建立以交易所为中心的规范体系、抬高投资者准入门槛的方式,将结构性风险降至最低,并巧妙地借鉴股票证券市场的监管方式降低了监管成本。此外,《数字金融资产法》一大引人注目的地方,便是设定了单项目投资金额的门槛,对于非专业投资者而言,50,000卢布(约900美金)的单项目投资金额上限明显无法满足现阶段的投资者需求,在合规的前提下,非专业投资者实现加密数字货币投资效益最大化的路径,便是专业投资者,尤其是发展潜力巨大的加密数字货币基金。与非专业投资者这类“散户”相比,加密数字货币基金往往拥有大规模的数字资产、优渥的人脉和行业资源、专业的投资分析和交易执行能力,并能够利用掌握的资源和专业能力,解决加密数字货币投资所面临的来自税务筹划、合规审计、准入门槛、投资范围、交易资格等方面的问题。以加密数字货币基金等专业投资者为引流对象,建立“去散户、存基金”的加密数字货币投资格局,在符合监管要求和降低金融风险的情况下实现投资者、ICO发起者、监管者多方的利益需求,无疑将成为未来监管格局的核心方向。

(三)数字金融资产信息系统运营商的活动要求

《数字金融资产法》从第5条至第9条,分别从数字金融资产信息系统运营商的人员资格要求、相关活动要求、运行信息系统规则的统一程序以及运营商应承担的责任四个方面,对发布数字金融资产的信息系统运营商规定了特殊的法律地位。只有俄罗斯银行列入相关登记册进行注册过的俄罗斯法律实体才可成为发行数字金融资产的信息系统运营商。数字金融资产发行信息系统运营商的相关运营人员教育水平和领导经验也必须符合一定条件，要求其至少有一年的高等教育经历或工作经验。此外，信息系统运营商还必须遵守俄罗斯银行批准的信息系统规则。

该法同时还明确了两类运营商尤其在进行信息安全内部控制系统中提供的服务等方面的责任。信息系统运营商的活动受到俄罗斯中央银行的监督。如果信息系统运营商未能履行其义务或遵守要求，可能被俄罗斯中央银行从登记册中除名。

（四）数字金融资产交易所运营商的资格要求

《数字金融资产法》将数字金融资产交易所定义为“依据（俄罗斯）联邦法律设立的、实现数字交易的法人实体”。其交易行为须依照俄罗斯联邦相关法律进行，交易类型限于俄罗斯《证券市场法》第三章至第五章中所规定的交易类型，或者符合俄罗斯《组织交易法》中对交易类型的规定。数字金融资产交易所运营商若要开展中介活动与相关证券活动必须基于证券交易系统许可证在商品市场和金融市场进行有组织的交易服务。同时发行数字金融资产的信息系统运营商有权向俄罗斯银行提出申请，要求将其从信息系统运营商登记册中删除，但须由在相关信息系统中发行数字金融资产的人向所有数字金融资产持有者充分履行义务。

数字金融资产交易所运营商与加密交易所类似，可以为俄罗斯居民提供在区块链平台上发布特定类型的数字金融资产服务，也可以出售或购买数字货币。俄罗斯居民购买的数字资产存储在数字金融资产交易所运营商的区块链地址；在数字金融资产运营商运营的信息系统中，该资产将反映在俄罗斯居民的账户中。

（五）数字货币制度的引入

《数字金融资产法》引入了数字货币概念，将其定义为：在符合非集中化信息系统特征的信息系统中创建的、并由该系统的使用者进行支付而使用的、并非证明对任何民事权利客体权利的电子数据总和(数字密码或者标符)。数字货币作为一项资产,与法币(卢布)相区分。在俄罗斯联邦境内实施各种支付、划账、存款和汇款时不得强制接受数字货币,但在法律规定的条件下,数字货币可以由自然人和法人作为支付手段使用。

通过以上对《数字金融资产法》内容的梳理,可以发现,俄罗斯政府主要采取国家主导模式推动数字经济发展,即通过俄罗斯央行对信息系统运营商进行监管。但在数字金融资产流动过程中仍需依靠更多的技术创新支撑。因此,俄罗斯对于在区块链技术中运行的监管较为不足,难以构建链上与链下技术协同运行治理的体系。

九、中国香港

香港作为国际金融中心,对于金融领域的创新一直秉持开放、兼容的态度。对于数字货币、NFT等虚拟资产[1],香港始终保持着高度关注。但即便如此,香港监管层对于虚拟资产从关注到接纳再到完善监管,前后也历经了近十年的观望、规范及制度建设的过程。香港的虚拟资产交易、投资的规则、制度及监管,主要由香港证监会主导。此外,香港财库局、香港金融管理局(金管局)等依据其各自职能对虚拟资产进行反洗钱监管及政策制定。

(一)加密货币的监管状况[2]

1.首次代币发行(ICOs)

香港监管机构普遍认为,比特币和以太币等加密货币在香港是不受监

---

〔1〕 以下叙述中,"加密货币"和"虚拟资产"两个术语互换使用。

〔2〕 本部分内容参见张美慧:《境外市场证券法视野下的代币发行监管——基于美国、新加坡、澳大利亚和中国香港地区的监管实践》,载《财经法学》2019年第3期;赵志东、蔡佳雯:《一文解读香港虚拟资产监管政策的变迁》,载搜狐网,https://news.sohu.com/a/660992345_104036。

管的“虚拟商品”。然而，2017年9月，香港证监会发布了《有关首次代币发行的声明》，开始对以ICO来募集资金的活动热潮进行监管。其监管思路为：在允许合法地发行代币的大前提下，将其中具备证券本质的代币纳入了现有的证券法律和监管体系。若某种代币具备了该国（地区）法定的“证券”属性，发起人必须完成证券发行的注册程序后才可以公开发行代币。发起ICO融资项目的信息披露要求和法定豁免条件与公开发行证券相同。否则，擅自发起ICO可能构成证券欺诈，发起人将承担行政、民事和刑事责任。

可见，通过ICO发行的代币可能被归类为中国香港《证券及期货条例》下的“证券”。根据代币的具体权益结构，又可以将它们进一步类型化为股份（share）、债券（debenture）或集合投资计划份额（interest in a collective investment schemes），以具体适用相应的法律。《有关首次代币发行的声明》列明了这三种证券类型的判断方法：若ICO中发售的数字代币持有人可获股息分红、公司清算时剩余资产的分配等股东权利的，该代币将被认定为“股份”而非“虚拟商品”；若代币发行人可于指定日期或赎回时向代币持有人偿还投资本金和支付利息的，则该代币的用途实质上是订立或确认由发行人借取的债务或债项，此种代币可被认定为债券，代币投资人所持有的凭证类似于“债权证”；若代币持有人所得的回报，是由ICO计划营办者通过集体管理并投资于不同项目的所得收益，则此种数字代币类似于“集体投资计划”的权益。

如果某种代币被识别为这三种证券类型中的一种，则其发行、交易、推介代币的行为都必须遵守《证券及期货条例》的规定。

（1）股份

在普通法系国家（地区）的公司法中，“股份”也即“公司股本中的份额”，是持有人（股东）对公司享有的权利的凭证，股东有权对公司重大事宜投票、获得分红，有权自由地转让股份。中国香港的证券监管机构指出，即使发起人向公众发行的代币没有冠以“股份”之名，但赋予投资者以投票权和分红权等普通股股东拥有的权利，则这种代币在很大程度上可能构成股份。监管机构对此采取实质性判断。这意味着发行代币的ICO也有可能构成实质上的“首次公开发行股份”（IPO），发起人必须遵守证券发行的注册程序，定期进行信息披露。除非符合法定豁免资格，公司在公开发行股份前必须发布招股说明书，经历外部审计，完成注册手续，否则将构成严重违法。

（2）债券

香港特区政府已经明确，发行代币化的金融产品（至少在债券发行方面）并不与现有的金融监管体系相冲突。一方面，现行监管框架并不反对以代币化的形式发行金融产品。香港特区《借款条例》（第61章）明确规定了发行债券的形式：“可以用非可阅的形式记录（不论是以计算机或其他方式记录），但能够以可阅形式复制出示的资料或数据。”区块链技术的实质是计算机化的记账账本，且能够以可阅形式复制，属于法律规定的范围。另一方面，香港《证券及期货条例》和《公司条例》没有明确规定“债权证”必须采用何种固定的形式，因此数字化债券可被视为《公司条例》下的“债权证”。

（3）集合投资计划的单位份额

集合投资计划是募集多个投资者的资金并投向某些投资组合的一类理财方式，类似于《证券投资基金法》中的“基金”。根据香港特区的法律规定，集合投资计划的构成要件包括：①投资者向项目投资并形成资金池；②投资者不对集合财产进行日常管理，但在一定情况下可能拥有投票权；③管理人将资金池作为一个整体进行管理；④投资者按份额获取收益。因此，如果某一代币的权益内容符合上述要件，则有可能被认定为集体投资计划的权益份额，从而属于证券范畴，受到香港证监会监管。

2.证券型代币发行(STO)

证券型代币发行(Security token offering, STO),是指在证券市场的监管下,利用区块链技术、分布式分类账技术,对私人债券、股票、名画等所有权不易转移的资产进行代币化,将其分割为可投资交易的数目,以代币的形式进行交易的一种融资途径。香港证监会于2019年3月28日发布的《有关证券型代币发行的声明》,指明证券型代币属于"证券",其发行和规管遵循香港《证券及期货条例》相关规定。此外,该声明重申了证监会对公众投资数字资产所涉及的潜在风险的预警,指出:"虚拟资产面对较高的流通性不足或价格波动、定价欠缺透明度、遭黑客入侵及欺诈的风险。这些风险亦适用于证券型代币。由于STO是一种崭新的集资方式,加上市场仍在不断演变,故投资者在决定是否作出投资时应保持审慎。投资者在买卖证券型代币时,或会蒙受重大的财务损失。投资者如未能完全理解有关风险和承受潜在亏损,便不应作出投资。"

(1)香港证监会对STO中介人的规管

香港证监会作为STO的主要监管机构,主要负责对从事STO业务的发行人以及进行证券型代币推广或分销的中介人进行批准和规管。其规管内容可归结如下:

①销售限制。在证券型代币属于"证券"的情况下,任何人如要推广及分销证券型代币(不论是在香港或以香港投资者为对象),除非获得适用的豁免,否则须根据《证券及期货条例》就第1类受规管活动(证券交易)获发牌或注册。任何人在未获发牌的情况下从事受规管活动,除非获得豁免,否则属刑事罪行。

②尽职调查。分销证券型代币的中介人应进行妥善的尽职审查,以深入掌握有关STO的情况,当中应包括(但不限于)管理层、研发团队及发行人的背景及财政稳健性,以及支持有关证券型代币的资产是否存在和有关资产所附带的权利。中介人亦应细阅与STO相关的所有材料,包括已公布

的资料（如白皮书）及任何相关推广材料，并且应确保向客户提供的所有资料均为准确及不具误导性。另外，尽管香港证监会声明没有提及，但所有持牌中介机构也有义务对其客户进行反洗钱检查，而不论所推荐的产品类型或客户征集的标的如何，这些检查均适用。

③须向客户提供的资料。中介人应先评估投资者在虚拟资产方面的知识，并提供清晰及易于理解的STO的相关资料，且在显眼处表明相关虚拟资产的风险以示警醒，同时中介人应确保投资者有能力承担相关产品的风险以及可能产生的损失。

④保障措施。中介人应通过完善的系统与监控措施确保从事分销STO活动前符合以上规定，确保在从事分销STO活动前符合上述规定，否则可能会影响他们继续持牌或获注册的适当人选资格，并可能导致香港证监会采取纪律行动。

⑤证券代币交易前通知香港证监会。香港证监会要求持牌中介人在进行任何证券代币业务前，必须事先通知香港证监会。

（2）香港证监会对STO发行对象的资格要求

《有关证券型代币发行的声明》除了对STO中介人作出明确的规管外，亦规定证券型代币一般仅发售予专业投资者。香港《证券及期货（专业投资者）规则》中对专业投资者有以下规定：

①信托法团：担任一项或多于一项信托的信托人，且在该项或该等信托下获托付的总资产在有关日期或按照《证券及期货（专业投资者）规则》第8条获确定，不少于40，000，000美元。

②个人：在考虑以下任何一项或多于一项时，拥有的投资组合在有关日期或按照第8条而获确定不少于8，000，000美元：a.该个人本人的账户内的投资组合；b.该个人联同其有联系者于某联权共有账户内的投资组合；c.该个人在联同一名或多于一名其有联系者以外的人士于某联权共有账户内的投资组合中所占部分；d.在有关日期的主要业务是持有投资项目并在

有关日期由该个人全资拥有的法团的投资组合。

③法团：是指符合以下条件之一的法团：a.拥有的投资组合在有关日期或按照第8条而获确定不少于8，000，000美元；b.拥有的总资产在有关日期或按照第8条而获确定不少于40，000，000美元。

④合伙：是指符合以下条件之一的合伙：a.拥有的投资组合在有关日期或按照第8条而获确定不少于8，000，000美元；b.拥有的总资产在有关日期或按照第8条而获确定不少于40，000，000美元。

（3）香港证监会监管方法的缺陷

香港证监会对证券代币发行的监管方法中的一个漏洞是，《证券及期货事务监察委员会持牌人或注册人操守准则》（以下简称《操守准则》）中的投资者保护措施（确保投资产品适合个人客户的义务、反洗钱和反恐怖融资义务等）仅适用于涉及传统中介的情况，并不适用于证券发行人，因此，在典型的证券代币发行中，发行人没有义务确保其营销文件中提供的信息的准确性，也没有义务评估其代币对潜在购买者的适用性。

另外根据《证券及期货条例》，证券代币与传统证券一样，不能向香港投资者推销，除非是由香港证监会第1类持牌实体发行。然而，即使证券代币没有“主动推销”给香港公众，香港投资者通过离岸平台认购代币也没有任何障碍，在这种情况下，《操守准则》所规定的投资者保护机制都不适用。由于代币发行人及其设计者和开发商通常位于境外，如果发行被证明是一场骗局，香港投资者除了向代币发行者提出合同索赔和诉讼外，没有其他补救办法。鉴于证券发行信息披露通常不包含发行人的法定名称和注册地址，这条追回损失的途径不会简单。当然，这些问题绝非香港独有，全球监管机构也面临类似挑战。

3.虚拟资产期货

虚拟资产期货合约杠杆率高，价格波动剧烈，在很大程度上不受监管，这促使香港证监会在2019年11月发布声明，警告投资者虚拟资产期货交易风险。香港证监会在同一声明中指出，没有根据《证券及期货条例》获发牌照而提供及/或提供虚拟资产期货合约交易服务的交易平台或人士，可能会违反该条例。虚拟资产期货合约亦可能构成《赌博条例》下的“差价合约”，除非根据该条例获得授权，否则可能是非法的。

此外，根据香港证监会2017年12月发布的《致持牌法团及注册机构的通函：有关比特币期货合约及与加密货币相关的投资产品》，一个允许香港投资者在芝加哥商品交易所或芝加哥期权交易所交易的比特币期货合约的香港实体，需要获得香港证监会第2类监管活动（期货合约的交易）的牌照。

这些中介机构亦须严格遵守香港证监会《操守准则》第5.2段的适当性规定，以及该守则第5.1A段及第5.3段就向客户提供衍生产品服务而订立的行为规定。

（二）基金投资虚拟资产的操作指引与监管规范

根据《证券及期货条例》，对于非证券或期货合约类型的加密货币（即非SF虚拟资产），证监会对其并无监管管辖权。因此，为加强对这些加密货币的监管，2018年11月1日，香港证监会发表了一份《有关针对虚拟资产投资组合的管理公司、基金分销商以及交易平台营运者的监管框架声明》（以下简称《监管框架声明》），主要是针对投资虚拟货币或资产的基金和销售平台，要求虚拟资产投资超过10%的基金只可向专业投资者销售，且任何投资虚拟资产的基金和经纪都须向证监会注册等内容。不过，该声明只是对基金投资虚拟资产监管的概念性框架。2019年10月4日，香港证监会正式发布《适用于管理投资于虚拟资产的投资组合的持牌法团的标准条款及条件》（以下简称《监管标准条款及条件》）。香港证监会表示，这些条款及条件是针对持牌虚拟资产基金管理公司而颁发的，受监管的范围包括虚拟资产的基金管理人或有计划投资虚拟资产，或有意将投资组合中10%

以上资产总额投资于虚拟资产的。新发布的《监管标准条款及条件》为《监管框架声明》的细则条例，进一步提出了基金投资虚拟资产的操作指引和监管规范。

1.对虚拟资产组合管理公司的监管

由于许多虚拟资产并不构成“证券”或“期货合约”，因此，管理只投资于不构成“证券”或“期货合约”的虚拟资产的基金不算是《证券及期货条例》所指明的“受规管活动”。同样地，就不属于“证券”的定义范围的虚拟资产提供交易服务的平台营运者，亦不受香港证监会规管。但是，如公司分销投资于虚拟资产的基金，则无论该等资产是否构成“证券”或“期货合约”，这些公司均须获香港证监会发牌或向香港证监会注册。对于这些有意提供涉及加密资产的交易和资产管理服务的公司，便须遵守《证券及期货（发牌及注册）规则》下的通知规定。

（1）监管范围

以下类别的虚拟资产投资组合管理公司须受香港证监会的监管：

①管理完全投资于不构成“证券”或“期货合约”的虚拟资产的基金并在香港分销该等基金的公司。这类公司由于在香港分销这些基金，故一般须领有第1类受规管活动（证券交易）的牌照。香港证监会亦会对管理这些基金的活动施加发牌条件，借此进行监管。

②就管理“证券”及／或“期货合约”的投资组合而领有或须申领第9类受规管活动（提供资产管理）的牌照的公司。如这类公司亦管理完全或部分（受最低额豁免规定6所限）投资于并不构成“证券”或“期货合约”的虚拟资产的投资组合，则香港证监会亦将透过施加发牌条件，对有关的管理工作进行监管。

（2）监管标准

为了向投资者提供更佳保障，香港证监会认为，如果持牌的投资组合管理公司有意投资虚拟资产，即使它们所管理的投资组合（或投资组合中的某些部分）完全或部分投资于虚拟资产，不论这些虚拟资产是否构成“证券”或“期货合约”，它们都应当遵守基本上相同的监管规定。为此，香港证监会已制订一套标准条款及条件（条款及条件），当中包含现有规定的重点条文，并已按需要对该等条文进行修改，以便更有效地应对虚拟资产的相关风险。举例说，只有符合《证券及期货条例》定义的专业投资者才应获允许投资任何虚拟资产投资组合。该等条款及条件是以原则为本的，因此一般应适宜作为发牌条件施加于虚拟资产投资组合管理公司，但可能根据个别管理公司的业务模式作出轻微修改及说明。

（3）发牌程序

如若牌照申请人及持牌法团现正管理或计划管理一个或多于一个投资于虚拟资产的投资组合，须知会香港证监会；香港证监会知悉有关情况后，首先会寻求了解该公司的业务活动。若该公司看来有能力符合应达到的监管标准时，便会获提供该等建议的条款及条件（如适合），而香港证监会将会与该公司商讨及基于其特定业务模式进行修改，确保建议的条款及条件是合理和适当的。

如若牌照申请人不同意遵守建议的条款及条件，其牌照申请将会被拒。同样地，如果现有的持牌法团拥有虚拟资产投资组合而不同意遵守建议的条款及条件，便须于合理时间内，将这些投资组合内的虚拟资产交易平仓。

建议的条款及条件在获得牌照申请人或持牌法团的同意后，便会作为发牌条件予以施加。持牌法团若未能遵守发牌条件，可能构成《证券及期货条例》所指的失当行为，这将对其适当人选资格构成负面影响，并可能导致香港证监会采取监管行动。

2.对虚拟资产基金分销商的监管

在香港分销（完全或部分）投资于虚拟资产的基金的公司须领有第1类受规管活动（证券交易）的牌照或注册。因此，这类公司在分销这些基金时须符合现有规定，包括提供适当建议的责任。鉴于对投资者构成重大风险，故香港证监会于2018年11月1日发表的《致中介人的通函——分销虚拟资产基金》，就于分销虚拟资产基金时应达到的标准与作业手法，提供进一步指引。2022年1月28日，香港证监会与金管局又联合发布了《有关中介人的虚拟资产相关活动的联合通函》（以下简称《联合通函》），取代香港证监会于2018年11月1日向中介人发出的有关分销虚拟资产基金的通函，向有意从事虚拟资产相关活动的中介人提供最新的指引。《联合通函》的监管要点为：

（1）第1类持牌或注册的中介人可以通过与获香港证监会发牌的虚拟资产交易平台合作，向现有客户提供虚拟资产交易服务，无论是通过介绍客户到有关平台进行直接交易或与有关平台开设综合账户；

（2）中介人只应向专业投资者分销虚拟资产相关产品，这样做必须遵守额外的投资者保护措施，以及香港证监会《操守准则》对复杂产品的要求；

（3）允许在《证券及期货（财政资源）规则》附表3指明的交易所零售交易虚拟资产相关的衍生产品，如发售的产品属交易所交易的虚拟资产衍生基金，其须获得相关监管机构授权/批准零售发售。

3.对虚拟资产交易平台运营商的监管

虚拟资产交易平台是指为买卖虚拟资产提供交易服务的平台，通常以网站或移动应用程序的形式存在。由于虚拟资产市场的快速发展和创新也带来了一系列的风险和挑战，包括欺诈、洗钱、网络攻击、市场操纵、信息不透明等，为了保护投资者的利益和维护市场秩序，香港证监会曾于2019年11月发布了《有关适用于获证券及期货事务监察委员会发牌的虚拟资产交易平台营运者的建议监管规定》的咨询文件，又于2023年5月23日公布了《适用于虚拟资产交易平台营运者的指引》。该指引明确了多项适用于持牌交易平台的标准和规定，其中包括：

◆ 在香港经营并就至少一种证券型代币提供交易服务的交易平台，须向香港证监会申领第1类受规管活动（证券交易）及第7类受规管活动（提供自动化交易服务）的牌照。

◆ 持牌交易平台须以法人形式存在，并在香港设立实体办事处。

◆ 持牌交易平台须遵守《证券及期货条例》及其附属法例、《打击洗钱及恐怖分子资金筹集条例》、《个人资料（私隐）条例》等相关法律法规，以及香港证监会不时发布的指引和准则。

◆ 持牌交易平台须在与客户建立业务关系的过程中确保合适性，即根据客户的财务状况、投资经验、投资目标等因素，评估客户是否适合进行虚拟资产交易。

◆ 持牌交易平台须对其提供交易的代币进行尽职审查，以确保其符合香港证监会的准则，包括不得涉及欺诈、洗钱、恐怖融资、市场操纵等违法行为，不得损害公众利益，不得损害香港证监会的声誉等。

◆ 持牌交易平台须向客户提供充分的披露，包括其业务范围、风险披露、费用披露、利益冲突披露、代币信息披露等，以便客户作出知情的投资决策。

◆ 持牌交易平台须稳妥保管客户的资产，包括将客户的虚拟资产和法定货币分隔存放于独立的账户，并采取适当的安全措施，如使用“冷钱包”、多重签名、加密等，以防止虚拟资产被盗或丢失。

◆ 持牌交易平台须避免利益冲突，包括不得为自己或关联方提供优先或特殊的交易条件，不得从事与客户相反或竞争的交易，不得从事市场操纵或内幕交易等。

◆ 持牌交易平台须维持良好的管治结构和内部控制，包括设立合适的董事会和管理层，制定有效的风险管理政策和程序，确保合规性和审计性，建立健全的投诉处理机制和纠纷解决机制等。

◆ 持牌交易平台须保持高水平的网络保安，包括采用国际认可的网络保安标准和最佳实践，定期进行网络保安评估和测试，及时应对网络威胁和事件，保护客户的数据和隐私等。

◆ 持牌交易平台须遵守香港证监会的监察和报告要求，包括定期提交财务报表和运营报告，及时通报任何重大事件或变更，配合香港证监会的检查和调查等。

（三）香港虚拟资产VASP发牌制度[1]

早在2018年，香港证监会便逐步建立了一套针对证券型代币虚拟资产的“自愿发牌”制度，明确规定香港证监会无权监管仅买卖非证券型虚拟资产或代币的平台。在“自愿发牌”制度下，如果是从事非证券型代币的虚拟资产交易平台，是不需要持牌的。只有两家虚拟资产交易所在“自愿发牌”制度下获得了交易所业务的牌照：BC科技集团旗下的OSL Digital Securities Limited以及HashKey Group旗下的Hash Blockchain Limited 获得第1类受规管活动（证券交易）和第7类受规管活动（提供自动化交易服务）的牌照。

时至今日，虚拟资产行业已经发生了巨大的转变，原有的“自愿发牌”制度已经不能覆盖如今以零售投资者为主、以非证券型代币为主要交易对象的市场。为了全面监管香港所有的中心化虚拟资产交易平台，香港立法会于2022年12月7日通过了《2022年打击洗钱及恐怖分子资金筹集（修订）条例》（以下简称《打击洗钱条例》），为虚拟资产服务提供商设立了VASP发牌制度，VASP发牌制度于2023年6月1日起正式实施。新法律要求VASPs向香港证监会申请牌照，同时遵守反洗钱和反恐怖融资的法定义务。

1.VASP发牌条件

（1）申请VASP牌照的公司须满足的条件为：①有在香港成立的公司，

---

〔1〕 本部分内容主要参见廖望、顾劼宁：《一文详解即将实施的香港虚拟资产VASP发牌制度》，载腾讯网2023年5月30日，https://new.qq.com/rain/a/20230530A0460900。

且有固定的办公地点；②需要设有不低于500万港元的注册资本，流动资金须达到300万港元以上；③子公司或关联公司须具有香港信托TCSP牌照，用于虚拟资产托管。

（2）申请VASP牌照的公司人员须满足的条件为：①VASP的申请人、负责人员、持牌代表、董事及最终拥有人须符合香港证监会的适当人选测试；②至少必须任命2名有虚拟资产服务经验的负责人员（RO），同时须满足以下条件：至少一名RO必须是VASP的执行董事、至少一名RO常居于香港、必须始终至少有一名RO监督业务；③至少一位RO持牌代表；④需要有虚拟资产业务经验的审计师。

（3）其他合规要求：除满足公司资质、公司人员要求外，同时还需要满足虚拟资产交易业务展业评估报告、AML/CTF、客户资产管理等一系列合规制度。根据VASP指引细则，这些申请的细节要求还包括：适当人选的规定、胜任能力的规定、持续培训的规定、业务操守原则、财务稳健性、虚拟资产在平台的运营、预防市场操纵及违规活动、与客户进行交易、保护客户资产、管理、监督及内部控制、网络安全、避免利益冲突、保存记录、核数师审计、持续汇报及通知责任等。

2.对VASPs的反洗钱和反恐怖融资要求

（1）客户了解：VASPs需要收集更多客户信息，以确认和验证客户身份。这些信息可能包括IP地址、地理位置数据以及设备标识符等。在适当的情况下，VASPs还需持续监控以下这些额外信息，以识别可疑交易并采取相应措施。

（2）旅行规则（Travel Rule）：项目方在处理虚拟资产转账交易时，需要对交易各方进行尽职调查，识别并报告可疑交易。

（3）非托管钱包（Non-custodial Wallet）：当项目方与非托管钱包进行交易时，需要采取加强措施，如提高监控强度、只接受白名单钱包和设置交易限额。

（4）禁止第三方存取款：项目方应禁止客户向非客户所拥有且未列入白名单的钱包地址进行任何存款或取款。

（5）筛选虚拟资产交易及关联钱包地址：项目方需要对虚拟资产交易及相关钱包地址进行筛查，包括追踪交易历史、识别可疑钱包以及使用区块链分析软件进行分析。

此外，需要注意的是，对于从事与虚拟资产相关业务或可能涉及AML/CFT风险的传统持牌公司，也需要遵守或考虑上述规定。

3.双重牌照制度

根据不同的监管授权，香港证监会将根据《证券及期货条例》对虚拟资产交易所进行的证券型代币交易作出监管（第一类持牌和第七类持牌）；同时亦会根据《打击洗钱条例》对虚拟资产交易所进行的非证券型代币交易作出监管（VASP牌照）。

考虑到虚拟资产的性质可能随时间而演变，如从非证券型代币转变为证券型代币，为避免违反任何发牌制度的规定的行为，虚拟资产交易所应同时根据《证券及期货条例》及《打击洗钱条例》向香港证监会获取双重发牌及核准（即同时申请第一类持牌、第七类持牌和VASP牌照）。

为简化双重牌照的申请程序，申请人如要同时根据《证券及期货条例》下的现行制度及《打击洗钱条例》下的虚拟资产服务提供者制度申领牌照，只需在网上提交一份综合申请表格，并注明同时申领该两项牌照即可。获双重发牌的平台营运者只需作出一次呈报，便足以符合《证券及期货条例》下的现行制度及《打击洗钱条例》下的虚拟资产服务提供者制度的发牌或通知规定。

第九章

加密货币监管政策的未来选择

张万红*

如第一章、第二章以及第五章所述，当前立法与规范性文件在禁止加密货币的交易行为及其帮助行为的同时，肯定了加密货币网络虚拟财产的法律属性。如此在给司法实践带来无法计算价值等具体问题的同时，将加密货币交易行为隔离在国家监管之外，反而是给违法行为留下了可乘之机。例如，为绕过外汇监管，在国内向日本等国家或者地区汇款购买加密货币，然后再将加密货币兑换成法定货币，在当地购买不动产等。〔1〕鉴于区块链技术代表着信息网络技术未来发展的方向，目前“一刀切”的全面监管、严格限制的政策是否适当仍存在可斟酌之处。

一、全面监管政策的问题

如第七章所示，在将加密货币纳入监管的国家来看，其监管逻辑基本

* 张万红，北京师范大学法学院硕士研究生。

〔1〕 环球时报新媒体：《中国人用比特币到日本购买房产？东京调查非法流入的270亿日元》，载腾讯网2021年11月22日，https://view.inews.qq.com/a/20211112A031BG00。

上是沿着分类监管的方式进行。例如，加密货币可以分为支付型、实用型和证券型三种。对支付型代币将其认定为银行或支付行业，其主要适用银行法的监管体系；对证券型代币则认定为证券，适用证券法监管；对实用型代币则认定为商品或资产，主要适用商品法监管体系。在这方面，新加坡比较典型。新加坡通过《支付服务法案》对稳定币等支付型代币进行监管；而对于证券型代币，则继续适用原有的《证券和期货法》；不属于上述两种类型的加密资产则被以排除法的方式认定为实用型代币，新加坡出台了专门的《数字代币发行指南》，规范实用型代币的发行。当前，中国一方面在大力推进区块链技术的发展与应用，另一方面却对加密货币这一区块链技术的应用成果全面监管、严厉禁止。如此，就导致了实践与规范两方面的问题。

（一）实践问题

1.定罪量刑方面

第一，在犯罪数额认定方面。根据前文所述，加密货币完全可以作为财产犯罪、职务犯罪中对应的财物。但在此类犯罪中，传统的财物有完善的估计和定价机制来解决犯罪数额认定的问题，加密货币却无法通过这种机制确定数额。一方面是因为加密货币自身机制所导致的价格波动难以提供稳定的定价机制，[1]另一方面是因为目前的监管政策将加密货币交易相关业务活动定性为“非法金融活动”。根据规定，加密货币不属于货币，禁止与人民币双向兑换，禁止向加密货币提供定价服务，也就意味着加密货币不能被鉴定机构鉴定价值，同时说明了加密货币无法客观计价，只能主观议价。对于民事纠纷，如离婚、继承、所有权确认、物物交换等纠纷中

〔1〕 参见张建新、谢杰：《“去中心化”金融工具的法律风险控制——对比特币和首次代币发行(ICO)的行政监管与经济刑法调整》，载《河南警察学院学报》2018年第3期。

的加密货币分割与估值，对涉及的加密货币无法进行价格认定，〔1〕但是双方当事人尚且可以基于意思自治原则进行议价。而在刑事案件中，涉及犯罪成立、犯罪数额认定等问题则不可能使用主观议价的方式，因此在刑事司法领域无法确认涉加密货币案件的具体犯罪数额，也就无法据之定罪、量刑。如前文所述的凌某等盗窃案，法院认为被告人盗窃加密货币的数额缺乏权威、中立评估机构认定，因此不以所盗窃的加密货币平台交易价值认定犯罪数额。〔2〕《防范代币发行融资风险的公告》施行之后，加密货币定价行为被禁止，全国法院都倾向于将盗窃加密货币的案件定性为“非法获取计算机信息系统罪”或“破坏计算机信息系统罪”，以解决犯罪数额认定问题。这种变通的做法是否符合罪刑法定原则，则有待商榷。

然而，在司法实践中，有些案件中的做法突破了前述政策规定的“红线”。例如，PlusToken案〔3〕，该案被定性为组织、领导传销活动罪和掩饰、隐瞒犯罪所得、犯罪所得收益罪。前述罪名定罪量刑的关键是犯罪数额的认定，根据裁判文书，盐城市物价局价格认定中心以2018年5月1日至2019年6月27日期间加密货币最低价计算，将涉案加密货币折合成人民币进行认定。同样地，在WoToken案〔4〕中，滨海县物价局价格认定中心也对涉案加密货币进行了价格认定。此外，前述在四川乐山发生的加密货币抢劫案，乐山市价格认证中心也对涉案加密货币进行了价格认定。〔5〕

第二，在犯罪成立方面。以洗钱罪为例，首先，根据《刑法》第191条的规定，按照现行的“虚拟商品”定性，加密货币难以成为洗钱罪的犯罪对象。其次，在涉加密货币的洗钱案件中，行为人主观“明知”曾是定罪关键

〔1〕 参见马玉涛、刘杨：《离婚纠纷中数字货币资产的分割探究》，载上海通润律师事务所官网2021年1月15日，http://www.wuyou1.com/dxlhal/n8327.html。

〔2〕 参见北京市朝阳区人民法院刑事判决书，(2021)京0105刑初1302号。

〔3〕 参见江苏省盐城市中级人民法院刑事裁定书，(2020)苏09刑终488号。

〔4〕 参见江苏省盐城市中级人民法院刑事裁定书，(2020)苏09刑终419号。

〔5〕 参见《抢劫比特币，法院会宣判吗？》，载新浪网，https://finance.sina.com.cn/blockchain/roll/2021-06-21/doc-ikqcfnca2297351.shtml。

之一，通常需要根据在案证据加以证明。根据《最高人民法院关于审理洗钱等刑事案件具体应用法律若干问题的解释》第1条第2款第2项的规定，没有正当理由，通过非法途径协助转换或者转移财物的，可以认定被告人明知系犯罪所得及其收益，但有证据证明确实不知道的除外。将加密货币相关业务活动定性为“非法金融活动”，司法机关可据此直接将涉加密货币的行为定性为“非法途径协助转换或者转移财物”，从而直接认定行为人在主观上属于明知。《关于办理电信网络诈骗等刑事案件适用法律若干问题的意见（二）》中，在认定“帮助信息网络犯罪活动罪”的问题上，有关单位显然已经意识到了这个“主观明知”的问题，提出对于加密货币经销商，“在公安机关调查案件过程中，被明确告知其交易对象涉嫌电信网络诈骗犯罪，仍与其继续交易”，构成帮助信息网络犯罪活动罪的，以该罪定罪处罚。

2.判决执行方面

在财产犯罪中，如盗窃罪、抢劫罪、诈骗罪、侵占罪等涉及财物返还及执行问题。第一，加密货币可能要经过交易平台或者通过场外交易的方式退还，而目前前者和部分后者根据前述政策的规定均属于非法金融活动。如果以金钱赔偿替代加密货币返还，又涉及估价问题，则又陷入一个新的“死胡同”。第二，加密货币的司法强制执行面临困境，一方面是加密货币相关信息难以获取，另一方面是难以对加密货币进行司法控制。实践中，执行法院通过网络查控系统和传统调查（包括询问调查、发查询函等）两种途径获取执行标的信息。但是目前网络查控系统仅能查询银行存款、特殊动产（汽车等）、证券等传统财产，无法查询加密货币等虚拟财产的信息。而传统调查又因为前述政策原因，致使加密货币交易平台与账户并不受我国机构的控制，[1]导致执行法院无法调查取证。如在“程某申请执行施某某其他所有权纠纷案”中，执行法院拟向被执行人开户的比特币交易

---

〔1〕 参见王磊、王乒、包仕鹏：《比特币及类数字货币纠纷争议解决之法律探究》，载新浪网，https://lvdao.sina.com.cn/news/2021-03-17/doc-ikkntiam3161315.shtml。

平台发出执行裁定书及协助执行通知，要求平台协助执行，但由于该平台注册地在海外，因此无法查询到该平台在中国境内有效的通信地址及联系方式。[1]在加密货币的司法控制方面，"密钥"是关键。但是如前所述，"密钥"可以存放于"冷钱包""热钱包"等之中。存放于"热钱包"中的"私钥"涉及第三方机构、交易平台，但由于我国政策原因，第三方机构、交易平台均在海外，境内无有效地址、联系方式，法院的强制执行将面临被执行人下落不明、通知无法送达、境外司法协助等多重困难，以致无法执行。

同时，在侦查活动中的调查取证方面，传统的财物纠纷可以通过调取银行流水等资金流动的方式证明货币流向、持有等问题。[2]但由于加密货币相关业务活动非法，无法通过当事人或者法院调查取证。此外，涉加密货币的跨境案件中，办案机关对境外机构调查取证、境外资产追查等方面也存在障碍，使得办案机关无法确定可疑用户、获取交易记录。[3]

（二）规范问题

如上所述，目前规范性文件严厉禁止加密货币相关业务活动，但是并未将加密货币规定为"违禁品"，禁止单位与个人持有、转让、投资加密货币。这在法律逻辑层面导致了一定的矛盾。《民法典》第127条规定，法律保护网络虚拟财产。中共中央国务院《关于为新时代加快完善社会主义市场经济体制提供司法服务和保障的意见》（以下简称《意见》），提出要加强对络虚拟财产、数据等新型权益的保护。因此，在规范层面，加密货币相关规范性文件完全禁止与加密货币相关的业务活动，与保护公民财产、

---

〔1〕 参见钱政骁：《比特币是否具有财产属性？怎样执行返还交付？》，载微信公众号"上海高院"2022年5月5日，https://mp.weixin.qq.com/s/4KH68E0MVhxjgyeWgJAHOA。

〔2〕 参见王磊、王乒、包仕鹏：《比特币及类数字货币纠纷争议解决之法律探究》，载新浪网，https://lvdao.sina.com.cn/news/2021-03-17/doc-ikkntiam3161315.shtml。

〔3〕 参见李慧、田坤：《涉比特币领域犯罪问题审视与司法应对——以海淀区人民检察院近五年涉比特币案件为样本》，载《中国检察官》2021年第10期。

产权利益的精神是有所冲突的，与国家保护金融创新技术的初衷也是相左的。

二、监管政策的未来选择

目前的监管政策不但导致了上述问题，还导致更多的加密货币交易转入地下，持币者仍然能够通过各种交易平台进行加密货币相关活动，但是风险却增加或者变得不确定。“一刀切”的保守政策，在一定程度上反而会成为违法行为肆虐的助力，影响我国金融市场的繁荣稳定。与其让犯罪在阴暗面滋生，难以把控，不如将其正大光明地置于监管之下。因此，对于我国加密货币监管政策未来如何选择，需要有进一步的思考。

从国外来看，目前关于加密货币的政策总体分为以下五类：(1)零监管。例如，新西兰金融市场管理局虽然发布加密货币警告，要求公民注意与加密货币相关的风险，但是强调加密货币在新西兰不受监管。〔1〕(2)“完全拥抱”，即将加密货币作为法定货币进行监管。例如，萨尔瓦多2021年6月推出《比特币法》，规定对比特币作为法定流通货币的监管措施。受萨尔瓦多影响，乌拉圭、古巴、巴拿马等也在推动类似的法案。(3)“严格监管”，即承认其合法地位并将其定性为财产或者具有财产属性的商品，对加密货币交易平台进行牌照化管理或者类似牌照化管理。例如，虽然美国各州目前对加密货币的定义不统一，美国证券交易委员会认为加密货币类似于证券的数字资产，商品期货交易委员会认为加密货币是商品，国税局认为加密货币是财产，但是总体上将加密货币定性为一种财产，有的州对加密货币颁布相关许可证，对交易平台实施牌照化管理。〔2〕日本、德国也

〔1〕 参见《新西兰FMA警告公民谨慎投资加密货币》，载新浪网2021年1月21日，https://cj.sina.com.cn/articles/view/5617262908/14ed0a13c01900r4nq?sudaref=cn.bing.com&display=0&retcode=0。

〔2〕 参见链得得：《2021全球数字货币市场年度监管政策盘点》，载凤凰网2022年2月2日，https://tech.ifeng.com/c/8DJ9RDkUrnk。

采取了类似的监管政策[1]，与我国最初的“审慎”监管政策类似。(4)严厉禁止，即禁止一切加密货币相关业务活动，中国、尼泊尔、孟加拉国等都是如此。后两者监管政策比中国还要严厉，行为人在两国可能会因为进行加密货币交易而直接触犯刑法。[2](5)完全禁止，即将加密货币定性为“违禁品”。目前尚无国家实施此种监管政策，但是印度2021年3月时拟立法禁止加密货币，将包括持有、发行、“挖矿”、转让等在内的行为定为犯罪。[3]

从加密货币的性质及其作用出发，监管不足和过度监管皆不可取，因此第一种和最后一种监管政策显然应当被否定。由于加密货币的去中心化，价格极易被操纵，难以受国家监管和控制，最终可能导致国家货币主权遭受巨大冲击。第二种对加密货币“完全拥抱”的做法，萨尔瓦多已经为此付出了巨大的代价——2022年因比特币暴跌，萨尔瓦多遭受巨额损失，面临主债权违约风险。[4]第四种监管政策是中国目前正在实施的，该种监管政策所遇到的困境在前文也已经分析过。因此，未来的加密货币监管政策应当选择严格监管，具体而言，即承认加密货币的合法地位，将其定性为财产或者具有财产属性的商品，对加密货币颁发相关许可证，对加密货币交易平台进行牌照化管理，对加密货币相关业务活动进行相应的严格管理。

与上述监管政策相应，刑事政策也应作相应调整，即缩小“犯罪圈”。具体而言，首先，在法律中明确规定加密货币的财产属性。目前对加密货币的属性进行规定的要么是部门规章，要么是其他规范性文件，法律位阶

---

〔1〕 参见葛燕、朱敏、王一平：《〈虚拟货币监管入刑化趋势解读〉系列之一：虚拟货币的界定及其监管政策概况》，北大法宝网，http://www.zhonglun.com/Content/2022/05-11/1459111370.html，2022年7月24日访问。

〔2〕 参见链得得：《2021全球数字货币市场年度监管政策盘点》，载凤凰网2022年2月2日，https://tech.ifeng.com/c/8DJ9RDkUrnk。

〔3〕 同上。

〔4〕 参见胡慧茵：《“炒币”误国？加密货币暴跌，萨尔瓦多债务危机再次加剧》，载搜狐网2022年5月18日，https://www.sohu.com/a/548272055_121255906。

较低。有的观点已经指出，加密货币是否属于财物，前置法尚未明确，因此具有财产属性并不必然意味成为刑法上的财物。[1]虽然《民法典》已经规定对“网络虚拟财产”进行保护，但是“网络虚拟财产”的内涵与外延同样需要进行明确。因此，只有在法律中明确规定加密货币的属性才能解决属性争议问题。其次，对加密货币交易平台进行牌照化管理。例如，对加密货币交易平台，借鉴相关国家的“比特币牌照”制度，通过事前的行政许可、事后的定期考核的手段来进行监管，要求加密货币交易平台在反洗钱、信息披露、资产保管等方面履行一定义务。[2]最后，对加密货币相关业务活动进行严格管理。例如，就加密货币提供定价、信息中介等业务活动实施行政许可制度，经营活动定期向监管机构报告，若发现可疑情况及时反馈等。

上述政策调整，也有助于解决司法实践中的问题。首先，法律承认加密货币为财产，即可将涉加密货币犯罪行为纳入现有刑法规定和框架中。对于涉加密货币行为若触犯现行刑法，则按照该罪的犯罪构成要件认定犯罪。其次，在犯罪数额方面。加密货币的定价、议价行为属于正当行为，可正常开展。以盗窃罪为例，若窃取的对象是他人交易平台账户中的加密货币，可以被盗时交易平台公布的交易价格为盗窃数额的计算标准；若行为人盗窃加密货币后没有立即进行提现或交易，则可以该交易平台当日公布的平均交易价格来计算数额[3]；当窃取的对象是非交易平台账户中的加密货币时，可由合法正当的一家或者多家加密货币定价机构提供计算标准来进行犯罪数额的计算。最后，在刑事执行方面，财产退还、强制执行、侦

---

〔1〕 参见《北京一法院以盗窃罪判决虚拟货币被盗案：是数据还是财产？虚拟货币法律属性仍存争议》，载新浪网，https://finance.sina.com.cn/money/forex/forexinfo/2022-05-12/doc-imcwiwst6918718.shtml。

〔2〕 参见张建新、谢杰：《“去中心化”金融工具的法律风险控制——对比特币和首次代币发行（ICO）的行政监管与经济刑法调整》，载《河南警察学院学报》2018年第3期。

〔3〕 参见王熠珏：《“区块链+”时代比特币侵财犯罪研究》，载《东方法学》2019年第3期。

查等司法行为均可因承认加密货币财产的合法地位而正当化，不会存在“执行难”，致使司法人员陷入两难境地的问题。

三、小结

简而言之，对加密货币不应当采取全面禁止的态度。首先，加密货币的属性为“虚拟资产”，具有一定的价值特性。公民具有处理个人资产的自由，个人之间加密货币的交易属于个人选择的投资行为，如果对此类交易完全禁止并不符合市场规律。其次，加密货币的特点使其较易成为违法犯罪工具。在其他国家对加密货币交易采取支持甚至鼓励态度的情况下，如果我国全面禁止加密货币有关的任何活动，则会导致与加密货币有关的违法犯罪行为转移至地下、通过境外交易所等方式进行，使我国丧失更多监管机会，犯罪分子利用加密货币从事违法活动可能更加肆无忌惮。最后，加密货币的底层技术具有创新性。如果一味排斥所有与加密货币相关的研究活动，则会阻碍技术发展，使得我国科技水平落后于他国，或导致加密货币风险来临时我国没有足够强劲的应对策略，从而造成国家安全损失。因此，对于加密货币的监管政策，应当在整体上秉持“当严则严、当松则松”的态度，既要严格防范其蕴含的巨大风险，又要积极开发有效的解决方案。

第十章

加密货币的未来发展进路

许士友*

如前所述，无法承担货币职能的加密货币的价格在当下具有被严重高估的隐忧。如果不对其采取严格的监管态度而任由其交易发展，则很有可能给国家安全带来巨大危机。但是，“一刀切”的严厉限制的监管政策也不可取，而应采取“当严则严、当松则松”的监管政策。与此同时，也应以科学合理的监管政策引导加密货币未来的良性发展，以在充分发挥区块链等先端信息科学技术的同时，避免国家安全、社会稳定与个人权益受到侵害。

一、推动加密货币自身体系完善

加密货币的很多威胁来自软件自身漏洞和程序设计的不合理性，因此应当致力于完善加密货币系统，从根源上化解其所带来的风险。

---

* 许士友，井冈山大学政法学院讲师、法学博士。

(一)提升软件安全性

对于个人用户来说,加密货币对其账户的一大威胁便是软件安全性的不足。由于加密货币软件设计大多采用密码学技术,而在公钥(Public Key)和密钥(Private Key)组成的密钥对中,前者具有公开性。[1]因此如果有黑客攻击系统或者以其他形式获得密钥,便可以窃取账户中全部的加密货币。例如,北京市海淀区便于2018年发生过一起比特币盗窃案。某互联网科技公司的运维工程师仲某在维护系统时利用管理员权限登录服务器并插入一段代码,将公司的100个比特币转移到其在国外网站注册的比特币钱包内,涉嫌非法获取计算机信息系统数据罪。[2]虽然软件系统的漏洞无法完全避免,但应当努力研发更具安全性的保密手段,提升保密水平,保障个人虚拟资产安全。例如,除了软件钱包外,可以使用硬件钱包、多重签名钱包和社交恢复钱包等钱包形式,提高用户钱包的安全性。根据报道,数字人民币已经开发出App软件钱包以外的标准IC卡、智能手表、智能手环、数字工牌、智慧学生证、电子老年证、超级SIM卡等十余款硬件钱包形式,并在多个设备和应用中进行试点推广。[3]这种立足并超越加密货币的保密方式提供了更为完整和直观的安全解决方案,为用户提供了更优质的资金保护。未来无论是加密货币还是电子货币,都应当不断更新和发展保密措施,规避账户被盗和丢失的一般风险。

---

〔1〕 参见孙国梓等:《区块链交易安全问题研究》,载《南京邮电大学学报(自然科学版)》2021年第2期。

〔2〕 参见彭波:《以非法获取计算机信息系统数据罪 北京检方批捕比特币盗窃案嫌疑人》,载《人民日报》2018年3月26日,第11版。

〔3〕 参见张冰洁:《工商银行多款数字人民币硬件钱包产品亮相服贸会》,载中国金融新闻网2022年9月7日,https://www.financialnews.com.cn/yh/yx/202209/t20220907_255126.html。

(二)探索新型币种研发

数字人民币作为中国人民银行发行的数字形式的法定货币，在一定程度上借鉴了加密货币的技术原理，能够在一定程度上满足交易需要。但根据现实情况可以看出，其推广情况还有待提高。部分用户可能怠于下载新软件而继续使用“支付宝”等第三方平台所绑定的银行卡进行支付。未来对于数字人民币，应当着重研发支付方式的便捷性，并应当加大宣传，突出其与第三方支付平台的区别及其自身优点，促进数字货币的大规模推广。

除了数字人民币之外，还应当关注加密货币的新类型和新情况，并考虑自主研发新型加密货币的程序代码。虽然我国不承认加密货币为法定货币，但如果一味回避接纳加密货币相关技术，则可能导致在国际上出现加密货币并影响到国家安全时陷入被动状态。因此，应当主动挖掘加密货币底层技术，探索新型币种，努力克服现有加密货币的不足，在遭遇外来威胁时具有足够的风险抵御能力。

二、加强加密货币相关科技建设

2014年4月，习近平总书记在中央国家安全委员会第一次会议上首次提出“总体国家安全观”，指出：“构建集政治安全、国土安全、军事安全、经济安全、文化安全、社会安全、科技安全、信息安全、生态安全、资源安全、核安全等于一体的国家安全体系。”在2018年5月召开的两院院士大会上，习近平总书记强调：“关键核心技术是要不来、买不来、讨不来的。只有把关键核心技术掌握在自己手中，才能从根本上保障国家经济安全、国防安全和其他安全。”[1]对于加密货币这类新兴事物而言，更有必要深入研

---

〔1〕 参见《中共中央关于坚持和完善中国特色社会主义制度 推进国家治理体系和治理能力现代化若干重大问题的决定》，载《人民日报》2019年11月6日，第1版。

究与其相关的科学技术。这不仅是自主创新能力获得提升的关键契机，更是技术引领大国担当的重要表现。

（一）推动挖矿活动能源清洁化转变

加密货币对于生态环境的威胁主要来自“挖矿”过程中化石燃料的燃烧，包括联合国在内的多个国际组织、国家或地区已经认识到了该问题的紧迫程度。根据联合国报道，2021年3月，能源网络基金会（Energy Web Foundation）等三家重要的可持续能源与区块链行业机构已经共同组建了“加密气候协议”（Crypto Climate Accord），目标是至2030年让全球加密货币行业实现净零排放，并已经得到了气候、金融、非政府组织以及能源行业各机构的广泛支持。[1]可见，我国严厉整治加密货币“挖矿”行为不仅是节约国内能源、保护国内环境的表现，更是响应联合国号召、为世界生态环境改善作出的应有贡献。

但与此同时，在加密货币的研发和交易行为未在全球范围内得到抑制的情况下，即使我国对全部“挖矿”行为予以禁止，也并不能阻止加密货币带来的所有负面影响，反而会导致劳动力成本较低等工作市场优势的丧失。并且，“算力”是控制加密货币的决定因素，“算力”的获取来源于“挖矿”。因此，我国应当保持一定程度的“算力”，以保证在加密货币领域的占比份额，防止未来加密货币危机发生时束手无策。综合上述因素，未来对于“挖矿”行为，我国可以考虑采取转换生产方式的思路，对利用化石能源进行火力发电从而导致严重环境污染、生态危机的“挖矿”方式予以严格禁止，但对于利用清洁能源、部署先进管理软件等有利于环境保护的加密货币产生方式进行允许甚至鼓励。2014年6月，习近平总书记提出推动能源消费革命、有效落实节能优先方针、把节能贯穿于经济社会发展全过

---

〔1〕 参见《可持续解决方案还是气候灾难？加密货币技术的潜力与风险》，载联合国2021年6月21日，https://news.un.org/zh/story/2021/06/1086412。

程和各领域等要求。[1]使用风力、水力、太阳能等清洁资源进行发电、研发ASIC等低成本管理软件，既有利于我国跟进加密货币最新技术发展趋势，也有利于我国展现对于建设人类命运共同体的大国担当。

（二）推进量子计算产业落地

量子计算的突破性发展是引发加密货币颠覆性变革的必然因素。尤其是量子计算机的发明，将大大提升计算设备的“算力”，从根本上动摇目前以密码学为原理的加密货币计算基础。以比特币为例，虽然可以通过改变加密货币程序设计，形成符合量子算法的升级协议，但该协议的采用需要获得半数以上比特币用户的同意，而已经享受“算力”优势的量子计算机拥有者显然难以同意这种更改，导致比特币最终具有崩溃的风险。可见，量子计算是加密货币的核心命脉。从防御的角度来看，量子计算之于加密货币，犹如核武器之于战争，只有掌握最新的量子计算技术，才可以规避加密货币进入量子计算时代的风险。

我国已在量子计算方面进行了大量投入并已取得了可观的进步。例如，2019年8月，我国科学家与多国学者合作，实现了确定性偏振、高纯度、高全同性和高效率的单光子源，为光学量子计算特别是超越经典计算能力的“量子优越性”的实现奠定了坚实的科学基础。[2]2021年10月，中科院相关科研团队在超导量子和光量子两种系统的量子计算方面取得重要进展，使我国成为目前世界上唯一在两种物理体系达到“量子计算优越性”里程碑的国家。[3]目前，加快量子计算、量子通信等前沿技术布局的规划已被列入《国民经济和社会发展第十四个五年规划和2035年远景目标纲

---

〔1〕 参见《习近平主持召开中央财经领导小组会议强调 积极推动我国能源生产和消费革命 加快实施能源领域重点任务重大举措》，载《人民日报》2014年6月14日，第1版。

〔2〕 参见徐靖：《我科学家领衔实现高性能单光子源》，载《人民日报》2019年8月14日，第11版。

〔3〕 参见《比超级计算机快千万倍！中国量子计算研究获重要进展》，载新华网，http://www.news.cn/2021-10/26/c_1127995976.htm。

要》。在此基础上，还应当意识到，量子计算机的发明并不是传统计算机时代的结束，只有将量子计算机这种专用计算机与市级产业相结合，推动各行业的顺利应用、加快研发量子软件，才能实现量子计算的最大价值。因此，应当主动探究适合于量子计算的加密货币代码，防范量子时代加密货币产生的新风险，让量子计算成为加密货币的优化器而非终结者。

（三）拓展区块链技术相关应用领域

虽然加密货币的发展和交易为国家、社会及个人带来了较大风险，但区块链作为加密货币的底层技术，仍然具有广阔的发展空间。基于区块链去中心化和数据难以篡改的特点，其上记录的信息更加真实可靠，能够成为解决信任危机的有效渠道。因此，区块链与加密货币的发展相互促进。警示加密货币风险、加强加密货币监管，不意味着对于区块链等技术应用的放弃，反而应当努力发展区块链技术，提升我国在该领域的理论前沿性、创新积极性和产业优势性。

就区块链目前的应用领域来看，虽然其目前已经在物流追踪、版权保护等领域发挥了初步功能，但在与民生相关的公共服务领域，其还属于新兴技术。由于社会公众对区块链的了解有限，因此可能对与其相关的产品持有盲目的态度，导致与区块链、加密货币有关的集资诈骗、敲诈勒索等违法犯罪活动的发生。2019年10月，习近平总书记在中央政治局第十八次集体学习时，专门强调了要探索“区块链+”在民生领域的运用，积极推动区块链技术在教育、就业、养老、精准脱贫、医疗健康、商品防伪、食品安全、公益、社会救助等领域的应用，为人民群众提供更加智能、更加便捷、更加优质的公共服务。[1]可见，只有推进区块链在相关领域尤其是民生领域的应用，才能加强社会公众对于区块链技术的认识和理解，实现对于加

〔1〕 参见《习近平在中央政治局第十八次集体学习时强调 把区块链作为核心技术自主创新重要突破口 加快推动区块链技术和产业创新发展》，载《人民日报》2019年10月26日，第1版。

密货币的“驱魅”。

三、强化重点领域监管

加密货币具有去中心化的特点，但这并不意味着其不可监管且不应监管。中国人民银行数字货币研究所副所长狄刚曾在2021中国（北京）数字金融论坛上表示：“技术上的去中心化并不等于管理上的去中心化。”[1]加密货币的分布式记账方式具有可管理性，也正是因为其去中心化的特点，才应当加强对其的管理，防止其对国家安全造成的威胁。

（一）全面整治加密货币资源消耗型挖矿活动

如前所述，我国通过《关于整治虚拟货币“挖矿”活动的通知》等文件已经对“挖矿”活动进行了严格限制，按照“严密监测、严防风险、严禁增量、妥处存量”的总体思路，禁止以任何名义发展加密货币的“挖矿”项目。该文件的初衷是从“挖矿”阶段便抑制加密货币的产生，实现该活动的源头治理，但从加密货币仍然具有一定市场且在短期内无法消失的客观情况来看，即使我国全面禁止“挖矿”，也无法阻止加密货币在全球范围内生产和交易的趋势。一味对加密货币持排斥态度反而可能阻止国内经济发展，将创新转移到其他国家。因此，应当逐步将“挖矿”禁止的范围限缩于资源消耗型“挖矿”活动，将利用化石燃料、产生大量温室气体等非环境友好型等发电方式实现的“挖矿”活动进行严厉禁止，在能源充足的情况下，允许甚至鼓励采用清洁能源、开发新能源进行“挖矿”活动，保持我国对于加密货币的算力。

实际上，资源消耗型“挖矿”活动已经逐步受到了市场发展的摒弃。

---

〔1〕 参见边万莉：《央行数研所副所长狄刚谈区块链：技术上去中心化并不等于管理去中心化》，载21经济网，http://www.21jingji.com/article/20210910/herald/e625786f94ead9efe0cf024c6dfb0ca0.html。

例如，热度仅次于比特币的加密货币币种以太币，已经实现了共识机制由工作量证明（Proof of Work，PoW）向权益证明（Proof of Stake，PoS）的转变。[1]在工作量证明共识机制中，加密货币的主要获取方式是通过消耗能源进行计算从而获得对于准确快速记账的奖励，而在权益证明机制中，加密货币的获得方式主要是对于该加密货币的质押情况，简而言之便是持有加密货币的数量和时长。这种方式使得以太币的生产者由之前的“矿工”转变为了质押验证者，可能使得资源消耗获得大量减少。有统计称，以太币共识机制的转变可以减少99.5%的碳足迹。[2]如果这种共识机制能够有效运行，无疑在极大程度上缓和了加密货币对于资源安全和生态安全的威胁，传统的消耗大量电能的“挖矿”活动也将在市场选择中被逐步淘汰。因此，在市场有能力调节并产生更具环保性的加密货币生产方式的情况下，可以适当放宽对于资源节约型发电方式的限制，例如，对于文件中禁止的“小水电企业向加密货币‘挖矿’项目网前供电”的做法，有待进一步考量，当下应当重点关注并整治附加价值极低、环境污染巨大的资源消耗型“挖矿”活动。

（二）禁止除中央银行外的金融机构及非银行支付机构从事相关业务

无论是《防范代币发行融资风险的公告》，还是《关于整治虚拟货币“挖矿”活动的通知》，还是《关于进一步防范和处置虚拟货币交易炒作风险的通知》，均规定了禁止金融机构和非银行支付机构为加密货币相关业务活动提供任何服务。按照地位和功能，我国金融机构可以被分为四类，即中央银行，银行业金融机构，非银行金融机构及在中国境内开办的外资、侨资、中外合资金融机构。根据中国人民银行于2021年1月发布的关于

---

〔1〕 参见韦玥：《加密货币集体开涨，以太坊2.0上线会带来哪些影响？》，载重庆商报网，https://www.cqcb.com/wealth/2020-12-01/3354159.html。

〔2〕 参见币然之路659：《分析：以太坊的合并后经济学，合并后的以太坊现在是通缩的吗？》，载网易网2022年10月7日，https://m.163.com/dy/article/HJ35H2NQ0553TI27.html。

《非银行支付机构条例(征求意见稿)》可知,非银行支付机构,是指在中华人民共和国境内依法设立并取得支付业务许可证,从事储值账户运营或支付交易处理支付业务的有限责任公司或者股份有限公司。禁止上述主体为加密货币提供服务的规定,无疑强化了在我国加密货币相关业务活动属于非法金融活动的认识,将加密货币的生产和交易控制在了个人主体的范围内,防止加密货币的各类风险向社会层面传导。

然而也应当意识到,全面禁止的另一个侧面意味着监管权限的放弃。目前我国国内没有可以为加密货币交易提供平台的场所,而加密货币在个人主体之间又是频繁流动的,这意味着加密货币的所有交易将通过境外的交易平台进行,而这无疑为我国对于加密货币的监管增加了极大的难度。既然加密货币是一种虚拟资产,且个人主体之间的加密货币流转并非非法活动,便应当为个人主体之间的加密货币交易提供必要的场所和条件。这既是保障用户安全的必要条件,也是将加密货币纳入监管范围的应有举措。纵观我国金融体系,能够承担加密货币监管职责的金融机构为中央银行,即中国人民银行。在未来条件允许的情况下,可以由中国人民银行牵头制定加密货币交易政策,并为个人主体构建交易平台,让加密货币交易在我国不再成为地下产业和灰色地带,而是将其切实纳入监管范围、科学疏通监管渠道、明面落实监管计划,使其在法治化的轨道上运行。

(三)加强个人用户实名监管

如果由中央管理的加密货币交易平台能够有效建立,则有必要利用该机会进一步加强对于个人用户的管理。加密货币的去中心化和匿名性等特点增大了其监管难度,使得在违法犯罪活动发生后难以定位交易主体和资金流向。如果可以实现对于加密货币持有者的实名认证,则可以在极大程度上缓解上述困境。具体而言,可以在加密货币监管规则中规定,凡在我国交易所内进行交易的个人主体必须进行实名登记,否则其加密货币买卖行为不具有合法性。这种监管方法有助于监管机构关注可疑资金流向，也可以在违法犯罪活动发生后较为快速地定位到交易主体。并且实名化可以提升加密货币账户的安全性，降低加密货币账户被窃取的风险。

虽然大多数选择加密货币的交易者均是青睐于其匿名性等特征，但使用加密货币钻法律漏洞、逃避法律监管、从事违法犯罪活动是任何国家或地区均不应当允许的行为。因此，在加密货币正常运行的情况下，交易去中心化和匿名性的特点不受影响，然而一旦加密货币被作为违法犯罪工具而使用，则应当立刻揭开其"匿名"的面纱，对背后的违法分子依法惩治。这项工作并非一国之力能够完成，需要世界各国对加密货币的监管方式形成共识。只有各国均采取措施，确保加密货币账户的实名性，才能对个人用户真正实现有效监管，尽量保障加密货币这一虚拟资产产业的平稳发展。

四、小结

未来我国应当建立一个什么样的加密货币法律监管框架？这个问题值得研究和讨论。由于我国的金融法律法规对"证券"与"货币"的定义均采取较严格的定义，如果将加密货币扩张解释为"证券"与"货币"，都有可能引起概念界定与既有部门法教义学及实践共识的冲突。因此不妨另辟蹊径，通过落实《民法典》第127条"法律对数据、网络虚拟财产的保护有规定的，依照其规定"的要求，根据加密货币的"资产"属性，制定一部数字资产法，补上这个空白。从域外看，制定数字资产法已有先例可循，泰国2018年就通过了《数字资产法》，成为世界上较早对数字资产有明确法令的国家。如今欧盟也是苦于其原有的金融监管框架无法适应加密货币产业的发展，专门推出加密货币市场的一揽子监管框架。俄罗斯原来对加密货币采取了禁止措施，但2022年2月也发布文件，明确要将加密货币的流通通过立法纳入监管。未来我国的数字资产法，可以是民事、行政、刑事三合一：在民事上，在民法典的基础上进一步明确加密货币的虚拟财产地位；在行政法上，可在借鉴欧美和国际组织经验的基础上，规定针对加密货币进行类型化的跨货币、证券、银行、保险、信托、贸易金融、外汇管理和风险管理的综合性金融监管措施；在刑事方面，以反洗钱为抓手，明确要求加密货币的跨国发行、兑换、使用和赎回等，必须符合我国有关反洗钱、外汇管理和支付结算等金融法律法规。发行方和交易所应当申领牌照，严格履行加密货币交易审慎核查义务，做好反洗钱和反恐怖主义融资的合规审查以及风险防范工作。

参考文献

一、中文文献

（一）著作

1.［美］迈克尔·戈特弗里德森、特拉维斯·赫希：《犯罪的一般理论》，吴宗宪、苏明月译，中国人民公安大学出版社2009年版。

2.［美］乔治·B.沃尔德、托马斯·J.伯纳德、杰弗里·B.斯奈普斯：《理论犯罪学》，方鹏译，中国政法大学出版社2005年版。

3.储槐植：《刑事一体化论要》，北京大学出版社2007年版。

4.法规应用研究中心：《中华人民共和国刑法一本通》（第三版），中国法制出版社2011年版。

5.范维澄等编著：《国家安全科学导论》，科学出版社2021年版。

6.侯娜、池志培：《总体国家安全观研究新探》，中国商务出版社2020年版。

7.卢建平：《刑事政策学》，中国人民大学出版社2007年版。

8.万雅静主编：《计算机文化基础（Windows 7+Office 2010）》，机械工业出版社2016年版。

9.张军主编、最高人民法院研究室编著：《司法研究与指导》（总第2辑），人民法院出版社2012年版。

10.张军主编：《刑法（分则）及配套规定新释新解》，人民法院出版社2016年版。

11. 张文显主编:《法理学》(第5版),高等教育出版社2018年版。

(二)期刊论文

1. 蔡文昊:《虚拟货币犯罪风险成因及防范对策研究》,载《网络安全技术与应用》2022年第2期。

2. 程驰光、王超:《当前国际上主要央行对区块链技术的研究及启示》,载《武汉金融》2018年第1期。

3. 陈泓舟、段自强:《涉企比特币数据保护案件的刑民交叉识别研究——以两化营商环境为格局》,载《上海法学研究》2021年第6卷。

4. 崔屹东、郑晓彤:《对新型货币比特币的经济学分析》,载《现代经济信息》2012年第16期。

5. 邓建鹏:《ICO非法集资问题的法学思考》,载《暨南学报(哲学社会科学版)》2018年第8期。

6. 封帅、王天禅、蒋旭栋:《新兴技术对国家安全的影响笔谈》,载《信息安全与通信保密》2021年第12期。

7. 付喜国:《虚拟货币现状及监管问题研究》,载《北京金融评论》2018年第4期。

8. 付震宇、刘凌旗、陈羽臻、董博为:《量子计算技术发展路线与趋势分析》,载《中国电子科学研究院学报》2021年第8期。

9. 傅丽玉、陆歌皓、吴义明、罗娅玲:《区块链技术的研究及其发展综述》,载《计算机科学》2022年第S01期。

10. 盖静:《境外主要国家及国际组织对数字货币的认识与探索》,载《清华金融评论》2021年第8期。

11. 谷树忠、姚予龙:《国家资源安全及其系统分析》载《中国人口·资源与环境》2006年第6期。

12. 郭鹏:《从网络勒索病毒事件分析科技领域安全对国家安全的影响

及对策》，载《网络安全技术与应用》2022年第8期。

13.郭强:《论新形势下的社会安全》，载《学习与探索》2016年第12期。

14.郭晔:《论中国式社会治理现代化》，载《治理研究》2022年第3期。

15.韩家平:《中国社会信用体系建设的特点与趋势分析》，载《征信》2018年第5期。

16.胡云腾、周加海、周海洋:《〈关于办理盗窃刑事案件适用法律若干问题的解释〉的理解与适用》，载《人民司法》2014年第15期。

17.胡云腾:《习近平法治思想的刑事法治理论及其指导下的新实践》，载《法制与社会发展》2022年第5期。

18.江汉祥、苏玉海:《数字货币洗钱模式及追踪分析》，载《信息安全研究》2021年第10期。

19.柯达:《加密资产分类监管研究——以英国、瑞士、新加坡三国为例》，载《证券法律评论》2019年卷。

20.柯达:《论区块链数字货币的非法集资刑法规制》，载《东北大学学报(社会科学版)》2020年第6期。

21.赖早兴:《加密资产刑事案件:样态、种类、问题及解决——基于551份刑事判决的分析》，载《经贸法律评论》2022年第4期。

22.兰立宏、庄海燕:《论虚拟货币反洗钱和反恐怖融资监管的策略》，载《南方金融》2019年第7期。

23.李慧、田坤:《涉比特币领域犯罪问题审视与司法应对——以海淀区人民检察院近五年涉比特币案件为样本》，载《中国检察官》2021年第10期。

24.李娟娟、袁勇、王飞跃:《基于区块链的数字货币发展现状与展望》，载《自动化学报》2021年第4期。

25.李敏:《数字货币的属性界定:法律和会计交叉研究的视角》，载

《法学评论》2021年第2期。

26. 廖福霖:《生态安全》，载《绿色中国》2018年第4期。

27. 刘跃进:《非传统的总体国家安全观》，载《国际安全研究》2014年第6期。

28. 刘跃进:《政治安全的内容及在国家安全体系中的地位》，载《国际安全研究》2016年第6期。

29. 刘谆谆、贲圣林:《数字货币理论与实践研究》，载《西南金融》2022年第3期。

30. 闵晓鸣、张兴权:《国外对加密资产的监管实践及其对中国的启示》，载《海南金融》2018年第12期。

31. 漆彤、卓峻帆:《加密货币的法律属性与监管框架——以比较研究为视角》，载《财经法学》2019年第4期。

32. 桑朝阳:《数字货币的内涵界定和本质分析——基于马克思的货币理论》，载《征信》2022年第5期。

33. 邵奇峰等:《区块链技术:架构及进展》，载《计算机学报》2018年第5期。

34. 盛豪杰、行江:《类型化认定:窃取比特币行为的刑法适用》，载《西北民族大学学报(哲学社会科学版)》2021年第2期。

35. 时希杰、张琪:《规范比特币挖矿行业发展之建议》，载《中国能源》2021年第6期。

36. 宋爽、刘朋辉、陈晓:《金融安全视角下的欧盟数字资产监管策略》，载《欧洲研究》2020年第2期。

37. 孙国梓等:《区块链交易安全问题研究》，载《南京邮电大学学报(自然科学版)》2021年第2期。

38. 唐婷:《中本聪魅影》，载《新经济》2014年第3期。

39. 童志锋、徐蔚:《私人数字货币的法律风险与属性分析——基于478

份裁判文书的实证研究》，载《浙江树人大学学报（人文社会科学）》2021年第1期。

40. 王浩杰、彭银珍：《俄罗斯政府特许经营项目投资机遇分析》，载《海外投资与出口信贷》2021年第5期。

41. 王熠珏：《“区块链+”时代比特币侵财犯罪研究》，载《东方法学》2019年第3期。

42. 王熠珏：《我国虚拟货币规制的嬗变与反思》，载《重庆交通大学学报（社会科学版）》2019年第3期。

43. 魏武挥：《比特币的乌托邦》，载《科技创业》2011年第8期。

44. 吴沈括、王奕媛：《数字资产监管与俄罗斯2018年〈数字资产联邦监管法〉（草案）》，载《互联网天地》2018年第2期。

45. 吴云、薛宏蛟、朱玮、罗璠：《虚拟货币洗钱问题研究：固有风险、类型分析与监管应对》，载《金融监管研究》2021年第10期。

46. 谢杰、张建：《“去中心化”数字支付时代经济刑法的选择——基于比特币的法律与经济分析》，载《法学》2014年第8期。

47. 谢杰：《“去中心化”互联网金融对经济刑法规范的影响及其应对——比特币关联犯罪的刑法解释》，载《犯罪研究》2015第2期。

48. 熊光清、蔡正道：《中国国家治理体系和治理能力现代化的内涵及目的——从现代化进程角度的考察》，载《学习与探索》2022年第8期。

49. 杨晓晨、张明：《比特币：运行原理、典型特征与前景展望》，载《金融评论》2014年第1期。

50. 杨延超：《论数字货币的法律属性》，载《中国社会科学》2020年第1期。

51. 杨玉晓：《区块链金融衍生品刑法规制研究》，载《重庆大学学报（社会科学版）》2020年第6期。

52. 杨志琼：《非法获取计算机信息系统数据罪“口袋化”的实证分析

及其处理路径》，载《法学评论》2018年第6期。

53. 叶纯青：《比特币在美被定义为大宗商品》，载《金融科技时代》2015年第10期。

54. 于伟、王玉荣、易宪容：《数字加密货币的金融风险：特征、机制及其防范》，载《江海学刊》2022年第1期。

55. 袁勇、王飞跃：《区块链技术发展现状与展望》，载《自动化学报》2016年第4期。

56. 袁园、杨永忠：《走向元宇宙：一种新型数字经济的机理与逻辑》，载《深圳大学学报（人文社会科学版）》2022年第1期。

57. 张建文：《如何规制数字金融资产：加密货币与智能契约——俄罗斯联邦〈数字金融资产法〉草案评述》，载《上海政法学院学报（法治论丛）》2018年第5期。

58. 张建新、谢杰：《"去中心化"金融工具的法律风险控制——对比特币和首次代币发行（ICO）的行政监管与经济刑法调整》，载《河南警察学院学报》2018年第3期。

59. 张培培：《加密货币的乌托邦理想》，载《宁夏社会科学》2020年第5期。

60. 张启飞：《论数字货币犯罪的刑法规制》，载《法治研究》2021年第6期。

61. 张小玲：《关于国家经济安全的探究》，载《统计与决策》2002年第5期。

62. 张艳：《倒卖虚拟游戏币供他人赌博行为的司法认定》，载《中国检察官》2021年第8期。

63. 张伊丽、皮六一、薛中文：《日本加密资产监管制度研究》，载《证券市场导报》2020年第8期。

64. 周茂君、潘宁：《赋权与重构：〈区块链技术对数据孤岛的破解〉》，载《新闻与传播评论》2018年第5期。

65. 周永林:《揭密加密数字货币》,载《金融市场研究》2018年第4期。

66. 周振杰:《虚拟货币的基本刑法问题分析》,载《河南警察学院学报》2022年第5期。

67. 祝烈煌等:《区块链隐私保护研究综述》,载《计算机研究与发展》2017年第10期。

(三)报纸文章

1. 卢越:《北京首例比特币“挖矿”合同案一审宣判北京首例比特币“挖矿”合同案一审宣判》,载《工人日报》2002年1月3日,第4版。

2. 逄政、俞琳:《网络非法经营证券期货定性分析与刑事责任》,载《检察日报》2021年3月29日,第3版。

3. 彭波:《以非法获取计算机信息系统数据罪北京检方批捕比特币盗窃案嫌疑人》,载《人民日报》2018年3月26日,第11版。

4. 习近平:《决胜全面建成小康社会 夺取新时代中国特色社会主义伟大胜利》,载《人民日报》2017年10月28日,第1版。

5.《习近平在博鳌亚洲论坛2022年年会开幕式上发表主旨演讲 提出全球安全倡议 强调人类是休戚与共的命运共同体 各国要坚定信心 同心合力 和衷共济 合作开创未来》,载《人民日报》2022年4月22日,第1版。

6.《习近平在中共中央政治局第四十次集体学习时强调 金融活经济活金融稳经济稳 做好金融工作维护金融安全》,载《人民日报》2017年4月27日,第1版。

7.《习近平在中央政治局第十八次集体学习时强调 把区块链作为核心技术自主创新重要突破口 加快推动区块链技术和产业创新发展》,载《人民日报》2019年10月26日。

8.《习近平主持召开中央财经领导小组会议强调　积极推动我国能源生产和消费革命　加快实施能源领域重点任务重大举措》,载《人民日报》2014年6月14日,第1版。

9.《习近平主持召开中央国家安全委员会第一次会议强调　坚持总体国家安全观　走中国特色国家安全道路》,载《人民日报》2014年4月16日,第1版。

10.《习近平主持召开中央全面深化改革委员会第十二次会议强调　完善重大疫情防控体制机制　健全国家公共卫生应急管理体系》,载《人民日报》2020年2月15日,第1版。

11.习近平:《在网络安全和信息化工作座谈会上的讲话》,载《人民日报》2016年4月26日,第2版。

12.萧飒、李冰:《比特币的"罪与罚":所涉刑事案中盗窃罪过半》,载《证券时报》2021年3月29日,B1版。

13.肖飒、张超:《比特币的法律属性及刑法保护》,载《证券时报》2016年4月30日,A04版。

14.徐冰:《"挖矿"就是"挖坑"》,载《深圳特区报》2021年11月17日,A08版。

15.徐靖:《我科学家领衔实现高性能单光子源》,载《人民日报》2019年8月14日,第11版。

16.张晓松等:《习近平在全国网络安全和信息化工作会议上强调　敏锐抓住信息化发展历史机遇　自主创新推进网络强国建设》,载《人民日报》2018年4月22日,第1版。

17.《中共中央关于坚持和完善中国特色社会主义制度　推进国家治理体系和治理能力现代化若干重大问题的决定》,载《人民日报》2019年11月6日,第1版。

18.《中央经济工作会议在北京举行》,载《人民日报》2020年12月19

日，第1版。

（四）网络文献

1.笔际：《又一个虚拟货币出世，互联网群魔乱舞何时休？》，载网易网2021年6月1日，https：//www.163.com/dy/article/GB9MS76D05529DVH.html。

2.毕陆名：《全球加密货币总市值跌破1万亿美元》，载每经网，http：//www.nbd.com.cn/articles/2021-01-11/1594452.html。

3.边万莉：《央行数研所副所长狄刚谈区块链：技术上去中心化并不等于管理去中心化》，载21经济网，http：//www.21jingji.com/article/20210910/herald/e625786f94ead9efe0cf024c6dfb0ca0.html。

4.白泽研究院：《数据观察：比特币消耗的能源超过非洲大部分国家的总和》，载PANews2021年7月29日，https：//web.panewslab.com/zh/articledetails/N1373080.html。

5.崔晨：《解读美国加密货币行业监管进展与趋势》，载百度网2021年6月2日，https：//baijiahao.baidu.com/s?id=1701441550451906798&wfr=spider&for=pc。

6.《公安部举行打击整治跨境网络赌博犯罪工作情况及典型案例发布会》，载中华人民共和国国务院新闻办公室网2021年1月16日，http：//www.scio.gov.cn/xwfb/bwxwfb/gbwfbh/gab/202307/t20230703_720681.html。

7.董宇佳：《全球区块链政策年终盘点：支持、中立、禁止加密货币的国家分别有哪些》，载新浪财经网，https：//finance.sina.com.cn/blockchain/roll/2021-12-29/doc-ikyakumx6922952.shtml。

8.宫宏宇：《比特币史诗级暴跌！“人在币圈混，三天饿九顿”》，载中国新闻网2022年6月22日，https：//www.chinanews.com.cn/cj/2022/06-22/9785494.shtml。

9.葛燕、朱敏、王一平:《虚拟货币监管入刑化趋势解读》系列之一:虚拟货币的界定及其监管政策概况》,载中伦网,http://www.zhonglun.com/Content/2022/05-11/1459111370.html。

10.互联网刑事犯罪研究:《抢劫比特币,法院会宣判吗?》,载新浪网,https://finance.sina.com.cn/blockchain/roll/2021-06-21/doc-ikqcfnca2297351.shtml。

11.核交易:《独家|80万元数字币资产被盗 警方:价值无法评估,无法立案》,载百度网2018年5月4日,https://baijiahao.baidu.com/s?id=1599532718095134057&wfr=spider&for=pc。

12.环球时报新媒体:《中国人用比特币到日本购买房产?东京调查非法流入的270亿日元》,载腾讯网2021年11月22日,https://view.inews.qq.com/a/20211112A031BG00。

13.火以:《理论上中本聪已经是世界首富了,比特币的套路到底有多深?》,载百家号2021年2月18日,https://baijiahao.baidu.com/s?id=1692041970402394018。

14.杭州派盾信安科技有限公司:《数字货币反洗钱暨DeFi行业安全报告》,https://coinholmes.com/static/pdf/2021_2.pdf。

15.金观平:《斩断虚拟货币炒作资金链条》,载人民网,http://finance.people.com.cn/n1/2021/0623/c1004-32137884.html。

16.《可持续解决方案还是气候灾难?加密货币技术的潜力与风险》,载联合国官网2021年6月21日,https://news.un.org/zh/story/2021/06/1086412。

17.理财小精灵:《虚拟货币可以随时买卖吗 缺点是什么?》,载股城网2022年1月21日,https://finance.gucheng.com/202201/4149447.shtml。

18.链得得:《2021全球数字货币市场年度监管政策盘点》,载凤凰网2022年2月2日,https://tech.ifeng.com/c/8DJ9RDkUrnk。

19.梁爽:《武汉首例比特币盗窃案判决生效　男子获刑1年3个月》,载央广网,http://www.cnr.cn/hubei/yaowen/20190211/t20190211_524506555.shtml。

20.马玉涛、刘杨:《离婚纠纷中数字货币资产的分割探究》,载北大法宝网2021年1月14日,https://www.pkulaw.com/lawfirm/articlebykeywords。

21.钱政骁:《比特币是否具有财产属性?怎样执行返还交付?》,载微信公众号"上海高院"2022年5月5日,https://mp.weixin.qq.com/s/4KH68E0MVhxjgyeWgJAHOA。

22.《人民银行相关负责人就比特币相关事宜答记者问》,载中华人民共和国中央人民政府网,http://www.gov.cn/gzdt/2013-12/05/content_2542751.htm。

23.视点:《"雌雄大盗"落网!价值数十亿美元比特币盗窃案时隔6年终于告破》,载第一财经网2022年2月10日,https://www.yicai.com/news/101313082.html。

24.帅俊全:《比超级计算机快千万倍!中国量子计算研究获重要进展》,载新华网,http://www.news.cn/politics/2021-10/26/c_1127995976.htm。

25.《数字惊人!"挖矿"究竟多耗电?》,载搜狐网2021年5月30日,https://www.sohu.com/a/469461263_162758。

26.王磊、王乒、包仕鹏:《比特币及类数字货币纠纷争议解决之法律探究》,载北大法宝网2021年3月17日,https://www.pkulaw.com/lawfirm/articlebykeywords。

27.万静:《多部门联合围剿虚拟货币"挖矿"行为》,载新华网,http://www.news.cn/fortune/2021-11/23/c_1128089671.htm。

28.梧通浅聊:《虚拟货币的本质是什么,为什么国家禁止还有那么多人炒作?》,载搜狐网2022年4月13日,https://www.sohu.com/

a/537657147_121062334。

29. 张冰洁:《工商银行多款数字人民币硬件钱包产品亮相服贸会》,载中国金融新闻网2022年9月7日, https://www.financialnews.com.cn/yh/yx/202209/t20220907_255126.html。

30. 中国国家禁毒委员会办公室:《2015年中国毒品形势报告》,载中国禁毒网, http://www.nncc626.com/2016-02/18/c_128731173.htm。

31.《最高人民检察院 中国人民银行惩治洗钱犯罪典型案例》,载中华人民共和国最高人民检察院网2021年3月19日, https://www.spp.gov.cn/spp/xwfbh/wsfbt/202103/t20210319_513155.shtml#2。

32. 中国人民银行数字人民币研发工作组:《中国数字人民币的研发进展白皮书》,载中国人民银行网2021年7月, http://www.pbc.gov.cn/goutongjiaoliu/113456/113469/4293590/2021071614200022055.pdf。

33. 钟海伟:《"盗窃"比特币案件的司法认定困境》,载新浪微博2021年6月11日, https://weibo.com/ttarticle/p/show?id=2309404646869744877645。

34. 张刘涛:《俩大学生骗他人虚拟币出售获利被判刑,法院为何不以诈骗定罪》,载澎湃网2019年6月5日, https://www.thepaper.cn/newsDetail_forward_3611730。

35. 朱英子:《北京一法院以盗窃罪判决虚拟货币被盗案:是数据还是财产?虚拟货币法律属性仍存争议》,载百度网, https://baijiahao.baidu.com/s?id=1732549072818120676&wfr=spider&for=pc。

36. 中金网:《新西兰FMA警告公民谨慎投资加密货币》,载新浪网2021年1月21日, https://cj.sina.com.cn/articles/view/5617262908/14ed0a13c01900r4nq?sudaref=cn.bing.com&display=0&retcode=0。

37.《2021年十大毒品(涉毒)犯罪典型案例之谢彭等贩卖毒品案》,载中华人民共和国最高人民法院网2021年6月25日, https://www.court.gov.cn/zixun-xiangqing-310731.html。

38.21区块君:《虚拟加密货币全线下跌居然是因为这个国家颁布的一条政策》,载百度网2022年1月30日。

二、外文文献

1. Apolline Blandin, Dr. Gina Pieters et al., *3RD Global Cryptoasset Benchmarking Study*, Cambridge Centre for Alternative Finance (September 2020), https://www.jbs.cam.ac.uk/wp-content/uploads/2021/01/2021-ccaf-3rd-global-cryptoasset-benchmarking-study.pdf.

2. Cecilia Quirk, *El Salvador's Bitcoin Law: Contemporary Implications of Forced Tender Legislation*, PLJ (2021), https://legaljournal.princeton.edu/el-salvadors-bitcoin-law-contemporary-implications-of-forced-tender-legislation/.

3. Charltons Quantum, *Crypto Regulation in Hong Kong*, charltonsquantum (March 2021), https://charltonsquantum.com/legal/our-work/2021/hong-kong-crypto-law-crypto-regulation-march-2021.pdf.

4. Chris Davies, *Crypto Clampdown Sees US Treasury Demand Tougher IRS Reporting Rules*, Slash Gear (20 May 2021), https://www.slashgear.com/crypto-clampdown-sees-us-treasury-demand-tougher-irs-reporting-rules-20673757.

5. Christy Bieber, U.S. Treasury Rushing to Regulate Crypto Markets, the ascent (11 October 2021), https://www.fool.com/the-ascent/cryptocurrency/articles/us-treasury-rushing-to-regulate-crypto-markets/.

6. El Salvador, *The First Country to Accept the Cryptocurrency Bitcoin as Legal Tender Might See Many Unintended Consequences*, CREDENDO (16 June 2021), https://credendo.com/en/knowledge-hub/el-salvador-first-country-accept-cryptocurrency-bitcoin-legal-tender-might-see-

many.

7. Fotis International Law Firm, *Crypto Currency Regulations In UAE*, fotislaw, https://fotislaw.com/lawtify/blog/crypto-currency-regulations-in-uae/#:~:text=As%20of%20today%2C%20there%20is%20no%20Crypto%20law, most%20detailed%20guide%20of%20Cryptocurrencies%20in%20the%20UAE.

8. *Global Impact of Crypto Trading: How Many Trees Would We Need to Absorb the CO_2 Produced by Cryptocurrencies?*, Forexsuggest (March 2022) https://forexsuggest.com/global-impact-of-crypto-trading/.

9. Guerra Gustavo, *Cuba: Central Bank Issues Directive on Cryptocurrency*, Library of congress (4 October 2021), https://www.loc.gov/item/global-legal-monitor/2021-10-04/cuba-central-bank-issues-directive-on-cryptocurrency/.

10. *Hong Kong Cryptocurrency Regulations*, coinfirm, https://www.coinfirm.com/blog/hong-kong-cryptocurrency-regulations/.

11. Irwin A & Milad G, *The Use of Crypto-currencies in Funding Violent Jihad*, 19 Journal of Money Laundering Control 407 (2016).

12. M.Al Khatem, *Crypto Assets and Regulatory Framework in UAE: An Overview*, HHS LAWYERS (6 June 2021), https://hhslawyers.com/blog/crypto-assets-and-regulatory-framework-in-uae/.

13. MacKenzie Sigalos, *Cuba's Central Bank Now Recognizes Cryptocurrencies Such as Bitcoin*, CNBC (27 August 2021), https://www.cnbc.com/2021/08/27/cubas-central-bank-now-recognizes-cryptocurrencies-like-bitcoin.html.

14. Merkle Science, *Overview of Cryptocurrency Regulations in Singapore*, Merkle Science (18 February 2022), https://knowledgebase.

merklescience.com/regulation/cryptocurrency-regulations-in-singapore.

15. Muzinich Justin, *America's Crypto Conundrum: Protecting Security Without Crushing Innovation*, 100 Foreign Affairs 129(2021).

16. *Switzerland Crypto Regulations: KYC, Taxes & FINMA*, COINFIRM, https://www.coinfirm.com/blog/switzerland-crypto-regulations/.

17. Sinan Kufeoglu & Mahmut Ali Ozkuran, *Bitcoin Mining: A Global Review of Energy and Power Demand*, 58 Energy Research & Social Science 101273(2019).

18. Shangrong Jiang, Yuze Li et al., *Policy Assessments for the Carbon Emission Flows and Sustainability of Bitcoin Blockchain Operation in China*, 12 Nature Communications 1(2021).

19. *Switzerland and Cryptocurrency*, Freeman Law(7 September 2023), https://freemanlaw.com/cryptocurrency/switzerland/.

20. Timothy Loh & Gavin Cumming, *Crypto Regulation in Hong Kong*, Mondaq(2 April 2022), https://www.mondaq.com/hongkong/fin-tech/1178942/crypto-regulation-in-hong-kong.

21. 荻野昭一『暗号資産を巡る法制整備と論点考察』札幌学院法学37巻(2020年)157頁。

22. 清水正博『暗号通貨、ブロックチェーンの法的活用についての一考察』中央学院大学法学論叢35巻(2021)25頁。

附　录

附录1：世界各主要国家（地区）有关加密货币文件目录与主要内容

国家（地区）	文件名称	文件主要内容
中国	《中国人民银行、工业和信息化部、中国银行业监督管理委员会等关于防范比特币风险的通知》（2013）	该《通知》共计5条： 第1条：明确了比特币的性质，认为比特币不是由货币当局发行，不具有法偿性与强制性等货币属性，并不是真正意义上的货币。 第2条：要求现阶段，各金融机构和支付机构不得以比特币为产品或服务定价，不得买卖或作为中央对手买卖比特币，不得承保与比特币相关的保险业务或将比特币纳入保险责任范围，不得直接或间接为客户提供其他与比特币相关的服务。 第3条：规定作为比特币主要交易平台的比特币互联网站，应当根据《中华人民共和国电信条例》和《互联网信息服务管理办法》的规定，依法在电信管理机构备案。 第4条：要求相关机构按照《中华人民共和国反洗钱法》的要求，切实履行客户身份识别、可疑交易报告等法定反洗钱义务，切实防范与比特币相关的洗钱风险。 第5条：要求金融机构、支付机构在日常工作中应当正确使用货币概念，注重加强对社会公众货币知识的教育，将正确认识货币、正确看待虚拟商品和虚拟货币、理性投资、合理控制投资风险

续表

国家（地区）	文件名称	文件主要内容
中国	《中国人民银行、中央网信办、工业和信息化部等关于防范代币发行融资风险的公告》(2017)	该《公告》共计5条： 第1条：明确提出将ICO界定为“未经批准非法公开融资的行为，涉嫌非法发售代币票券、非法发行证券以及非法集资、金融诈骗、传销等违法犯罪活动”，向投资者筹集比特币、以太币等所谓“虚拟货币”，本质上是一种未经批准非法公开融资的行为。 第2条：任何组织和个人不得非法从事代币发行融资活动，全面清退国内融资代币和虚拟货币交易业务。 第3条：加强代币融资交易平台的管理，任何所谓的代币融资交易平台不得从事法定货币与代币、“虚拟货币”相互之间的兑换业务，不得买卖或作为中央对手方买卖代币或“虚拟货币”，不得为代币或“虚拟货币”提供定价、信息中介等服务。 第4条：各金融机构和非银行支付机构不得开展与代币发行融资交易相关的业务。 第5条：警示社会公众应当高度警惕代币发行融资与交易的风险隐患
	中国建设银行股份有限公司《关于禁止使用我行服务用于虚拟货币交易的公告》(2021)	该《公告》明确，中国建设银行坚决不开展、不参与任何与虚拟货币相关的业务活动，坚决不为虚拟货币提供账户开立、登记、交易、清算、结算等任何金融产品和服务
	《中国互联网金融协会、中国银行业协会、中国支付清算协会关于防范虚拟货币交易炒作风险的公告》(2021)	该《公告》共计4条： 第1条：规定了正确认识虚拟货币及相关业务活动的本质属性，虚拟货币是一种特定的虚拟商品，不由货币当局发行，不具有法偿性与强制性等货币属性，不是真正的货币，不应且不能作为货币在市场上流通使用。 第2条：规定有关机构不得开展与虚拟货币相关的业务，不得用虚拟货币为产品和服务定价，不得承保与虚拟货币相关的保险业务或将虚拟货币纳入保险责任范围等。 第3条：规定消费者要提高风险防范意识，谨防财产和权益损失。 第4条：规定加强对会员单位的自律管理

续表

国家（地区）	文件名称	文件主要内容
中国	《中国人民银行、中央网信办、最高人民法院等关于进一步防范和处置虚拟货币交易炒作风险的通知》(2021)	该《通知》共计5条： 第1条：明确虚拟货币和相关业务活动本质属性。虚拟货币不具有与法定货币等同的法律地位，虚拟货币相关业务活动属于非法金融活动，境外虚拟货币交易所通过互联网向我国境内居民提供服务同样属于非法金融活动，参与虚拟货币投资交易活动存在法律风险。 第2条至第4条：建立健全应对虚拟货币交易炒作风险的工作机制。包括建立部门协同、央地联动的常态化工作机制，加强对虚拟货币交易炒作风险的监测预警，构建多维度、多层次的虚拟货币交易炒作风险防范和处置体系。 第5条：强化组织实施。包括加强组织领导和统筹协调和加强政策解读和宣传教育
	《国家发展改革委等部门关于整治虚拟货币“挖矿”活动的通知》(2021)	该《通知》要求，加强虚拟货币“挖矿”活动上下游全产业链监管，严禁新增虚拟货币“挖矿”项目，加快存量项目有序退出，促进产业结构优化和助力碳达峰、碳中和目标如期实现
美国	美国联邦法规31 CFR（2010修订）	美国联邦法规31 CFR第103.125项规定了货币服务业务的反洗钱程序。符合美国联邦法规31 CFR第103.11（uu）项所界定的货币服务提供者，需建立合理有效的反洗钱程序，防止货币服务业务被用于反洗钱犯罪和资助恐怖活动犯罪。该程序的建立要与其所提供金融服务领域的风险大小及规模相适应，并且要按照财政部的要求，制作书面纸质版本，并制作副本以供查阅
	《金融犯罪执法网络法规在个人管理、交换或使用虚拟货币中的应用》（文件编号：FIN-2013-G001）(2013)	FIN-2013-G001对货币服务提供商进行了详细的规定和列举，明确银行保密法（BSA）适用于创建、获取、分发、交换、接受或传播数字货币的人员或机构。该指南将这些主体定义为用户、管理机构和兑换机构。用户不受BSA注册、报告、保存记录等规则的约束，而数字货币的管理机构和兑换机构则要受到约束。尤其是货币兑换者，除非限制或免除其适用该定义，否则一定要受到BSA的约束。根据FinCEN的规定，管理机构或兑换机构不是预付费交易的提供者或卖方，也不是外汇交易商

续表

国家（地区）	文件名称	文件主要内容
美国	《投资者指南和规则》(2014)	美国政府将比特币等加密货币当作财产而不是货币，当消费者使用加密货币购物时，首先要出售自己的加密货币换取现金。因此，每笔使用加密货币的交易都需要报税。如果消费者持有这些比特币的时间不到一年，并把它们出售，那么所得现金将会被征收所得税。如果消费者持有比特币超过一年时间，那么就会被征收资本利得税，可能达到20%。再加上交易费和会计费用，成本可能会增加到60%
	《数字货币带来的风险》(2014)	该文件对金融消费者进行数字货币投资给予建议和指导。同时该文件对消费者需要知道的关于比特币的风险进行了相应的提示，并且提供了一些建议，如在使用数字货币在平台上进行交易时，检查其是否按照美国金融犯罪执法网络的规定进行注册，了解交易的成本、费用及汇率等
	2015年9月，美国商品期货交易委员会（CFTC）的文件：CFTC Docket No. 15-19, 2015 WL 5535736 (Sept.17,2015).	该文件首次把比特币和其他加密货币合理定义为与原油或小麦一样的大宗商品，将比特币等其他密码货币纳入了大宗商品衍生品市场的规则体系中，改变了其匿名性的特点，受到CFTC的监管
	《虚拟货币商业统一监管法案》(2017)	《虚拟货币商业统一监管法案》强调准入监管的重要性。该法案明确，许可申请人需要向注册部门提交申请人及行政执行官的基本信息、前五年的商业信息、申请人持有其他州货币服务许可证情况、业务获得资金存入银行名称地址、资金来源及最低净资产和储备金（第209条规定，最低净资产为25，000美元及保障业务运营的充足储备金）等监管者需要的信息
	《关于对虚拟货币采取措施的联合声明》(2018)	该文件声明，如果有主体参与到以“数字工具发行”为面具的欺诈中，不管它是被描述为虚拟货币、币、代币还是其他类似的东西，SEC和CFTC会透过形式，检查此类活动的实质以及它是否违反了联邦证券法律和商品法。SEC和CFTC负责采取强制措施的部门将继续解决违法行为，并采取措施以停止和防范在数字工具的发行和售卖中的欺诈行为

续表

国家（地区）	文件名称	文件主要内容
美国	《数字资产投资合同分析框架》(2019)	该指南明确凡是无法通过Howey测试的数字货币将被统一视为证券。Howey测试的标准为： ①确有金钱/资本投入（The Investment of Money）； ②投资于共同事业（Common Enterprise）； ③投资人有收益预期、期待获取利润（Expectation of Profit）； ④不直接参与经营，仅仅凭借发起人或第三方的努力（Effort of Others）
	2019年FATF《新40项建议》(2019修订)	2019年FATF《新40项建议》修改了第15条，明确将FATF标准适用于数字货币监管，即要求交易所和客户必须真实注册
	《2020年加密货币法案》(2020)	该法案旨在明确各种数字资产的适当监管机构，并要求这些机构针对其管辖范围内的数字资产进行监管，对数字资产的交易、牌照发放与注册等方面作出明确表示。该法案将数字资产分为三类：加密商品、加密货币和加密证券。这三个类别分别由商品期货交易委员会（CFTC）、金融犯罪执法网络（FinCEN）和证券交易委员会（SEC）监管
	《消费者安全技术法案》(2020)	该法案现在包括《数字分类法》(Digital Taxonomy Act）和《区块链创新法》(Blockchain Innovation Act)。《数字分类法》为"数字资产"和"数字单位"提供了定义，并将责成联邦贸易委员会监督其中的不公平贸易行为。《区块链创新法》将要求联邦贸易委员会编写一份有关区块链在消费者保护中的作用的报告
	《数字商品交易法》(2020)	该法案旨在为"数字商品交易所"创建一个联邦定义，将其归为自己的合法类别，并要求商品期货交易委员会（CFTC）进行监督。该法案为数字货币制定了一个新的框架，在管理这一资产类别的《数字商品交易法》下，对数字货币的处理方式与商品类似。在这个框架下，加密交易所将享有联邦司法管辖权，允许它们在全美运营，而不用申请 49 个州的货币运营许可证。DCEA 也允许某些类型的 ICO

续表

国家(地区)	文件名称	文件主要内容
美国	《证券清晰法》(2020)	该法案旨在阐明作为证券发售的一部分出售的投资合同资产或数字代币是独立的,并且是商品,不是证券,意图为那些希望获得美国证交会(SEC)和其他监管机构"首肯"的加密货币项目提供一些政策防护
	《稳定币挂勾和银行执照执行法案》(2020)	该法案要求稳定币发行商在发行稳定币之前必须获得银行特许执照并获得监管部门的批准。此外,该法案提出了多项监管要求,包括: 1.稳定币发行方必须获得银行执照; 2.稳定币发行方必须获得美联储、美国联邦存款保险公司和银行监管机构的批准才能发行稳定币; 3.稳定币发行方实体必须对所有系统性风险进行持续分析; 4.稳定币发行方必须购买美国联邦存款保险公司的保险,并保留足够的准备金以便轻松兑换美元
	《数字资产市场结构和投资者保护法案》(2021)	该法案是一个全面数字资产监管和法律框架,几乎涉及美国市场环境下所有约束加密货币继续存在的重要灰色区域,其主要目标之一是为"数字资产"和"数字资产证券"制定依法必须执行的定义,包括:将"数字资产"置于美国商品期货交易委员会(CFTC)的管辖范围内;以及将"数字资产证券"置于美国证券交易委员会(SEC)的管辖范围内。 此外,该法案提议美国财政部对法币稳定币拥有全部权力(full authority),同时还明确要求授予美国联邦储备委员会发行数字美元的权力
	《数字商品消费者保护法》(2022)	该法案明确指出比特币(比特币,BTC)和以太币(以太币,ETH)被归类为商品,而不是证券。希望赋予CFTC对数字商品市场的专属管辖权、为消费者和市场带来更多保障。并且明确了SEC拥有决定数字资产是证券还是商品的裁判权

续表

国家(地区)	文件名称	文件主要内容
新加坡	《新加坡货币管理局(MAS)为洗钱和恐怖融资风险监管虚拟货币中介机构》(2014)	该文件表示MAS会监管在新加坡的虚拟货币中介机构以应对潜在的洗钱和恐怖融资风险，即MAS不监管虚拟货币本身，但要求买卖或促进虚拟货币同真实货币交易的中介机构辨别其客户性质，将可疑交易报告给可疑交易报告办公室
	《答复议会有关在新加坡使用加密货币的问题及监管加密货币和ico的措施》(2017)	该文件表示目前正在制定一个新的支付服务监管框架来应对洗钱和恐怖主义融资风险。同时表示，虚拟货币若超越其作为一种支付手段的身份，演变为代表资产所有权等利益的“第二代”代币，类似于股票或债券凭证，那么出售该等“第二代”代币来筹集资金的ICO项目受MAS监管
	《新加坡货币管理局澄清在新加坡提供数字代币的监管立场》(2017)	该文件表示如果数字代币构成《证券及期货条例》第289章规定的产品，数字代币在新加坡的发行将受到MAS的监管。这些代币的发行者将被要求在发行这些代币之前向MAS递交并登记招股说明书，除非获得豁免。这些代币的发行者和中介机构也将受《证券及期货条例》和《财务顾问法》第110章的许可证要求的限制，除非获得豁免
	《支付服务法》(2019)	根据《支付服务法》，除豁免支付服务商外，在新加坡提供数字支付代币服务，须持有MAS颁发的牌照
	《数字代币发行指引》(2020修订)	该指引表明若发行的数字货币代表投资者持有的企业股权、资产所有权，或可转换为公司债权，即按照《证券期货法》受到监管。一旦ICO发行的数字货币符合《证券期货法》对股票的定义，除非发行方获得豁免，否则须事先向MAS提交售股说明书
	《支付服务法(修订案)》(2021)	在修定案中将数字支付代币服务商扩展到提供DPT转账，DPT钱包托管，去中心化DPT交易的服务机构，对数字支付服务进行进一步监管，并加强反洗钱和反恐怖融资的监管

续表

国家（地区）	文件名称	文件主要内容
新加坡	《金融服务和市场法案》(2022)(FSM)	该法案将允许新加坡金融管理局对该国的虚拟资产服务商金融公司进行监管。 要求数字代币发行方和服务提供方须取得有效的金融牌照，并提出了更高的反洗钱、反恐怖主义融资要求。FSM法案参照金融行动特别工作组(FATF)的标准，将DPT服务扩大到包括直接或间接交易、兑换、转账、保管加密货币，或提供相关投资建议，还将监管机构覆盖范围扩大到在新加坡设立（但向新加坡以外提供服务）的加密货币服务机构
新加坡	《向公众提供DPT服务之指南》(2022)	指出数字支付代币（DPT）具有高风险性，不适合公众参与，要求DPT服务商避免在公共场所或大众社交媒体上推介DPT服务，只能在公司网站和应用及社交账号上推广其DPT服务
日本	《日本支付服务法案》(2017)	该法案承认比特币为支付方式，并加以严格监管。在这项法案中，立法会把比特币定位成类似资产一样的价值，而不是一种货币。人们可把它作为一种支付方式，用来进行交易
日本	《资金决算法》(2019修正)	该法案正式将加密资产纳入了法律规制的体系内，其修订内容主要体现在以下方面：①将加密货币名称变更为加密资产，并且在加密资产的定义中排除了表示金商法规定的电子记录转移权利的内容；②增加了为他人保管加密资产的业务类型；③明确加密资产交易者登记被拒事由；④变更了加密资产交易业的业务内容的申报方式；⑤对广告·劝诱等事项进行规制；⑥规定了加密资产交易业者的情报提供义务；⑦规定了加密资产交易业者的分别管理义务；⑧明确记载了让加密资产交易业者进行加密资产管理的用户具有优先清偿权
日本	《金融工具与交易法》(2019修正)	该法案对加密资产关联衍生交易、作为电子记录转移权利的有价证券的整理、加密资产的地位、作为电子记录转移权的金融商品交易业的整理、登记申请、广告·劝诱等的规制、金融商品交易商的说明义务、金融商品交易业者等的承销业务、金融商品交易业者的分别管理义务、不正行为的规制等事项作出了规定

续表

国家（地区）	文件名称	文件主要内容
日本	《修订部分基金结算法律等草案，以应对随息和通信技术进步而带来的金融交易多样化》（2019）	该文件除将加密货币名称更改为“加密资产”之外，还要求必须使用“冷钱包”管理加密资产等。此外，该法案授予初始代币发行获得收入分配的权利
	《资金决算法案修订案》（2022）	该法案的范围涉及资金结算法和银行法等多方面，主要的修改内容涉及高额电子可转让预付式支付方式，稳定币结算，银行等机构交易监管等。银行、资金结算代理业、信托公司等可以发行和管理与日元或其他法币联动的稳定币，保证持有者按面值赎回稳定币。所有相关稳定币平台须取得电子支付交易业务牌照
	《外汇法》（2022修正）	加强审查制度的义务，例如制定检查最新制裁人员名单的程序手册；加强稳定币交易的资产冻结；对违反者给予行政指导、改正建议和责令，对违反命令的，依法追究刑事责任
	《防止犯罪所得转移法》（2022修正）	将收件人/发件人信息与加密资产一起发送的义务；对违反者给予行政指导、改正建议和责令，对违反命令的，依法追究刑事责任
	《国际恐怖主义财产冻结法》（2022修正）	冻结《外汇法》指定的朝鲜、伊朗等受制裁的参与核开发的人已经拥有的国内资产
	《打击有组织犯罪、毒品特别法》（2022修正）	加强对洗钱犯罪的打击和威慑；将洗钱罪的最高刑期从5年提高到10年，使刑罚与欺诈罪相同；将加密资产添加到犯罪收益的定义中，并列入没收对象范围内
萨尔瓦多	《比特币法》（2021）	该法案规定比特币将作为萨尔瓦多法定流通货币接受监管，并可用作商品标价、支付手段和纳税用途。比特币交易将无须缴纳资本利得税；该国境内比特币与美元兑换汇率由市场决定。法案还规定，国家将允许用户采用比特币交易替代方案，必要时自动即时将比特币兑换成美元
	《数字资产发行法》（2023）	《数字资产发行法》当中涵盖发行比特币债券（也称为火山债券）的法律框架，是专门为加密资产量身定制的监管框架，允许萨尔瓦多公开发行数字资产并进行转让

续表

国家（地区）	文件名称	文件主要内容
古巴	古巴央行（BCC）发布的2021年第215条决议	该决议承认比特币等加密货币生效。加密货币得到BCC认可后，比特币和其他加密货币可以在古巴用于商业交易和投资
阿联酋	《2021年阿联酋区块链战略》（2018）	拟最大限度地利用区块链技术，在2021年年底前将50%或更多的政府交易转移到区块链平台上，同时成为第一个区块链驱动政府
	《加密资产活动监管指南》（2018）	本指南的主要重点是金融管理局对虚拟资产的监管处理，以及可在区域金融管理局内就虚拟资产开展的金融服务活动
	阿布扎比全球市场法规（2018）	该法规引入了"运营加密资产业务"并将其纳入监管范畴，这里的"运营加密资产业务"包括加密资产交易所的运营，但不包括发行 ICO
	监管局董事会主席关于加密资产监管的2020年第21/R.M号决定	该法规的目的是规范加密资产在国家的发行、发行、上市和交易，以及相关的金融活动
	《储值设施监管框架条例》（2020）	它将加密资产定义为"通过密码保护并可能通过分布式分类账系统以电子方式传输、存储或交换的价值或合同权利的数字表示"，该条例旨在建立加密资产的监管框架
	迪拜金融服务管理局发布的咨询文件第 138 号（2021）	该文件发布了监管证券代币的框架，同时还提出了一项有关加密货币的规定，指出"可以使用DLT应用程序创建、存储和转让加密资产"。但是，该规定并不打算仅用于加密货币、加密货币或其他贸易形式
瑞士	《首次代币发行（ICO）监管指南》（2017）	FINMA在该指南中阐述了其对ICO的立场，并强调了现有金融市场法律可能涵盖ICO的领域
	《次代币发行（ICO）指南》（2018）	进一步明确了加密资产的分类、各部门法律的适用等内容
	《瑞士分布式账本技术和区块链的法律框架：以金融部门为重点视角》（2018）	该文件主要对加密资产以及区块链金融基础设施的法律适用与法律修订问题进行了详细说明

续表

国家（地区）	文件名称	文件主要内容
瑞士	《金融服务法》(2020)	该法规定，如资产型代币属于资本证券、债务工具、集合投资计划单位等金融工具，则代币发行人、客户顾问以及等相关服务提供商需要受到该法的约束
	《金融机构法》(2020)	该法为投资组合经理、受托人、集合资产经理、基金管理公司和证券公司统一制定了准入监管制度。在特定情况下，发行与交易加密资产的主体会符合前述金融机构的定性，从而受到《金融机构法》的规制
俄罗斯	《数字金融资产法》(2020)	该法允许从2021年起在俄罗斯进行数字金融资产交易，但仍禁止在俄罗斯境内将加密资产作为支付手段。它将加密货币和代币定义为数字金融资产，只允许通过已被授权的加密货币交换运营商进行交易，并为ICO建立Know-Your-Customer（KYC）规则
	《数字货币法案》(2021)	该法案将"数字货币"定义为"包含在信息系统中的一组电子数据，可以作为支付手段而不是俄罗斯联邦的货币单位，也可以作为投资"。但与此同时，该法案规定，俄罗斯的法律实体，包括在俄罗斯设立的外国公司的子公司和国际组织，以及在12个月内在俄罗斯停留至少183天的个人，不能接受数字货币作为商品和服务的支付方式
	《反洗钱法》(2019修订)	该法将非法使用加密货币列入与洗钱有关的刑事犯罪清单。根据该法，通过犯罪手段获得并转换为法币的加密货币将被视为洗钱资金并被视为刑事犯罪
中国香港	《有关首次代币发行的声明》(2017)	开始对以首次代币发行来募集资金的活动热潮进行监管。这一阶段，香港证监会以传统证券金融类产品类比带有金融属性的虚拟资产活动进行监管，将虚拟资产一分为二地划分为受规管的"证券金融化资产"和不受规管的"非证券金融化资产"

续表

国家（地区）	文件名称	文件主要内容
中国香港	《有关针对虚拟资产投资组合的管理公司、基金分销商及交易平台营运者的监管框架的声明》（2018）	根据该声明的规定，虚拟资产投资组织者公司、虚拟资产基金分销商及正在或有意将投资组合中10%或以上的总资产价值投资于虚拟资产的投资组合并分销的持牌机构，无论其涉及的虚拟资产是否构成“证券”或“期货合约”，均须获香港证监会发牌或向香港证监会注册，并遵循证券及期货条例的相关规定，其活动受香港证监会监管
	《监管虚拟资产交易平台立场书》（2019）	该文件主要规定了以下内容：1. 非证券型代币交易服务，不属于香港证监会管辖范围；2. 提供证券服务，须1号牌证券交易牌照和7号牌提供自动化交易服务牌照；3. 对仅提供点对点交易服务而由投资者保留本身资产的平台，以及为客户进行虚拟资产交易服务但不提供自动化交易服务的平台，均不发放牌照
	《有关适用于获证券及期货事务监察委员会发牌的虚拟资产交易平台营运者的建议监管规定的咨询文件》（2022）	该文件旨在全面监管香港所有中央虚拟资产交易平台
	《有关适用于获证券及期货事务监察委员会发牌的虚拟资产交易平台营运者的建议监管规定的咨询文件》（2023）	商讨适用于持牌虚拟资产交易平台营运者的主要建议监管规定、双重牌照、有关容许零售投资者使用持牌虚拟资产交易平台的建议等议题，以在投资者保障与市场发展之间达致更适度的平衡

附录2：国际组织有关加密货币的文件（报告）目录与主要内容

国际组织	文件名称	文件主要内容
国际货币基金组织（IMF）	《数字货币的崛起》（2019）	该报告对电子货币、投资货币等新兴数字货币形式进行了详尽讨论。报告指出，所谓“数字货币”是一种以电子形式存储的货币，其货币价值与法币相当，一般由私营、科技企业提供服务，与传统的现金、银行存款日渐形成竞争。如今，这种新型的货币模式正逐步被各个国家和地区所接受。在该报告中，IMF还提到i-money已经具备了基本的稳定性，但是i-money的转让类似证券所有权转让，因此必须受到监管限制
	《加密资产有效政策要素》（2023）	该文件旨在解决IMF成员国关于如何应对加密资产扩张及相关风险问题，并提出了由9项政策要素（或政策行动）组成的框架，分别为：通过加强货币政策框架来维护货币主权和稳定，不授予加密资产官方货币或法定货币的地位；防范资本流动过度波动，保持资本流动管理措施的有效性；分析和披露财政风险，并对加密资产采取明确的税收处理；建立加密资产的法律确定性，应对法律风险；制定和执行对所有加密市场参与者的审慎、行为和监督要求；建立不同国家机构和政府的联合加密监管框架；建立国际合作安排，以加强对加密资产法规的监督和执行；监测加密资产对国际货币体系稳定性的影响；加强全球合作，发展数字基础设施，以及开发跨境支付和跨境金融的替代解决方案
金融稳定委员会（FSB）	《金融稳定委员会关于加密资产活动的国际监管和监督的声明》（2022）	声明称包括 Stablecoin 在内的加密资产正在快速发展，但需要在国内和国际层面受到与其构成的风险相称的有效监管和监督，且相关服务提供商必须始终确保遵守其运营所在司法管辖区的现有法律义务。该声明还表示，如果 Stablecoin 要被用作广泛使用的支付手段或在金融体系中发挥重要作用，则应在强有力的监管和相关当局的监督下获取 Stablecoin，FSB正在努力确保加密资产受到强有力的监管，并将于10月向G20财长和央行行长报告 Stablecoin 和其他加密资产的监管方法

续表

国际组织	文件名称	文件主要内容
国际证监会（IOSCO）	《与加密资产交易平台有关事宜、风险及监管的考虑》（2019）	此次IOSCO发布的咨询报告由二级市场监管委员会（C2）基于加密资产交易平台（CTP）的运行情况并参考C2成员或ICO咨询网络（ICO Consultation Network）成员正在或拟考虑采取的监管措施而提出，详细描述了迄今为止发现的与CTP加密资产交易相关的问题和风险，并提供了相应的关键监管考虑因素和工具包，以帮助监管机构在其监管框架范围内评估CTP，为其加强监管提供借鉴
	《加密资产投资者教育报告》（2020）	IOSCO在报告《加密资产投资者教育》中指出投资者可能面临的一系列风险，包括市场缺乏流动性、波动性、投资金额部分或全部损失、信息披露不足和欺诈等。该报告描述了监管机构可以用来向散户投资者提供加密资产投资风险教育材料的方法，并提供四个指导领域：开发关于加密资产的教育内容；向公众通报未经许可或欺诈性的公司；利用各种沟通渠道告知投资者；建立伙伴关系来编写和传播教育材料
欧盟	《反洗钱5号指令》（2018）	该指令首次将监管范围扩大到包含虚拟货币–法币交易所和托管钱包供应商在内的加密服务供应商，以反洗钱和反恐怖主义融资的名义获取加密交易的参与者的信息，旨在为欧洲金融监管机构设定一个新的法律框架，以监管数字货币，以防范洗钱和恐怖主义融资
	《加密资产市场监管条例》（2021）	这个条例主要适用于不满足金融工具定义的加密资产，除效用类和支付类加密资产外，主要目标是稳定币
	《加密资产市场监管法案》（2022）	该法案的目标在于建立一个更大的加密资产和加密资产服务提供商跨境市场的框架，解决适用于加密资产发行人和加密资产服务提供商的法律框架的分散性，并确保加密资产市场的正常运作，同时确保投资者保护、市场诚信和金融稳定，使这些不能由成员国充分实现的可以在欧盟层面更好地实现
金融稳定理事会（FSB）	《全球稳定币监管安排：贯彻FSB高级别政策建议的进展报告》（2021）	对2020年发布了若干高级别的政策建议后的世界监管进展进行分析

续表

国际组织	文件名称	文件主要内容
金融行动特别工作组	《虚拟资产和虚拟资产服务提供商基于风险的方法指南》(2019)	该指南关注六个关键领域，包括虚拟资产和VASP的定义；该指南如何适用于稳定币；对于点对点交易的反洗钱和恐怖主义融资风险的补充指导；关于VASP的许可和注册的指南更新；为公共和私企提供关于实施「旅行规则」的补充指导；监管机构之间信息共享和合作的原则
	《打击勒索软件犯罪资金》(2023)	报告建议一是落实虚拟资产服务提供商相关标准，加强勒索软件犯罪可疑交易监测和报告。二是通过区块链追踪、虚拟资产查冻扣等方式，推进金融调查和资产追缴。三是建立部门间协调机制，拓宽公私合作范畴，强化与网络安全和数据保护机构、虚拟资产服务提供商等新兴领域机构的合作。四是健全并利用现有的国际合作机制，促进勒索软件犯罪资金的跨境追缴
经合组织(OECD)	《加密资产报告框架》(2022)	在该文件中，加密资产被广义地定义为"一种价值的数字表示，它依赖于加密安全的分布式账本或类似技术来验证和保护交易"。不仅包括比特币、以太币、币安币和瑞波币等加密货币，但也包括稳定币、以加密资产形式发行的衍生品、代表金融资产(例如代币化股权或房地产)的加密资产和NFT。该文件主要包括以下内容：①需要报告的加密资产；②需要报告税务信息的中介和服务提供商；③需要报告的交易(和相关信息)；④尽职调查程序——用以确定直接或间接的资产用户，并为报告和交换目的确定相关的税收管辖区
	《通用报告标准》(2022修正)	该修正案大致涵盖两个主要重点领域：第一是在《通用报告标准》范围内引入新的数字金融产品；第二是完善现行《通用报告标准》规则下的尽职调查程序和报告要求。修订后，CRS监管的范围扩大到电子货币产品和中央银行数字货币。此外，修订包括对金融资产和投资实体定义的更改，以确保引用加密资产并持有在托管账户中的衍生品，以及投资加密资产的投资实体都在《通用报告标准》的覆盖范围内

续表

国际组织	文件名称	文件主要内容
资本市场与技术协会（CMTA）	《数字资产托管标准》(2020)	明确了托管加密货币与传统资产之间的区别，并为行业参与者设定了基本的安全操作要求或建议。CMTA 强调，数字资产的托管与传统资产显著不同，传统资产通常使用中心化系统并且不依赖加密机制。对于加密货币，投资者需要高度保证分布式存储基础架构的完善性，以防止丢失、盗窃或黑客入侵。CMTA 是一个非营利且独立的协会，于2018年在日内瓦成立，旨在促进金融市场采用分布式账本技术（例如区块链和数字资产）